Frédéric Lenormand

Wenn Mönche morden

Neue Ermittlungen des Richters Di

Episode 4

Kuebler Verlag

DER AUTOR

Frédéric Lenormand wurde am 5. September 1964 in Paris geboren. Er spricht neben seiner Muttersprache Französisch auch Russisch, Englisch und Italienisch und ist ein überaus aktiver Romanschriftsteller.
Weil sein Großvater ein bekannter Sammler japanischer Kunstwerke ist, fühlte er sich bereits seit seiner Kindheit zur Kultur fernöstlicher Länder hingezogen. Nach einem Sprachenstipendium im Jahr 1982 setzte er seine Ausbildung am Institut für Politische Studien und später an der Sorbonne fort.
In Madrid erschienen 1988 seine ersten fünf Romane, von denen ihm gleich der erste (*Le songe d'Ursule* – „Ursulas Traum") den „Del Duca"-Preis für junge Romanschriftsteller einbrachte. In den 1990er Jahren wurden seine Werke mit weiteren Preisen ausgezeichnet, darunter war auch der François-Mauriac-Preis der „Académie française".
Schwerpunkt seines literarischen Schaffens wurden historische Romane, darunter sind auch die beiden Serien *Voltaire mène l'enquête* (Voltaire leitet die Ermittlung) und *Les nouvelles enquêtes du juge Ti* (Neue Ermittlungen des Richters Di).

DAS BUCH

Richter Di wird mit einem Auftrag zum taoistischen *Kloster der Träume* entsandt, um mehrere unerklärliche Selbstmorde zu untersuchen. Auch andere merkwürdige Phänomene finden dort statt: vorausgegangene Visionen, Zauber und Spuk ... Der Alltag der Mönche ist definitiv in Unordnung geraten. Obwohl der Abt offenbar sehr an der Abreise des Richters und seines Mitarbeiters Tao Gan interessiert scheint, ist der Richter fest entschlossen, Licht in das Dunkel zu bringen.
Leicht wird ihm das nicht gemacht, denn zufällig werden dort auch Festtage zu Ehren taoistischer Heiliger veranstaltet, ja sogar Heiligsprechungen einzelner Mönche vorgenommen und der entsprechende Besucherrummel erschwert die Ermittlungen besonders. Auch die Befragung einzelner Mönche gestaltet sich nicht immer so, wie der Richter sich das wünscht, doch schließlich gelingt es Di dank seiner Abgeklärtheit, Routine und Hartnäckigkeit, das schaurige Geheimnis um einen mordenden Mönch zu lüften.

Frédéric Lenormand

Wenn Mönche morden

Neue Ermittlungen des Richters Di
Episode 4

Roman
Aus dem Französischen übersetzt von Gerd Frank

Als deutsche Originalausgaben der Reihe
„Neue Ermittlungen des Richters Di“ sind erschienen:
Das Wasserschloss am Tchou-An-See
Die Nacht der Richter
Das Palais der Kurtisanen
Wenn Mönche morden

Weitere Informationen: www.kueblerverlag.de

Impressum
2. Auflage

Französischer Originaltitel:
Petits meurtres entre moines de Frédéric Lenormand

Übertragung aus dem Französischen von Gerd Frank.
Herausgeber der Reihe: Gerd Frank
Lektorat: Anabelle Assaf – Rotkel Textwerkstatt
Umschlaggestaltung unter Verwendung der Zeichnungen
von © Andreeva Svetlana
ISBN: 978-3-86346-032-7

Die Handlung spielt im Jahr 669.
*Richter Di, 39 Jahre alt, ist Bezirksvorsteher von Puyang, einer blühenden Stadt am Ufer des Großen Kaiserkanals.**

* Es handelt sich um eine imaginäre Kreisstadt in der Provinz Kiangsu (Anm. d. Übersetzers).

I

Richter Di hat häusliche Probleme;
er bekommt es mit einer skandalösen Prügelei zu tun.

Die von Richter Di verwaltete Stadt lag zu diesem Zeitpunkt seiner Karriere im Herzen eines landwirtschaftlich prosperierenden Gebietes, das vom Großen Kanal bewässert wurde. Dieser Kanal durchquerte das Reich von Norden nach Süden und stellte ein wahrhaft monumentales Bauwerk dar. Zusätzlich zu den reichen Ernten verschafften die Schiffe, die im Hafen vor Anker gingen, der Stadt beachtliche zusätzliche Erträge. Der nahegelegen Fluss ermöglichte überdies den Armen, vom Fischfang zu leben. Das Militär sorgte für die Einhaltung der Ordnung, Steuern gingen nahezu von selbst ein. Nichts schien daher die Ruhe des glücklichen Bezirksvorstehers stören zu können, der damit beauftragt war, diesen blühenden Flecken Erde zu verwalten.

Di saß in seinem Arbeitszimmer und verdaute soeben geruhsam seinen Mittagsreis. Gelegentlich warf er einen oberflächlichen Blick auf die Dokumente zu aktuellen Gerichtsverfahren, was ihn mit Zufriedenheit erfüllte. Da vernahm er plötzlich ein schreckliches Geschrei, das sich zunächst in ein Wutgebrüll verwandelte, um dann in anhaltendes Schluchzen überzugehen. Der glückliche Bezirksvorsteher der blühenden Stadt fragte sich, welcher

Teufel es wagte, ihn in seiner angenehmen Beschaulichkeit zu stören. Er schickte deshalb seinen Sekretär Tao Gan los, um dem auf den Grund zu gehen.

Seit langer Zeit waren die Nerven seiner Ersten Dame wegen der zwei Nebenfrauen einer harten Zerreißprobe ausgesetzt. Nach ihrer Ansicht hatte ihr Gatte schlechten Geschmack bewiesen, indem er ihr zumutete, mit den beiden zusammenzuleben. Denn die Zweite Dame war für sie eine ungebildete Idiotin von absolut niedrigem Niveau, die wohl nur wegen ihrer körperlichen Vorzüge auserwählt worden war. Noch schlimmer war, dass die Dritte Dame die reinste Legehenne war. Zwar nannten alle Kinder des gemeinsamen Haushalts ungeachtet ihrer tatsächlichen Abstammung die Erste Dame „Mutter", während sie die anderen Damen „Tante" nannten, doch die Erste Dame hatte keinem einzigen von ihnen selbst das Leben geschenkt. Sie hatte keine Kinder, und so hatte man sie dazu angehalten, die der Nebenfrauen wie ihre eigenen zu behandeln. Unglücklicherweise hatten die beiden die Angewohnheit, so oft schwanger zu werden, wie die Natur es ihnen gestattete. Die Zweite Dame hatte bereits mehrere Jungen geboren und der Dritten Dame stand ein solch glückliches Ereignis gerade wieder bevor – was bedeutete, dass sie sich während ihrer Schwangerschaft wie eine kleine Königin aufführen durfte und eventuell sogar noch darüber hinaus, sollte es ihr vergönnt sein, einen weiteren Erben zur Welt zu bringen. In der Familie gab es bereits drei Kinder – die Mädchen nicht mitgezählt –, sehr zum Kummer der leidgeprüften Ersten Dame.

Bereits seit Sonnenaufgang hatte sie sich an diesem Morgen über Gouang-tse und Jing-hui, die beiden älteren Kinder, aufgeregt. Ein Blumengesteck, das sie am Vorabend mit größter Sorgfalt zusammengestellt hatte, war im Laufe eines Ballspiels, das sie natürlich verboten hatte, zerstört worden. „Warum haben die Götter mir auferlegt, die Dummheiten dieser Kinder ertragen zu müssen, selbst aber keine haben zu dürfen?“, fragte sie sich verdrossen. In Wirklichkeit, überlegte sie dann, hatten die Götter keinen großen Anteil daran. Es waren die von Männern eingeführten Gesellschaftsregeln, die hierfür verantwortlich waren, und laut diesen galt es vor allem stets rückhaltlos auf ihre eigene Bequemlichkeit, nicht aber auf die der Frauen, zu achten. So war sie nicht weit davon entfernt zu denken, dass dieses Prinzip sie dazu verurteilte, die Hölle auf Erden zu erleben. Eine Verbesserung ihrer Lage würde möglicherweise erst im Jenseits eintreten, wobei die dortigen Aufenthaltsbedingungen selbstverständlich völlig unklar waren. Nun hatte der Arzt ihr Kräuter empfohlen, die ihre Nerven kräftigen sollten. Also schlürfte sie brav und oft beruhigende Tees. Die führten allerdings hauptsächlich dazu, dass sie am Tag an die zwanzigmal die Toilette aufsuchen musste.

Noch während sie versuchte, ihre innere Gelassenheit auf einem Ruhebett wiederzufinden, hatte der jüngste ihrer Quälgeister den üblen Einfall, ihr einen dummen Streich zu spielen. Mit ihren Bemühungen, sich zu entspannen, war es sofort vorbei. Die Erste Dame stieß einen Wutschrei aus, warf den Frechdachs kurzerhand hinaus und schlug mit großem Krach die Türe hinter ihm zu. Dann schloss sie sich in ihrem Zimmer ein.

Tao Gan kehrte zu seinem Herrn zurück, um ihm die Situation zusammenzufassen. Er schickte sich gerade an, mit diplomatischen Worten den Vorfall zu schildern, als der Richter die Hand hob.

„Lass mich raten. Schauen wir, ob ich heute Morgen scharfsinnig genug bin. Es war meine Erste Dame, die so geheult hat, nicht wahr?"

„Ja, mein edler Herr Richter."

„Grund für ihren Zorn war ein gemeiner Streich, den einer meiner Söhne ausgeheckt hat, wahrscheinlich der jüngste: Er hat zurzeit nichts anderes im Sinn."

„Ich glaube ja, edler Herr Richter."

„Und meine liebe Frau Gemahlin, inzwischen vollständig hysterisch, hat sich jetzt vermutlich in ihren Privaträumen eingeschlossen, nachdem sie alle Welt zum Teufel geschickt hat."

„Ich hätte es anders ausgedrückt, aber damit liegen Sie in etwa richtig, edler Herr Richter."

Di Jen-dsiä stand seiner Ersten Dame seit langer Zeit mit gemischten Gefühlen gegenüber. Aufgrund ihrer Herkunft war sie ihm vom Rang her ebenbürtig an Würde, denn sie entstammte einer ähnlich hohen Beamtenfamilie wie er selbst. Er konnte mit ihr Gespräche auf sehr hohem Niveau führen, ob es sich nun um seinen Beruf, die Schönen Künste oder die Wissenschaften drehte, denn sie hatte eine hervorragende Ausbildung genossen. Sie führte seinen Haushalt genauso erfolgreich wie er seinen Gerichtshof leitete. Und sie besaß ein bewundernswertes Geschick im Umgang mit den Bediensteten, wobei sie sich der ihr übertragenen Verantwortlichkeiten vollständig gewachsen zeigte. In gewisser Hinsicht war sie also die perfekte und vollkommene bessere Hälfte eines würdevollen Bezirksvorstehers. Andererseits war sie die einzige seiner Gattinnen, die er nicht selbst gewählt hatte. Wie es der Brauch war, hatte man ihre Ehe bereits zu einem Zeitpunkt arrangiert, als er noch nichts weiter war als ein einfacher Examenskandidat. Seine Eltern hatten die Ansicht vertreten, dass ihm die Gründung eines eigenen Hausstands die nötige Ruhe für seine Studien verschaffen würde, da sie ihn von jenem Leben der Ausschweifungen und leichten Vergnügungen ablenken würde, dem die Studenten im Allgemeinen ausgesetzt sind.

In der Zwischenzeit war er reifer und unabhängiger geworden und hatte bei seinen nächsten beiden Gemahlinnen ein entscheidendes Wort mitgesprochen – deren Auswahl war vor allem auf seinem persönlichen Geschmack begründet. War ihm seine Erste Dame behilflich, ein Leben als eifriger Diener des Himmelssohnes zu führen, so bemühten sich die anderen beiden Frauen um seine Annehmlichkeiten, vor allem aber darum, ihm Nachkommen zu sichern. Diese ungleiche Verteilung von Aufgaben schien sich auf lange Sicht ungünstig auf den gesundheitlichen Zustand seiner Ersten Dame auszuwirken, deren üble Stimmung geradezu ansteckend wirkte. So manches Mal hatte er schon feststellen müssen, dass bestimmte Leute nicht über die Gabe verfügten, sich mit dem ihnen von der Gesellschaft auferlegten Schicksal abzufinden. Wurden nicht auch viele unüberlegte Verbrechen aus Unzufriedenheit begangen?

Seufzend erhob er sich und begab sich langsamen Schrittes zu den Privatgemächern seiner Ersten Dame.

Sanft klopfte er an die verschlossene Tür.

„Darf ich mein Paradiesvögelchen fragen, welch bedauerlicher Vorfall die beste aller Ehefrauen derart bekümmert hat?"

„Nichts, das Eure Aufmerksamkeit verdient", antwortete eine schluchzende Stimme.

„Ich stelle fest, dass Sie in letzter Zeit sehr müde sind. Vielleicht ist die Last dieses Hauses zu schwer für Ihre zarten Schultern?“, forschte er. „Wenn es notwendig sein sollte, könnte ich mir ja eine vierte Gefährtin zulegen, die Sie bezüglich der Führung der Bediensteten entlasten könnte?“

Er hatte tatsächlich erst kürzlich in der Stadt eine junge Dienerin mit breiten Hüften und beachtlicher Oberweite bemerkt, die ihm als ideale Konkubine erschienen war.

Seine Erste Dame stieß einen neuerlichen Schrei aus, diesmal aus größter Wut. Ein Gegenstand prallte gegen die Tür und sie brüllte, ihr geliebter Gatte solle verschwinden und sie in Ruhe ihrem Leid überlassen.

„Wie ist es nur möglich, dass man überall gefürchtet, in seinem eigenen Haus aber nicht einmal respektiert wird?“, dachte er und zog sich zurück.

Tao Gan erwartete ihn in seinem Büro.

„Meine Erste Dame ist zurzeit ein wenig nervös“, sagte der Herr des Hauses düster.

Der Sekretär erwiderte, dass dies manchmal bei Frauen vorkomme, die langsam aber sicher verzweifelten, wenn ein Jahr ums andere verging, ohne dass sie mit dem ersehnten Kind gesegnet wurden. Er schlage daher vor, dem *Tempel der Fruchtbarkeit* ein großzügiges Opfer darzubringen. Di erwiderte trocken, dass er Tao Gan als Sekretär angestellt habe, nicht als spirituellen Ratgeber, und bat ihn, ihm die Akten des heutigen Tages vorzulegen.

Nachdem er sich den üblichen Standes- und Katasteramtsanfragen gewidmet hatte, legte ihm Tao Gan den Bericht eines Garnisonshauptmanns vor, den man außerhalb der Stadt stationiert hatte, um dort einen merkwürdigen Streit zwischen zwei Religionsgemeinschaften zu schlichten.

„Ein Streit theologischer Art?"

„Nach dem, was ich gelesen habe, geht es dabei eher um eine schmutzige Prügelei", antwortete der Sekretär und runzelte verächtlich die Stirn.

„Was für ein Glück", dachte der Richter, „so kann ich mich auf angenehme Weise von meinen häuslichen Sorgen ablenken." Der Hauptmann berichtete, dass mehrere taoistische Mönche und buddhistische Nonnen an einer Kreuzung des Weges, der zu ihren beiden Klöstern führte, handgreiflich geworden seien. Er hatte die Gründe, die zu der Auseinandersetzung geführt hatten, nicht ermitteln können. Ernsthaft Verletzte hatte es nicht gegeben, aber die Angehörigen beider Gemeinschaften drohten damit, Klage einzureichen, da sie sich jeweils belästigt sahen und die Praktiken der Gegenseite unvereinbar mit der Ausübung der eigenen Religion seien.

Richter Di hatte schon davon gehört, dass die unzähligen Sekten, die es im Lande gab, ständig miteinander im Streit lagen, allen voran die beiden vorherrschenden Religionen, wobei er selbst der einzig wahren Lehre – nämlich der des Konfuzius – anhing, nicht zuletzt deshalb, weil dieser die Ausübung von Gewalt unter keinen Umständen billigte. Es kam allerdings auch nur selten vor, dass Angehörige zweier so kontemplativer Orden ihre unterschiedlichen Standpunkte mit Stockhieben verteidigten, wie es im Bericht vermerkt worden war. Einer der wenigen Mönche, den noch kein Tritt in den Unterleib dazu verdammt hatte, mindestens drei Tage lang auf der Krankenstation seines Ordens das Bett zu hüten, hatte eine der Nonnen ins Ohr gebissen. Der Hauptmann war der Ansicht, dass solche Vorkommnisse schlicht untragbar seien, und schlug daher vor, dass der Bezirksvorsteher von Puyang die beiden verfeindeten Gruppen schnellstmöglich zur Ordnung rufen und ihnen die Unzumutbarkeit ihres Verhaltens vor Augen führen sollte.

Richter Di, der wie generell alle hohen Beamten des Kaiserreichs überzeugter Anhänger des Konfuzius war und für den diese philosophische Religion wie geschaffen zu sein schien, fand nichts an der Tatsache auszusetzen, dass sich diese beiden Gruppen, deren Religionen wiederum seiner Meinung nach auf Vertrauensseligkeit und Aberglaube beruhten, in den Augen der Öffentlichkeit lächerlich machten. Seine Aufgabe bestand aber nun einmal darin, die Ordnung wiederherzustellen, was er sich denn auch widerwillig vornahm. Ihm war übrigens durchaus bewusst, dass das Ansehen der Buddhisten seit Kurzem am Hofe von Chang-an erheblich zugenommen hatte. Und es wäre ihm höchst unangenehm gewesen, wenn die Meinungsverschiedenheit zwischen den beiden Religionsgemeinschaften bis vor das Kultusministerium gelangt oder sogar noch schlimmer, zur Staatsangelegenheiten erklärt worden wäre. Nicht auszudenken, wenn ihm seine Vorgesetzten in scharfem Ton seinen öffentlichen Auftrag hätten in Erinnerung rufen müssen. In jedem Fall schien es klüger zu sein, diesen Brand bereits im Keim zu ersticken, wenn er vermeiden wollte, dass die Sache eskalierte. Um sicher zu gehen, musste er sich selbst erst einmal ein Bild von der Situation verschaffen. Es konnte nur von Vorteil sein, wenn er an jenem bizarren Fest teilnahm, das zu Ehren der taoistischen Heiligen veranstaltet wurde und von dem man ihm schon mehrfach erzählt hatte. Praktischerweise fand es in den kommenden Tagen statt.

Am besten wäre es, gleichzeitig einen seiner Adjutanten zu den Nonnen zu schicken, um auch die andere Version der Geschichte zu hören. Er überlegte, wen er zu diesen aggressiven Schwestern schicken sollte, die imstande waren, die intimen Bereiche ehrwürdiger Eremiten zu verletzen. Wer bewies genügend Gehorsam, Naivität oder Leichtsinn, um sich dieser Aufgabe anzunehmen? Ideal wäre es gewesen, eine Frau damit zu beauftragen; die wäre von ihren Gastgeberinnen bestimmt weit besser aufgenommen worden, hätte ihr Vertrauen schneller gewonnen und wäre insbesondere weniger angreifbar gegenüber gewissen Fußtritten gewesen.

Tao Gan, der inzwischen die Lektüre des Berichts fortgesetzt hatte, konnte sich das Verhalten der Ordensangehörigen immer weniger erklären. Auf der einen Seite das Taoistenkloster, das dem Traumkult geweiht war, weshalb seine Bewohner nicht gerade für körperliche Betätigungen bekannt seien. Auf der anderen Seite das Nonnenkloster, spezialisiert auf die Betreuung nervöser und launischer Menschen aller Art, was bei den Damen auf vernünftigere Charakterzüge hoffen ließe.

Das Wort „nervös“ weckte Richter Dis Interesse.

„Wie soll man das verstehen?“

„Es handelt sich um eine Zuflucht für Besessene, für Nerven- und Gemütskranke, kurz gesagt für all diejenigen, mit denen sich niemand beschäftigen will – zumindest laut dem, was ich hier lese. Ich bemitleide die Unglücklichen, deren Familien sich ihrer entledigen, indem sie sie fernab der Welt einschließen. Es handelt sich um die Art Ort, von dem man nicht weiß, ob man ihn, einmal betreten, jemals wieder verlassen wird. Nur egoistische und unsensible Menschen können es übers Herz bringen, ihre

Verwandten dort zu lassen! Das muss der traurigste Ort auf der ganzen Erde sein. Schämen sollten sich diejenigen, die sich für eine solche Lösung entscheiden!“

„Na, das wäre doch der ideale Rückzugsort für meine empfindliche Erste Dame!“, rief Richter Di an dieser Stelle, der bereits seit einigen Sekunden nicht mehr zugehört hatte. „Sie erträgt keine anderen Menschen und heult bei dem geringsten Anlass! Wenn sie da nicht zur Besinnung gebracht wird, dann weiß ich auch nicht mehr weiter. Der Kontakt mit weitaus Unglücklicheren wird ihr gewiss guttun.“

Tao Gan konnte sein Erstaunen, das mit einem Anflug von Entsetzen gepaart war, nicht verbergen, als er das hörte. Das Kloster schien ihm kaum der geeignete Ort zu sein, der Ersten Dame seines Herrn die Freude am Leben zurückzugeben.

„Nun, dann wird sie wenigstens wissen, warum sie heult!“, rief Di, der von seinem Einfall begeistert war. Jetzt galt es lediglich, sie von dem Aufenthalt bei den Verrückten – ein Detail, das er wohlweislich übergehen würde – zu überzeugen. Di beeilte sich daher, erneut die Privatgemächer seiner Ersten Dame aufzusuchen und klopfte sanft wie ein Lamm an deren Tür.

„Fühlt sich mein kleiner Kolibri inzwischen wieder besser?“, flüsterte er.

Ein Grunzen wie von einem Brummbären antwortete ihm. Je mehr er nachdachte, umso vorteilhafter erschien ihm diese Reise. Seine Erste Dame würde die Richtige sein, die Situation der Nonnen aus nächster Nähe zu studieren. Gleichzeitig würde dieses Manöver die Bekämpfung ihrer Launen begünstigen.

„Was würden Sie zu einem kleineren Aufenthalt auf dem Land in paradiesischer Umgebung sagen? Sie würden von qualifiziertem Personal betreut und hätten den ganzen Tag über nichts zu tun …“

Ein weiteres Grunzen war zu vernehmen, dann putzte sie sich geräuschvoll die Nase.

„Ein Ort, zu dem Sie ganz allein führen, ohne die anderen Frauen und ohne die Kinder?“, lockte der Richter sanft schmeichelnd.

Das Naseputzen wurde unterbrochen, ein Geräusch von Schritten signalisierte ihm, dass sie sich der Tür näherte. Sie hatte angebissen. Di erzählte außerdem noch von „einem spirituellen Rückzug, um zu den Seelen der lange vernachlässigten Vorfahren zu beten“, und das „an einem Ort der Ruhe und der Harmonie, wo man alles für den notwendigen Seelenfrieden der Besucher unternähme“. Wohlweislich hütete er sich, Geisteskranke oder Gitterstäbe zu erwähnen, da diese schlecht zu der idyllischen Szenerie gepasst hätten, die seiner Fantasie entsprungen war. Um ihr das Ganze besonders schmackhaft zu machen, erwähnte er die Möglichkeit, dass seine Gemahlin sich überdies dort nützlich machen könne, indem sie in der Gemeinschaft der heiligen Frauen einige Informationen sammelte, die sie ihm dann mittels eines speziellen Boten so oft zukommen lassen könne, wie sie nur wolle.

Die Erste Dame dachte daran, wie sehr sie es genießen würde, weder unfolgsame Kinder noch idiotische Nebenfrauen dulden zu müssen. Sie hätte zu diesem Zeitpunkt alles dafür gegeben, die anderen Gefährtinnen und deren Nachwuchs eine Zeit lang nicht mehr ertragen zu müssen. Diese Reise würde außerdem ihre Stellung als Hauptfrau stärken, da man ihr offenbar weit wichtigere Aufgaben anvertrauen konnte als die bloße Mutterrolle, derer sich ihre Konkurrentinnen auf so verhasste Weise erfreuten. Sie fasste den Vorschlag ihres Gatten als echtes Zeichen von Interesse und Liebe auf und entriegelte ihre Tür.

„Ihr seid so rücksichtsvoll“, murmelte sie und lächelte unter Tränen.

Richter Di empfing sie mit offenen Armen und beglückwünschte sich zu dem Erfolg, von dem seine wunderbare Idee jetzt schon gekrönt war.

Nun galt es nur noch zu entscheiden, wen er selbst mitnehmen sollte. Seine persönlichen Assistenten waren bloße Muskelpakete ohne großen Scharfsinn, und Wachtmeister Hong war ein alter Graubart, ein halber Krüppel. Also entschied er sich für Tao Gan, den Geistreichsten seiner Mitarbeiter. Er würde von seinen Fähigkeiten bei einer kleinen Ermittlung unter den Mönchen, die man tunlichst nicht weiter stören sollte, sicherlich profitieren.

Die laufenden Geschäftsangelegenheiten waren nicht gerade dringend, nichts sprach gegen eine spätere Erledigung. Hierbei handelte es sich ja nur um eine Verschiebung von ein paar Tagen, die zudem eine angenehme Ablenkung von der Verwaltungsroutine bot. Und wenn sich der Fall als bedeutungslos herausstellen sollte, würde ihm der Besuch dennoch Informationen über den Alltag und die esoterischen Feste in taoistischen Klöstern liefern, was sein Wissen bezüglich volkstümlicher Religionen nur verbessern konnte. Als überzeugter Konfuzianer verachtete er den Glauben an Dämonen, Wahrsagerei oder andere magische Phänomene. Gerade diesem fantastischen Aspekt verdankte aber der Taoismus seinen großen Erfolg in den unterschiedlichsten Bevölkerungsschichten. Einzig der Buddhismus machte ihm noch den Rang streitig, der dank seines Versprechens der Wiedergeburt das Herz jedes Sterblichen zu erobern imstande schien.

Man kam überein, dass die Ehegatten gemeinsam abreisen würden. Die Erste Dame ließ Pferde mit zahllosen Paketen beladen, unter denen sich auch ein schönes Geschenk für die Mutter Äbtissin fand, „welche die Liebenswürdigkeit besaß, sie an ihrer geheiligten Stätte zu empfangen". Als Tao Gan die freudige Stimmung der armen Frau bemerkte, vermutete er, dass sein Herr sie über die wahren Tätigkeiten des Klosters im Unklaren gelassen hatte.

„Ich möchte ihr ja nicht die Überraschung verderben", gestand der Richter, als er mitleidig die Reisevorbereitungen seiner Gemahlin beobachtete. „Vor allem, weil ich nicht zugegen sein werde, wenn sie sie erlebt, ihre Überraschung, und zornig wird", schloss er in Gedanken.

Tao Gan lobte Richter Dis Qualitäten als fürsorglicher Ehemann, die genauso bemerkenswert waren wie seine Umsicht als Bezirksvorsteher im Umgang mit den schwierigsten Fällen. Die Erste Dame bestieg eine Sänfte, ihr Mann bevorzugte es zu reiten. Die Klöster befanden sich in nicht allzu ferner Umgebung; sie hatten daher nur eine halbe Tagesreise vor sich.

II

Richter Di rekonstruiert einen merkwürdigen Streit; ihm wird ein unerwarteter Empfang im Kloster zuteil.

Sie gelangten an eine Kreuzung, an der eine monumentale Stele errichtet worden war. Tao Gan wies mit dem Finger in die beiden Richtungen, die sich ihnen eröffneten. In der Ferne nahm man auf einem steilen Hügel ein Gebäude wahr, auf einem anderen, sanfteren dagegen eine Reihe von Pavillons. Das *Kloster der Träume* befand sich links, das *Kloster der Ewigen Ruhe* rechts.

„Das wird aber mühsam!", bemerkte die Erste Dame in ihrer Sänfte. „Sie tun mir leid, dass Sie da hinaufmüssen. Da sieht mein Kloster schon sympathischer aus mit den kleinen, verstreuten Pavillons. Fast wie Landhäuschen, nicht wahr? Welch reizende Architektur! Alles strahlt Frieden und Ausgewogenheit aus."

„Sie werden dort perfekt untergebracht sein", entgegnete ihr Gatte liebenswürdig.

Nun standen sie an genau der Stelle, an der die stürmische Begegnung zwischen Mönchen und Nonnen stattgefunden hatte. Di wollte sich das zunutze machen, indem er sich die Szene gedanklich vorstellte. Er ließ sich die Einzelheiten des vom Hauptmann verfassten Berichts nochmals vorlesen.

„Hier“, sagte Tao Gan, „waren zehn Mönche auf dem Weg nach Puyang, als sie auf eine Delegation von Nonnen stießen. Nach ihren Angaben wurden sie von den Frauen feige angegriffen, die ihnen zahlreiche Beulen und blaue Flecken zufügten, übrigens ohne dass sie auch nur im Geringsten provoziert worden wären.

„Aus wie vielen Personen bestand denn diese … Delegation, wie sie es nennen?“, erkundigte sich der Richter.

Tao Gan suchte länger in dem Dokument herum. „Aus … aus vier Frauen, edler Herr Richter. Es war eine kleine Delegation.“

Die beiden Männer wechselten einen verwunderten Blick.

„Dann waren diese Gläubigen zweifellos regelrecht sieche Greise?“, mutmaßte Di.

„Das wird nicht näher ausgeführt, edler Herr Richter. Im Bericht steht, dass sich unter ihnen auch mehrere Novizen befanden, und die waren gewiss nicht im fortgeschrittenen Alter.“

„Wer hat am Ende dieser bedauerlichen Auseinandersetzung den Sieg davongetragen?“

Tao Gan blätterte mehrere Seiten durch. „Hm. Nach dem, was hier steht, waren es die Nonnen. Der Offizier, der den Bericht unterschrieben hat, steht nicht in dem Ruf, ein Spaßvogel zu sein. Aber ist es nicht seltsam, dass schwache Frauen eine Gruppe von Männern verprügelt haben sollen, selbst wenn es sich bei diesen nur um schlechtgenährte, faule Frömmlinge gehandelt hat?“

„Dieser Punkt bedarf noch der Klärung. Beschränken wir uns für den Augenblick auf die Annahme, dass Buddha an jenem Tag offenbar besseren Schutz gewährleistet hat als die Gesetze des Tao.“

Die Erste Dame streckte den Kopf durch den Vorhang ihrer Sänfte. „Wovon sprechen Sie?“

„Von nichts Besonderem, meine liebe Seele!“, erwiderte Richter Di. „Wir stimmen uns nur über den weiteren Verlauf unserer Ermittlungen ab.“

„Brauchen Sie dazu noch lang? Ich sehne mich schon danach, meinen spirituellen Aufenthalt unter den heiligen Frauen anzutreten.“

Ihr Gatte kam nicht umhin zu bemerken, dass sie die Bedingungen ihres „spirituellen Aufenthaltes“ zu idealisieren schien. Was die heiligen Frauen anbelangte, so waren deren Exerzitien – wenn sie schon in der Lage waren, einen Trupp Mönche in die Flucht zu schlagen – wohl eher martialischer als spiritueller Natur.

„Leben Sie wohl, mein lieber Gatte!“, rief die Erste Dame nun und zog ihren Vorhang wieder zu. „Ich werde Ihnen durch eine Dienerin Nachrichten zukommen lassen.“

Der Richter wünschte ihr einen angenehmen Aufenthalt und die beiden Konvois trennten sich an der Wegkreuzung.

„Lässt man die Pensionsgäste mit der Außenwelt in Verbindung treten?“, wunderte sich Tao Gan und dachte an die Briefe, die die naive Unglückliche zu senden beabsichtigte.

„Ich möchte dich daran erinnern, dass ich meine Frau nicht dorthin schicke, damit man sie einsperrt“, erwiderte der Bezirksvorsteher. „Sie ist lediglich eine Besucherin. Patientin, im äußersten Falle. Ich hoffe, dass die Nonnen es nicht für nötig erachten werden, sie einzuschließen!“

„Oder, wenn sie es tun, sie hoffentlich erst wieder freilassen, nachdem sie sie vollständig beruhigt haben, edler Herr Richter."

Zum Wohle des weiteren Verlaufs seiner Ehe musste Di nun bangen, dass die Nonnen seine Gemahlin auch standesgemäß behandelten, obwohl es nun natürlich etwas zu spät war, sich darüber noch Gedanken zu machen.

Der Weg, der zum Kloster führte, schlängelte sich schier unendlich den Hügel hinauf. Das Gebäude war auf dem Gipfel errichtet worden wie eine Leiter zwischen Himmel und Erde. Die hohe weiße Mauer, die es umgab, ähnelte eher der einer Festung als einem Ort der Gebete und der Meditation. Die Männer ritten an ihr entlang in Richtung des Haupttores.

Das Schweigen und die Ruhe waren so eindrucksvoll, dass sie Tao Gan in Bezug auf das bewegte Leben seines Herrn einen Vergleich anstellen ließen: Wohin dieser auch kam, schienen sich die Fälle geradezu auf ihn zu stürzen – wie wolkenbruchartiger Regen.

Der Richter kicherte. „Hier gehen wir ausnahmsweise kein solches Risiko ein – weder Morde aus Habgier noch untreue Frauen dürften uns erwarten. Nur friedliche Mönche, beschäftigt mit nichts anderem als zu beten. Dieser Aufenthalt wird uns eine erholsame Atempause bescheren!"

Er hatte kaum zu Ende gesprochen, als ein gellender Schrei ertönte, auf den das grauenvolle Geräusch eines gewaltigen Sturzes folgte. Unmittelbar vor ihren Pferden schlug ein menschlicher Körper auf: Er hatte sie nur um Haaresbreite verfehlt. Vor Schreck scheuten die Pferde.

Die beiden Reiter zogen mit aller Kraft an den Zügeln und hatten große Mühe, die Tiere wieder zu beruhigen.

Der Richter starrte an der Mauer entlang nach oben und sah gerade noch einen Kopf, der herunterblickte. Auf diesem saß eine Kappe von der Art, wie sie nur der Ranghöchste solcher Gemeinschaften trug. Der Abt wich sogleich zurück und sein Gesicht verschwand hinter dem Bollwerk.

„Was war denn das?“, fragte Tao Gan und starrte auf den leblosen Körper. „Ein örtlicher Brauch? Eine grausame Bestrafung? Oder vielleicht ein Beispiel für den Umgang mit schlechten Mönchen?“

Aus einem beruflichen Reflex heraus stieg der Richter von seinem Pferd, um den Körper sogleich sorgfältig zu untersuchen.

„Können Sie etwas erkennen, edler Herr Richter?“, fragte der Sekretär.

„Ich sehe nichts weiter als einen toten Mönch“, erwiderte sein Herr. „Keinerlei Spuren von Gewaltanwendung. Er ist von da oben heruntergefallen wie eine reife Birne vom Baum.“

Der Mann lag in seinem safranfarbigen Gewand mit dem Gesicht zum Boden. Seine Kappe war davongeflogen, daher war sein glattrasierter Schädel zu sehen, um den sich eine rote Lache ausbreitete. Das Blut wurde von der Erde aufgesogen wie die für offizielle Bekanntmachungen verwendete scharlachrote Tinte von Löschpapier.

„In jedem Fall war dieser Mönch höchst ungeschickt“, kommentierte Tao Gan. „Glauben Sie, dass er Selbstmord begangen hat? Die taoistische Religion trachtet doch vor allem danach, das Leben zu verlängern. Seiner Existenz ein Ende zu bereiten, muss hier doch als das größte aller Vergehen gelten."

„Es zieht aber keine Strafe mehr nach sich, zumindest nicht in dieser Welt", entgegnete der Richter und schwang sich wieder auf sein Pferd.

Er nahm sich vor, baldmöglichst den Abt dazu zu vernehmen, was eines seiner Schäfchen veranlasst haben mochte, sich in die Tiefe zu stürzen. In diesem Augenblick eilten einige recht erschrocken aussehende Mönche herbei.

„Es ist Zeit, dass wir uns offiziell anmelden", sagte der Richter und wies Tao Gan an, ihre Banderole auszurollen. Dieser zog aus seiner Tasche drei Bambusstäbe, die er so ineinander fügte, dass sie eine Stange ergaben; anschließend rollte er das lange Band aus karminrotem Stoff vollständig aus und hängte es an die Stange. Darauf war in gelben Lettern *Der Gerichtshof des Richters Di* zu lesen.

An der Spitze der Neuangekommenen marschierte der Prior, der den zweithöchsten Rang des Klosters bekleidete. Es war schwer zu sagen, was ihm unangenehmer war: der dramatische Vorfall oder die Tatsache, dass der Bezirksvorsteher alles miterlebt hatte.

„Edler Herr Richter! Wir fühlen uns geehrt von Eurem … unerwarteten Besuch!", stammelte er zur Begrüßung und verbeugte sich tief. „Unsere bescheidene Behausung ist Eurer Anwesenheit kaum würdig!"

„Die Ehre ist ganz meinerseits", entgegnete der Gast. „Es wäre aber nicht notwendig gewesen, mir einen Mönch zu Füßen zu werfen. Ein paar Blumen hätten genügt."

Der Prior konnte der Worte gar nicht genug finden, um sich dieses bedauerlichen Vorfalls wegen zu entschuldigen. „Dass unser Bruder ausgerechnet den Zeitpunkt Ihrer Ankunft wählen musste, um von der Mauer zu fallen! Sein unverzeihliches Versagen diesbezüglich stürzt uns alle in tiefe Verlegenheit."

„Beunruhigen Sie sich deswegen nicht!", erwiderte der Richter mit einem Seitenblick auf Tao Gan. „Scheinbar passiert mir das ständig; es liegt wohl in der Natur der Dinge, dass der Tod immer dort auftritt, wohin ich meine Schritte lenke. Machen Sie sich deshalb keine Sorgen, sondern erweisen Sie mir die Ehre, uns in Ihrem erlauchten Hause aufzunehmen."

Vom Prior geleitet gelangten sie in den Innenhof des Klosters, wo die allergrößte Aufregung herrschte. Der gesamte Ort wimmelte von alten Eremiten und jungen Mönchen, die alle in gelb-orangefarbene Kutten und dazu passende Kappen gekleidet waren. Viele von ihnen rannten auf der Mauer umher, wo man offensichtlich versucht hatte, den Verzweifelten von seinem traurigen Vorhaben abzuhalten. Zur Glückseligkeit des Bezirksrichters stimmte anscheinend hinter diesen wuchtigen Mauern irgendetwas nicht. Di fiel es äußerst schwer, die strenge Miene eines kaiserlichen Beamten auf Inspektionsreise zu wahren. In seinem Kopf brodelte es bereits, während er versuchte zu durchdringen, welches Mysterium, welches niederträchtige Geheimnis die Atmosphäre dieser Einsiedelei derart hatte verpesten können, dass es einen ihrer Bewohner zum Äußersten getrieben hatte.

Auf der Freitreppe stand der Abt. Er trug eine rote, mit goldenen Borten besetzte Robe. Auf seinem Kopf saß jene geschmückte Kappe, die Di bereits vom Weg aus wahrgenommen hatte. Sein Gesichtsausdruck war so undurchdringlich wie es sich für einen Geistlichen seines Ranges geziemte, der Gefasstheit und Gelassenheit demonstrieren musste – Tugenden, die alle Religionen der Welt besonders schätzten.

Die beiden Männer stiegen von ihren Pferden, um ihn zu begrüßen.

„Ich habe soeben erfahren, dass ein unglückseliger Zufall Ihre Ankunft gestört hat“, sagte der Ehrwürdige gewandt, aber kalt wie eine Statue. „Sie sehen mich zutiefst betrübt.“ Ein Haar in der Suppe hätte ihm vermutlich mehr Traurigkeit abgerungen.

„Machen Sie sich nur keine Sorgen, Meister“, wiederholte Richter Di beinahe jovial. „Passiert diese Art von Unfall hier öfter?“

Im Fall einer bejahenden Antwort hätte er umgehend geplant, seine Rente an diesem Ort zu verbringen, sobald die kaiserliche Verwaltung seiner Dienste nicht mehr bedurfte. Die Begebenheit bereitete ihm nämlich die größte Freude. Der Aufenthalt im Kloster würde scheinbar doch nicht so langweilig ausfallen, wie er befürchtet hatte. Er war stattdessen ganz in seinem Element! Es fehlte nur noch eine ordentliche Sittenwidrigkeit, eine Veruntreuung schändlich ergaunerter Geldmittel, und schon wäre alles wie gewohnt.

Die taoistische Religion begann ihm plötzlich sehr viel mehr zu gefallen. Der Abt hingegen teilte seine Begeisterung nicht.

„Darf ich fragen, welchem Umstand wir das Vergnügen verdanken, dass Eure Exzellenz uns zu einem solch unpassenden Zeitpunkt das erste Mal besuchen?“

Es war eine heikle Angelegenheit, dem hohen Mann, der auf der Freitreppe seines Klosters stand, mitzuteilen, dass der örtliche Bezirksvorsteher herauszufinden gedachte, warum sich seine schwächlichen Mönche auf der

Landstraße von einer Handvoll frommer Nonnen hatten verprügeln lassen.

Richter Di verschob die unangenehmen Erklärungen auf später und entschied sich stattdessen für eine höfliche diplomatische Antwort: „Nun, obwohl ich meinen Aufgaben in Ihrem Bezirk schon seit einiger Zeit nachkomme, hatte ich bisher noch nicht das Vergnügen, das schönste Kloster der ganzen Gegend zu besuchen, dessen Ruf den Neid aller anderen erregt. Von einer plötzlichen Eingebung getrieben, hatte ich heute Morgen den Wunsch, dieses Versäumnis aus der Welt zu schaffen. Was genau mich nach dem Aufwachen veranlasst hat, Sie unverzüglich aufzusuchen, kann ich nicht einmal sagen."

Dieser letzte Satz weckte das Interesse des Abtes.

„Das ist bemerkenswert! Eure Exzellenz wurden offenbar im Traum von einem guten Geist dazu angeregt, diesen Besuch vorzunehmen. Es wäre interessant zu erfahren, ob Sie sich noch an Einzelheiten dieses Traumes erinnern."

Einen Augenblick lang war Richter Di über diese seltsame Antwort verblüfft, dann fiel ihm plötzlich ein, dass sich diese Einrichtung das *Kloster der Träume* nannte; das waren demnach keine leeren Worte: Man beschäftigte sich tatsächlich mit nächtlichen Visionen. Er antwortete daher, dass dieser Traum zwar durchaus stattgefunden haben mochte, dass er aber leider keinerlei Erinnerung daran bewahrt habe.

„Das ist aber sehr schade!", entgegnete der Abt. „Ich glaube, dass Ihr Aufenthalt bei uns in dieser Hinsicht unglaublich vorteilhaft sein wird. Wir haben verschiedene Techniken entwickelt, wie man unmittelbar nach dem

Aufwachen Träume festhalten kann. Dies ist nämlich die Grundlage unserer Lehre."

„Das klingt faszinierend", antwortete der Richter und fragte sich gleichzeitig, wie er seinen erhabenen Gesprächspartner am schnellsten wieder auf das handfestere Thema des vorzeitigen Tods eines seiner Schäfchen lenken konnte.

Der Abt klatschte in die Hände. Ein junger Mönch eilte dienstbeflissen herbei und verbeugte sich demütig.

„Zeigen Sie dem Sekretär Seiner Exzellenz schon mal die Gemächer", befahl ihm der Patriarch. „Sie haben zweifellos das Bedürfnis, sich von den Strapazen der langen Reise zu erholen", fügte er an seinen Besucher gewandt hinzu.

„Überhaupt nicht", antwortete dieser, während Tao Gan bereits im Inneren des Gebäudes verschwand, gefolgt von einigen Novizen, die das Gepäck hineintrugen. Indessen wurde die Leiche des Mönchs auf einer Bahre in den Hof geschafft.

Jetzt hatte Richter Di endlich einen Anlass, um auf das Thema überzuleiten, das ihn am meisten interessierte. „Ich bin erstaunt, dass die umfassende Weisheit, die hier gelehrt wird, Ihrem Schüler nicht dazu verholfen hat, sich vor dem unheilvollen Schicksal zu bewahren, zu dem er sich selbst verdammt hat", sagte er und war äußerst zufrieden mit seiner Formulierung.

Der Abt seufzte. „Bruder Mo war ein hervorragender Mönch und ein brillanter Träumer", sagte er.

Richter Di fragte sich, ob er richtig gehört hatte. „Entschuldigen Sie, wie ist das zu verstehen?"

„Ich sehe, dass Eure Exzellenz mit den Besonderheiten unserer Gemeinschaft noch nicht vertraut sind", stellte der Abt fest und versprach, ihn bei einer besseren Gelegenheit in die Einzelheiten des Traumkultes einzuführen. „Im Moment genügt es für Sie zu wissen, dass wir den Träumen eine fundamentale Bedeutung beimessen. Sie dienen auch dazu, unter uns eine Art Rangordnung herzustellen – vor allem nach unserem Tod. Morgen, vor Bruder Mos Beerdigung, werden wir dessen Träume besprechen und dabei, da bin ich mir absolut sicher, einige bemerkenswerte Überraschungen erleben."

Di hatte sich inzwischen schon daran gewöhnt, dass eine Überraschung auf die nächste folgte. Er hatte kein Wort von dem verstanden, was der Abt ihm gesagt hatte. Um wieder auf ein für Laien verständliches Gesprächsniveau zurückzukehren, bat er den Abt, ihm in groben Zügen die näheren Umstände des Todes zu erläutern.

Der weise alte Mann fuhr sich mit einem Anflug von Traurigkeit über seinen langen weißen Bart und teilte ihm mit, dass der hervorragende Mönch schon den gesamten Vormittag über recht bedrückt gewirkt habe. Er sei auf das Bollwerk emporgestiegen und habe zögernd am Rande des Abgrunds gestanden. Alles, was man zu ihm gesagt hatte, um ihn von seinem Vorhaben abzubringen, habe nichts genützt. Der Abt hatte sich persönlich zu ihm begeben, um ihn zur Vernunft zu bringen. Umsonst. In dem Moment, als man ihn daran zu erinnern versuchte, was er der Gemeinschaft schuldig war, dass er sich den Zorn der Dämonen der Hölle zuziehen werde und dass ihm seine innere Stimme doch zuflüstern müsse, dass er gerade eine Dummheit beging, war er in die Leere gesprungen.

„Nicht ganz ins Leere", korrigierte ihn der Richter. „Unten standen nämlich mein Sekretär und ich. Ihr Verzweifelter hat uns nur knapp verfehlt."

„Ein derartiges Unglück konnte nicht geschehen", sagte der Abt und wies mit einem Finger zum wohlwollenden Himmel hinauf, der über ihr Schicksal wachte, „da die positiven Kräfte, die Sie hierherführten, die gleichen sind, die die Gefahr von Ihnen ferngehalten haben. Die Götter haben Sie mit einer Aufgabe betraut, für deren Erledigung sie Ihnen alle nötigen Mittel zur Verfügung stellen werden. Zweifeln Sie also nicht daran, edler Herr Richter. Sie wachen über Sie."

Mit Befriedigung registrierte Richter Di die Neuigkeit, dass er nunmehr für die taoistischen Götter arbeite. Dies würde ihn von Seiner Majestät dem Kaiser, dem Provinzgouverneur und dem Präfekten entbinden, denen er für gewöhnlich unterstellt war. Er hoffte, dass sich seine neuen Arbeitgeber als mindestens so großzügig erweisen würden wie seine vorherigen.

Di verbeugte sich, um dem alten Mann für diese glückliche Prophezeiung zu danken, der sich alsdann mit der Gelassenheit des über allen Dingen stehenden Weisen zurückzog. Seine Füße waren unter der langen roten Robe nicht zu sehen; er bewegte sich, als glitte er über den Boden – was ihm das bizarre Aussehen einer auf Rollen laufenden Figur verlieh, wie sie kleine Kinder oft hinter sich herziehen.

Der Richter ließ sich zu seinen Wohnräumen bringen, in denen er auf Tao Gan traf, der gerade die Diener anwies, ihre Taschen auszupacken. Die Einrichtung des Raumes war höchst kurios: Große hölzerne Läden waren auf beiden Seiten der Fenster angebracht, verstärkt durch eine Ansammlung von nicht weniger wuchtigen Vorhängen. Das Bett war ebenfalls mit einem undurchdringlichen Schleier versehen, der es vollständig umschloss. Die

Matratze war von einer solchen Dicke, wie man sie an diesem Ort des Gebetes und der Askese nicht vermutet hätte. Von dieser Einrichtung für einen Augenblick aus der Fassung gebracht, begriff der Bezirksvorsteher sogleich, dass dies alles dazu gedacht war, den Schlaf zu fördern, indem man sämtliche Geräusche und alles Licht eliminierte. Dadurch sollten angenehme Träume begünstigt werden. Der Luxus des Nachtlagers und der entsprechenden Vorrichtungen hob sich von der sonstigen Einrichtung ab, die äußerst spartanisch war. Es sah aus wie eine Mönchszelle, ausgestattet mit den Restposten eines Bordells.

Tao Gan entließ die Diener und wartete einen Augenblick auf weitere Anordnungen seines Herrn. Der Richter saß auf dem Bettrand und war tief in Gedanken versunken. Da er nichts sagte, erlaubte sich der Sekretär, sich ihm durch eine Frage in Erinnerung zu bringen.

„Haben Eure Exzellenz in Erfahrung bringen können, was diesen Mönch so bedrückt hat, dass er sich selbst das Leben genommen hat?"

Der Richter, aus seinen Überlegungen gerissen, antwortete: „Wenn ich das richtig verstanden habe, ist er aufgrund eines Alptraumes gestorben. Die Mönche hier messen dem, was sie in ihren Träumen erleben, weitaus mehr Bedeutung bei, als dem, was in ihrem realen Leben geschieht. Glaubt man ihnen, sind schlechte Träume tödlich. Morgen werde ich mehr darüber erfahren."

III

Richter Di verjagt die Unsichtbaren;
er verspeist einen Freund aus Kindertagen.

Einen Augenblick später stellte Di von Durst getrieben fest, dass man es versäumt hatte, ihm einen Krug bereitzustellen. Er rief daher nach Tao Gan, doch der gab keine Antwort. Die Verbindungstür zwischen den beiden Wohnräumen war halb geöffnet, aber das Zimmer des Sekretärs war leer. Wahrscheinlich hatte er es verlassen, um Vorkehrungen für ihren Aufenthalt und die Einnahme der Mahlzeiten zu treffen.

Di sah sich also veranlasst, sich selbst eine Schale Wasser zu besorgen. Im Hof traf er auf den Prior. Der Priester hatte sein einfaches Gewand durch eine schöne, silberbestickte Robe ersetzt. Di vermutete, dass er sie anlässlich seines Besuchs angelegt hatte oder aber als Vorbereitung für die Beerdigung jenes Mönchs, der sich das Leben genommen hatte.

„Kann ich Eurer Exzellenz irgendwie behilflich sein?“, erkundigte sich der Mönch liebenswürdig.

„Der Staub der Straße hat meine Kehle ausgetrocknet“, antwortete der Richter. Obwohl der Prior ihm versicherte, dass man ihm das Wasser sofort bringen würde, empfand Di es als einfacher, sich ein für allemal den Weg in die Küche zeigen zu lassen.

Ihm behagte die Vorstellung nicht, von Geistlichen abhängig zu sein, die ja keine Hausdiener waren und andere Beschäftigungen hatten, als sich um die Bedürfnisse ihrer gelegentlichen Gäste zu kümmern.

Während sie das Gebäude durchstreiften, dachte der Richter, dass sich ihm hier eine Gelegenheit bot, einige nützliche Informationen einzuholen.

„Ich möchte Ihren Abt nur ungern mit der Tragödie behelligen, die Sie gerade heimgesucht hat", sagte er daher. „Hätten Sie vielleicht die Liebenswürdigkeit, sich dazu zu äußern?"

„Unser aller Vater, wir nennen ihn *Unwandelbarkeit des Heiligen Weges*, ist ein frommer Mann", sagte der Prior und erhob seine Hände zum Himmel. „Die anhaltenden Tragödien, mit denen wir uns konfrontiert sehen, belasten ihn zutiefst."

Richter Di zweifelte gar nicht daran, dass der Abt ein frommer Mann war. Schließlich hatte er ihm erst kürzlich eine ausführliche Kostprobe seiner Frömmigkeit zuteilwerden lassen, unter reichlicher Zuhilfenahme verschiedenster Prophezeiungen.

Die Verwendung des Wortes „Tragödien" im Verlauf des Gesprächs erweckte indes sein Interesse als Ermittler, der beständig auf der Hut war.

„Habe ich das so zu verstehen, dass dieser Todesfall nicht der erste war?", fragte er hoffnungsvoll. Die Existenz eines verrückten Mörders innerhalb dieser verschworenen Gemeinschaft hätte ihn zutiefst entzückt.

„Bei allen Göttern!", rief der Prior bestürzt. „Bei uns ist zum Glück noch nie dergleichen passiert!"

Richter Di musste seine Hoffnungen nach unten korrigieren. „Dann handelte es sich also nur um eine Häufung unglücklicher Zufälle?", fragte er lauernd.

„Das trifft auch nicht ganz zu", antwortete der Prior. „Passender könnte man von einer Reihe ungewöhnlicher und mysteriöser Vorkommnisse sprechen. Einige halten sie für Wunder, andere sind der Meinung, ein böser Geist habe es auf unser Haus abgesehen. Was mich betrifft, so glaube ich, dass ein Dämon seine Flügel über unserer Behausung ausgebreitet hat ..."

„Sicher, sicher", erwiderte der Richter und dachte bei sich, dass die Verrückten nicht ausschließlich im gegenüberliegenden Kloster untergebracht waren. „Welcher Art waren denn diese ungewöhnlichen Vorkommnisse?"

„Nun, vor zwei Monaten erblühte auf völlig unerklärliche Weise ein Busch und das innerhalb einer Nacht und zu der gänzlich falschen Jahreszeit. Dem Bruder Gärtner blieb vor Überraschung die Sprache weg. Dann brach auf einer Terrasse Feuer aus, obwohl es dort überhaupt kein Brennmaterial gab. Und letzte Woche erklang aus dem Nichts in mehreren Teilen des Klosters eine süße Musik, ohne dass wir herausfinden konnten, woher sie kam oder wer sie spielte. Das sind wohl drei Beispiele für den dämonischen Einfluss, dem wir ausgesetzt sind", dozierte der Prior im Ton eines Arztes, der chronischen Heuschnupfen diagnostizierte.

Der Richter sah ein, warum die Mönche reichlich verwirrt waren. Nun konnte er auch den scheinbaren Gleichmut des Abtes besser nachvollziehen. Der Tod von Bruder Mo war in diesem Zusammenhang nur ein weiteres unbegreifliches Ereignis, das sich jeglicher Logik entzog. Sie hätten sich auch nicht mehr weiter gewundert, wenn urplötzlich ein geflügeltes Pferd oder gar ein Drache aufgetaucht wäre.

„Sehen Sie, diese Zeichen werden uns aus dem Jenseits gesandt“, sagte der Prior. „Es ist überlebenswichtig, ihre Bedeutung zu entschlüsseln. *Unwandelbarkeit des Heiligen Weges* hat uns empfohlen, noch mehr Kraft auf das Träumen zu verwenden. Jeden Morgen stellen wir uns gegenseitig unsere Träume vor, in der Hoffnung, dass einem von uns darin der Inhalt einer göttlichen Botschaft offenbart wurde. Aber das ist bis heute nicht der Fall gewesen. Wir leben im ständigen Zweifel und der Furcht. Also ist es nicht verwunderlich, dass einer von uns beschlossen hat, diese Welt zu verlassen. Ein Glied unserer Kette ist zerbrochen. Wir müssen alles daransetzen, dass das nie wieder passiert.“

„Aber wie denn bloß?“, skandierte Richter Di im Ton eines Klageweibs.

„Wir müssen unbedingt die drei geheimnisvollen Vorkommnisse der letzten Wochen aufklären“, sagte der Prior, der offenbar selbst begierig war, die Rolle des Ermittlers zu spielen.

Richter Di ließ sich bereitwillig darauf ein, wenn auch aus anderen Gründen: Ihn interessierte vor allem die Frage, was wohl die Harmonie dieses Klosters zerstört und zum Tod eines der Mönche geführt haben mochte. Wer konnte denn sicherstellen, dass es in Kürze nicht noch weitere Todesfälle geben würde, falls es wieder zu solch unerklärlichen Vorgängen kam?

Die Wiederherstellung des Friedens bedeutete zwangsläufig auch die Wiederherstellung der sozialen Ordnung der Mönchsgemeinschaft, und Letzteres war seine Spezialität. Sein konfuzianischer Geist fand sich nur schwer mit magischen oder fantastischen Erklärungen ab. Viel eher war er geneigt anzunehmen, dass Menschen hinter diesen merkwürdigen Phänomenen steckten. Dieser Gedanke begann ihn zu fesseln. Was den blühenden Busch betraf, musste er den Gärtner befragen, wegen der geheimnisvollen Musik den Kapellmeister und bezüglich des Feuers die Person, die für Brandfälle zuständig war und sich darum gekümmert hatte, diesen zu löschen.

Als sie in der Küche waren, ließ der Prior dem Richter eine Tasse Tee bringen; gleichzeitig ordnete er an, dass Wasser in die Räume der Gäste geschafft wurde.

Dann läutete eine Glocke und der Prior sagte: „Entschuldigen Sie, jetzt muss ich Sie leider verlassen, ich habe noch einen Exorzismus vorzunehmen. Die bösen Kräfte, die unseren Bruder bedrängt und in die Verzweiflung gestürzt haben, müssen schnellstmöglich gebannt werden. Der Dämon wird nicht mehr lange triumphieren."

Di erinnerte sich wieder, dass diese privaten Zeremonien mit Befragung der obersten Richter des Jenseits und eindringlichen Bitten an die Mächte der Hölle die große Spezialität taoistischer Priester waren. Er kannte sie nur vom Hörensagen und wusste kaum etwas über diesen Volksglauben für Verfechter von Ausräucherungen und Litaneien. Nicht gerade selten wurden taoistische Priester und deren Assistenten in private Häuser gerufen, die angeblich verhext oder von bösen Geistern heimgesucht worden waren und daraufhin als unbewohnbar galten.

„Ich vermute mal, dass diese Bannsprüche von fürchterlicher Schlagkraft sind?", fragte der Richter und setzte seine Tasse vor dem Prior ab.

„Wie bitte?", entgegnete der Prior. „Allerdings! Diese erhabene Kunst der Dämonenvertreibung stellt die

Haupteinnahmequelle unserer Tempel dar! Unsere Priester lassen sich ihre Anstrengungen sehr teuer bezahlen und man reißt sich geradezu um ihre Dienste. Möchten Sie vielleicht daran teilnehmen?"

Di antwortete, dass er sich sehr geehrt fühlen würde, der Vertreibung von Dämonen von einem Ort beizuwohnen, der so wenig für sie gemacht war.

Auf dem Weg zum Andachtsraum lobte der Prior lautstark die unzähligen Vorteile, die diese Zeremonie mit sich brachte. Sie betraten einen kleinen, aufwendig dekorierten Tempel. Was Di im Inneren sah, entsprach in etwa dem, was ihm zur Ohren gekommen war. Auf beiden Seiten eines gewaltigen Opfergabentisches, der an einer der Wände stand, brannten langstielige Kerzen. Musiker schlugen Tamburine, läuteten Glocken und bliesen Hörner, um unerwünschte Seelen zu erschrecken; der Lärm war aber durchaus geeignet, auch sonst jeden zu vertreiben. Drei Personen mit extravaganten Kopfbedeckungen schwenkten Weihrauchgefäße und zappelten auf skurrile Weise herum.

Nachdem der Prior den Vorgang der Dämonenvertreibung als geradezu großartig beschrieben hatte, war der Richter auf den Auftritt von drei komischen Käuzen, die in bunten Gewändern umherwatschelten, kaum vorbereitet gewesen. Nun verstand er auch, weshalb man sich um deren Dienste derart riss: Das Ganze kam einer Theatervorstellung gleich. Wenn eine häusliche Zeremonie gleichermaßen sorgfältig ausgeführt wurde wie diese, bekamen die Spender wenigstens etwas für ihr Geld.

„Ich bin äußerst beeindruckt", flüsterte er dem Prior ins Ohr.

„Diese Leute sind lediglich Helfer, die eine Verbindung zu den unsichtbaren Mächten herstellen", antwortete der Mönch. „Ich bin es, dem es zukommt, die Botschaft zu übermitteln."

Ein Mönch reichte ihm einen mehrstöckigen Kopfschmuck, den er auf seinem Kopf justierte. Dann sprang auch er in die Runde, drehte sich um sich selbst wie ein Kreisel und wedelte mit zwei Wedeln in der Luft herum, um die bösen Mächte zu vertreiben, die sich gewiss in diesem Raum aufhielten.

Auf dem Altar thronte die Statue des höchsten himmlischen Richters: ein Bezirksvorsteher wie Di mit langem Bart, der streng die Stirn runzelte. Die Vorstellung, dass entweder seine Mitarbeiter oder aber irgendwelche Beschwerdeführer vor ihm eine solche Choreografie im Gerichtssaal aufführen könnten, brachte Di beinahe zum Lachen, doch das wiederum hätte sich nicht recht mit der Würde des Augenblicks vertragen. Er wusste zudem nicht, ob der Höllenrichter für diese Auslegung empfänglich war. Was ihn betraf, so wäre er bestimmt geneigt gewesen, Personen gegenüber Milde walten zu lassen, die dazu imstande waren, sich derart lächerlich vor ihm zu machen. Und wenn auch nur aus Mitleid angesichts ihres Schwachsinns.

Nun reichte man dem Prior das, was die Mönche als Klageschrift bezeichnen: ein Blatt Papier, auf dem sie bereits ein Gebet und verschiedene Bittgesuche notiert hatten. Di wusste, dass die Bittsteller darin gewöhnlich ihren Fall darstellten, ihre Verdienste aufführten, ein Reuegelübde ablegten und demütig darum baten, von ihren Sorgen erlöst zu werden. Der Prior ließ sich erschöpft in einen Stuhl fallen, um erst einmal Luft zu holen.

„Wir ersuchen unseren himmlischen Gebieter, unsere flehentlichen Bitten seinem Minister für unheilvolle Besessenheit zu übermitteln“, murmelte er dann dem Richter zugewandt zu.

„Aha, ich verstehe“, sagte Di. „Das ist ähnlich wie bei mir in der Verwaltung. Es gibt gewisse Rädchen in der Maschinerie …“ In sich spürte er derweil, wie sich sein „Ernährungsministerium“ mit Magenkrämpfen meldete.

Mit beschwörenden Gesten verbrannte der Prior die Petition vor dem Bild des höchsten himmlischen Richters und verstreute anschließend die Asche.

„Ich denke, dass wir die bösen Geister vertrieben haben, zumindest für diesen Augenblick“, sagte er dann außer Atem.

Richter Di bemerkte mit Genugtuung, dass man ihn nicht zu den besagten bösen Geistern zählte. Hätten die Mönche jedoch seine Gedanken lesen können, so hätten sie ihn gewiss sofort in die Schar der Dämonen eingeordnet, die ihr Kloster so ungebührlich besetzt hielten.

Jetzt reckte der Prior seine Nase in die Luft und schnüffelte wie ein Hund auf der Fährte eines Fuchses.

„Ich fürchte, dass wir das schon bald wiederholen müssen. Es liegt noch immer ein gewisser infernalischer Gestank in der Luft.“

Richter Di bemühte sich nach Kräften, seinen Geist positiven Gedanken zuzuwenden, die hoffentlich keine verdächtigen Gerüche verströmten. Nun ertönte glücklicherweise ein Gong, der zum Abendessen rief.

Das Refektorium war eine große und hohe Halle, die mit einem gigantischen Emblem des Yin und Yang geschmückt war. Die beiden ineinander übergehenden Formen in Schwarz und Weiß symbolisierten das Gleichgewicht der Kräfte, die das Universum beherrschen.

Beim Eintritt des Richters fingen die Mönche – und zwar alle – an, mithilfe ihrer Stäbchen rhythmisch auf die Tische zu klopfen, was ein recht seltsames Gehämmer erzeugte. Der Prior erklärte dem Richter, dass man auf diese Art einen ranghohen Gastes begrüßte und gleichzeitig einen eventuellen Dämon verjagte, der sich an dessen Füße geheftet haben mochte.

„Aha", sagte der Richter. „Dann ist das also eine Art Reinigungsritus, nicht wahr?"

Er begriff, dass es weniger darum ging, ihm eine Ehre zu erweisen, als das Unheil zu vertreiben, das sich womöglich in seinem Gefolge befinden könnte. Man wies ihm einen freien Platz am Tisch des Abtes zu, von wo aus er den gesamten Saal überblicken konnte.

Bald erregte die Abfolge der Speisen seine Aufmerksamkeit. Weit entfernt von der üblichen Askese einfacher Klöster bot die Zusammensetzung des Mahls die geeignete Kost für Träumer. So gab es beispielsweise keine schweren Gerichte, die etwa Alpträume hätten hervorrufen können, stattdessen aber etwas Alkohol, wohl um den Schlaf leichter herbeizuführen. Di fand, dass man in dieser Gemeinschaft der Einsiedler durchaus vorzüglich aß. Er betrachtete die vielfältigen und appetitlichen Gerichte, an denen jeder sich gütlich tat. Der neben ihm sitzende Mönch warf Di nach seiner Speisenauswahl einen missbilligenden Blick zu.

„Wenn ich mir die Bemerkung erlauben darf, ehrenwerter Herr … es ist empfehlenswert, die Yin- und Yang-Speisen gleichermaßen aufzunehmen, damit die

Kräfte im Inneren Ihres Körpers eine gute Verbindung eingehen können."

„Wie bitte?", fragte der Richter mit vollem Mund.

„Nun, jedes Mal, wenn Sie ein Geflügelklößchen essen, sollten Sie auch etwas Soja dazu geben. Ein Schluck Wein verträgt sich mit einem Schluck Wasser und so fort. Das ist eine Kunst für sich."

„Mit wem habe ich gerade das Vergnügen?", fragte der Bezirksvorsteher artig, der offenbar besonders betreut werden sollte.

Jetzt erfuhr er, dass man ihn neben den Bruder gesetzt hatte, der für die Speisefolge zuständig war, anders ausgedrückt, neben den Küchenchef. Di stellte fest, dass hinter diesen Klostermauern nichts, aber auch gar nichts einfach war – alles war dermaßen durchdacht, dass einem davon schlecht werden konnte. Als der Mönch einmal wegschaute, nutzte der Richter die Gelegenheit und nahm einen großen Schluck Yin, woraufhin er geräuschlos auch noch seine Portion Yang verdoppelte, die ihm übrigens ausgezeichnet mundete.

„Was ist das denn?", fragte er einen Novizen, den man damit beauftragt hatte, die Tassen zu füllen, und deutete auf ein Fleischgericht.

„Das ist eine Köstlichkeit mit den Aromen der sieben Glückseligkeiten."

„Wie bitte?"

„Dieses Gericht wird drei Stunden lang gekocht, nachdem es in eine Marinade aus Wildkräutern eingelegt wurde."

„Und das hier?", fragte Di und zeigte auf einen Krug.

„Ein Produkt aus unseren Weinbergen, fermentiert nach der Methode unserer Ahnen und verfeinert durch eine geheime Gewürzmischung."

„Eintopf und Glühwein also", übersetzte der Richter für sich. Noch zwei weitere Gläser Yin und er wäre bereit, ein Schanklied anzustimmen, das wohl an diesem Ort des Rückzugs und der subtilen Vergnügungen nicht die erfreulichste Reaktion ausgelöst hätte.

Schließlich fragte er, um was für ein köstliches Fleisch es sich handelte, von dem er sich soeben erneut genommen hatte.

„Die Hunde wurden Ihnen zu Ehren geschlachtet, edler Herr Richter", antwortete der Mönch mit einem breiten Lächeln.

Hunde galten als Delikatesse und ihr Fleisch war daher entsprechend selten und teuer. Dem Richter aber fiel es sehr schwer, das Fleisch von Tieren zu verzehren, mit denen die meisten Menschen von klein auf engsten Kontakt pflegten. Bei Kaninchen und Enten mochte das ja noch angehen, denn die waren für Zwiesprache nicht sonderlich empfänglich. Aber Hunde antworteten, sie drückten ihre Gefühle aus, ihre Sympathie und Abneigung, genau wie menschliche Wesen. Der Richter hatte jedes Mal das Gefühl, als würde er einen alten Spielkameraden verspeisen. Die Vorstellung, dass dieses kleine, mit dem Schwanz wedelnde Tier, das so sympathisch, treu und glücklich war, wenn es sich nützlich machen durfte, irgendwann auf seinem Teller enden könnte, erfüllte ihn mit Abscheu. Diese gefestigte Einstellung im Hinblick auf Essen machte seine Teilnahme an Banketten oder anderen geselligen kulinarischen Veranstaltungen nicht unbedingt einfacher.

„Nehmen Sie doch noch ein Stückchen Kiki“, schlug der Bruder Küchenchef vor und schob den Teller mit dem Gericht näher zu ihm.

„Ist das der Name des Rezeptes?“, fragte der Richter hoffnungsvoll.

„Nein, das ist der Name des Hundes, edler Herr Richter. Es gibt nämlich auch Stücke von Bobo, aber die sind fetter. Bobo neigte zu Übergewicht. Ich empfehle Ihnen die Schenkel von Kiki, die sind wunderbar saftig. Der Abt hat sie seit Monaten mit Vorfreude befühlt und nach einer Gelegenheit wie dieser gesucht, um sie uns endlich vorsetzen zu können. Ihre Ankunft hat viele Leute hier von der Sünde der Begierde befreit.“

Der Richter stellte sich vor, wie sein Ragout vor Kurzem noch fröhlich über den Hof gesprungen und nach Liebkosungen gelechzt hatte. Seine Empfindsamkeit stand in krassem Gegensatz zum Zustand seines Magens: Es war ihm mittlerweile vollständig unmöglich, ein weiteres Stückchen von Kiki in den Mund zu nehmen. Er beschränkte sich daher auf Gemüse, das den Vorteil hatte, ihm nie lebendig begegnet zu sein.

Nun stimmte einer der Mönche begleitet von einem Saiteninstrument einen eintönigen Singsang an.

„Diese Art von Musik fördert die Verdauung“, erklärte der Küchenchef. „Einerseits durch bloßes Zuhören und die Ausgeglichenheit, die sie ausgestrahlt, andererseits aber auch durch die Worte, mit denen die Göttin des Schlafes und der Träume angerufen wird.“

Der Richter dachte, dass seine persönliche Verdauung auch sehr gut auf dieses Gesangsstück hätte verzichten können, wenn man das Katzengejammer des Interpreten, der sich auf die Dämonenvertreibung zweifellos besser verstand als auf das Singen, überhaupt so bezeichnen konnte.

Als die Musik aufhörte, erhoben sich die Mönche von den Tischen. Der Zeitpunkt des Zubettgehens war ein heiliger Augenblick: Jeder musste sich für seine nächtlichen Träume vorbereiten. Statt „Gute Nacht!" zu sagen, lautete der Gruß: „Die Nacht sei euch gewogen!"

Der Richter interpretierte das als „träumt schön".

„Die Nacht sei Ihnen gewogen!", parodierte Tao Gan mit einem verschmitzten Lächeln und verbeugte sich an der Zimmertür vor seinem Herrn.

Dieser stellte zufrieden fest, dass sein Sekretär gegenüber den kleinen Macken ihrer Gastgeber anscheinend ähnlich skeptisch war wie er.

IV

Der Richter beobachtet Träumer;
er wohnt einem merkwürdigen Prozess bei.

Richter Di hatte seinen Morgenreis noch nicht aufgegessen, als der Prior erschien und ihm eine Führung durch die Klosteranlage anbot. Dem heiligen Mann machte es offensichtlich Freude, ihm den Betrieb bis in die kleinsten Einzelheiten zu erklären.

Der religiöse Komplex bestand aus mehreren hohen, eng miteinander verbundenen Gebäuden. Sie begannen ihren Rundgang in einem langen Hof. Auf der einen Seite schloss sich eine große schattige Halle an, auf der anderen stand ein mit roten Traumbildern verzierter Tempel.

Sie betraten die Halle, in der sie unverständliches Gemurmel empfang. Eine große Anzahl von Mönchen, die auf ihren Fersen saßen, leierten unentwegt ihre rituellen Sprechgesänge herunter.

„Morgens und abends“, erklärte der Prior leise, „versammelt sich die Gemeinschaft, um unsere heiligen Texte zu rezitieren, insbesondere den *Klassiker des Jadekaisers*, den *Klassiker der drei göttlichen Beamten* und den *Klassiker der reinen Ruhe*.“

„Faszinierend“, sagte der Richter nüchtern und fragte sich, ob diese Strafarbeit wohl bald ein Ende hatte.

Da der Prior befürchtete, dass die Sprechgesänge bei seinem Gast nicht das ihnen gebührende Interesse erregten, führte er ihn in die gegenüberliegende Kapelle, die den Unsterblichen geweiht war.

Eines der Charakteristika des Taoismus war es, massenhaft Maler und Bildhauer zu beschäftigen, wobei sich augenscheinlich niemand bemüßigt fühlte, deren Fantasie zu zügeln. Diese Mönche liebten es, ihre Tempel über und über mit den merkwürdigsten Gottheiten zu schmücken, allerdings war ihr Geschmack vielleicht eine Spur zu überschwänglich. Die Unsterblichen strahlten mit ihren langen Bärten und kahlen Schädeln eine Vornehmheit ohne jegliche Nuancierung aus, während die verschiedenfarbigen Dämonen, die sie mit Füßen traten, sämtliche ihrer spitzen Zähne in breiten Grimassen offenbarten. Die Mönche machten übrigens auch kräftig Gebrauch von Weihrauch und Aromen.

„Bestimmte erlesene Düfte helfen, den von bösen Mächten verbreiteten pestilenzartigen Gestank zu vertreiben", sagte der Prior, als schritten sie durch einen Rosengarten. „Und dann riecht es auch ganz wunderbar!"

Der Richter musste niesen. Solche übertriebenen, vermischten, gesättigten Düfte waren für ihn unerträglich, und er wandte den Kopf ab. Er hatte das Bedürfnis, schnellstmöglich wegzukommen, bevor er den Brummschädel, der ihm allmählich zusetzte, gar nicht mehr loswürde.

Im Hof lief ihnen der Abt über den Weg, der soeben mit seinen gleitenden Schritten einer Puppe auf Rollen die Rezitationshalle verließ. Di nutzte den Moment, um ihm ein anderes Rätsel zu unterbreiten: Wie es nämlich möglich sei, dass, dem Bericht des Garnisonshauptmanns zufolge, seine Männer von einer Handvoll einfacher Frauen hatten verprügelt werden können.

„Daran ist nichts Rätselhaftes“, antwortete der Abt. „Meine Schüler wollten jenen Unglücklichen gegenüber keine Gewalt anwenden. Es waren diese Frauen, die schamlos auf sie eingeschlagen haben, das ist alles.“

„Dann haben Ihre Leute sich lediglich aus Galanterie verprügeln lassen?“, wunderte sich der Richter.

„Nein, sie haben nicht reagiert, weil es ihnen widerstrebt, eine Frau anzurühren. Frauen sind voller Yin-Energie, das heißt, sie sind gefährlich oder gar schädlich, wenn sie den ihnen vom Himmel zugewiesenen rechten Platz verlassen. Wir ziehen es vor, uns mithilfe von Beschwörungsformeln zu verteidigen, einer immateriellen und reinen Waffe. Darüber hinaus sind diese Weiber Anhängerinnen einer gottlosen Religion, die man aus dem Ausland geschickt hat, um die Fundamente unseres Reiches zu untergraben. Doch die inhärente Schlechtigkeit der Frauen darf den Jünger des Tao nicht verwundern: Das weibliche Element ist abhängig vom Yin, der negativen Kraft. Diese Nonnen leben abgesondert von Männern, was ihnen die Dosis Yang verwehrt, die sie mäßigen könnte. Folglich entwickelt sich ihr Yin ohne Einschränkung, mit katastrophalen und unkontrollierbaren Folgen, wie Sie sehen.“

„Katastrophal für die Mönche“, ergänzte Di in Gedanken. Er fragte sich, in welchem Zustand seine eigene Frau aus diesem Yin-Überfluss zurückkehren würde. In einem noch schlimmeren als zuvor, befürchtete er.

Unwandelbarkeit des Heiligen Weges entfernte sich mit einem tiefen Seufzer. Er stellte sich wohl die zahllosen Widerwärtigkeiten vor, die auf den anständigen Mann lauerten, sobald er einmal die Schwelle ihrer geheiligten Zufluchtsstätte hinter sich ließ.

Wenig zufrieden mit der Antwort, die er erhalten hatte, wollte sich Richter Di noch nicht geschlagen geben. Er wandte sich daher an seinen vorbeigehenden Führer. „Abgesehen von den drei geheimnisvollen Vorgängen“, sagte er, „gibt es noch eine vierte wundersame Begebenheit, die ich gern verstehen würde. Wie konnte eine Gruppe von Männern, die zahlenmäßig überlegen war, von einer Handvoll schwacher Frauen in die Flucht geschlagen werden? Ihr Abt schien mir deshalb etwas verstimmt …“

„Schwache Frauen?“, rief der Mönch. „Sie kennen sie ja nicht! Hier handelt es sich um der Hölle entwichene Mischwesen! Halb Frauen, halb Drachen! Die praktizieren alle möglichen Kampftechniken, um Verrückte beaufsichtigen zu können. Denn Sie wissen doch, edler Herr Richter, dass nur Demenzkranke, Perverse und Besessene als ihrer Gesellschaft würdig erachtet werden. Darüber hinaus bedienen sie sich einer fürchterlichen Waffe.“

„Welcher denn?“

„Des Stocks! Eines langen, festen Stocks, mit dem sie erbarmungslos auf die Köpfe unserer armen Brüder einschlagen, sobald sie ihnen begegnen. Glücklicherweise verfügen wir über ein Mittel zur Abwehr.“

Der Richter war gespannt zu erfahren, womit man einem Stock begegnete.

„Unsere Beine! Wir können schneller laufen als sie! Wenn sie uns angreifen, versuchen wir so schnell wie möglich hinter unseren Mauern Zuflucht zu finden. Nur in den seltensten Fällen gelingt es ihnen, uns einzuholen.“

Offensichtlich taten diese militärisch gedrillten Frauen nichts, um die erbärmliche Meinung, die der Abt vom weiblichen Geschlecht hatte, zu verbessern. Sanftmut und Geduld gehörten gewiss nicht zu den Eigenschaften, mit denen sie sich ihm anempfohlen. Die Versöhnung der beiden Religionsgemeinschaften schien dem Richter eine fast ebenso unmöglich zu meisternde Herausforderung zu sein wie das Ergründen der angeblich im Kloster geschehenen Wunder. Falls ihm das gelänge, bliebe auch dem geringsten Ministerialbeamten, der einigermaßen bei Verstand war, nicht anderes mehr übrig, als ihm einen vertrauenswürdigen Posten in einer schwer zu bändigenden Region zuzugestehen.

„Können Sie mir den Grund für einen solchen Zorn erklären?“, fragte der Richter. „Ich vermute, dass diese Nonnen sie doch wohl nicht grundlos angreifen?“

„Das Yin hat sie blind gemacht; sie brauchen leider keinen Anlass“, knurrte der Mönch.

In seiner Eigenschaft als Bezirksvorsteher hatte Di gelernt davon auszugehen, dass jeglichen Ausschreitungen immer ein Motiv zugrunde lag, deshalb bohrte er weiter. Schließlich gab der Prior zu, dass sich die beiden Religionsgemeinschaften wegen ihres unterschiedlichen Naturells – zum einen was die Religion anbetraf und zum anderen das Geschlecht – nicht sonderlich schätzten. Außerdem fand er heraus, dass die Streitigkeiten ihren Ursprung in einer alten Auseinandersetzung nahmen, in der es um Land ging, das die Mönche den Nonnen ihrer Meinung nach gestohlen hatten.

Di war erleichtert, als er erfuhr, dass all dies auf einem Rechtsstreit basierte, auf den man sich stützen konnte. Wäre dieser erst einmal aus der Welt geschafft, würde jede künftige Schlägerei lächerlich. Dieser Spur musste er unbedingt nachgehen. Er nahm sich sogleich vor, seiner

Ersten Dame zu schreiben, um auch die Meinung der Gegenpartei einzuholen, die zweifellos nicht minder vehement vertreten wurde.

Plötzlich überkam ihn die beunruhigende Vorstellung, dass seine Frau in der Zwischenzeit dabei war, alle Methoden des Nahkampfes, vor allem den Umgang mit dem Schlagstock, bis zur Perfektion zu erlernen. Wie würde es um die familiäre Harmonie bestellt sein, wenn sie die von den Nonnen unterrichteten Techniken künftig im Yamen* anwandte? Die Kinder hätte sie gewiss ab sofort gut im Griff! Vielleicht würde das Ganze ja doch irgendwie zu einer Lösung ihres häuslichen Problems beitragen.

Der Prior trug ein strahlendes Lächeln zur Schau. Er eröffnete seinem Besucher, dass nun der Augenblick gekommen sei, ihm das Herz des Klosters zu präsentieren: das Gebäude der Träume.

„Eure Exzellenz waren gut beraten, uns zu dieser Zeit zu besuchen. Am fünfzehnten Tag der Mondumlaufzeit wird hier ein großes Fest zu Ehren unserer Heiligen stattfinden."

„Dies macht mich äußerst glücklich", antwortete der Richter höflich.

Der Prior zeigte ihm jenes Bauwerk, das die Daseinsberechtigung ihrer Gemeinschaft darstellte. Dabei handelte es sich um ein hohes Gebäude, das sich im Zentrum des architektonischen Komplexes erhob. Im Erdgeschoss befand sich die Kapelle der Traummeister, in der ein schummriges Dunkel herrschte. Darin saßen übereinander mehrere mit goldgewebter Kleidung versehene

---

* Yamen bedeutet Gerichtsgebäude, Behörde oder Amt. In der Kaiserzeit bezeichnete Yamen auch den Palast des Siegelbewahrers (Anm. d. Übersetzers).

Holzstatuen im Schneidersitz. Vor jeder Statue war eine Tafel mit dem Namen des jeweiligen Heiligen und dessen herausragenden Taten angebracht. Die Träumer waren nach dem Rang ihres Heiligenstatus angeordnet, so fanden sich die verdienstvollsten in den höchsten Reihen. Sie waren sämtlich Mönche in diesem Kloster gewesen, die man nach ihrem Tod zu Heiligen erklärt hatte und die von ihrer Gemeinschaft besonders verehrt wurden. Vor ihren Bildnissen befolgte man einen täglichen Ritus, dazu kamen jährliche Opfergaben mit zahlreichen Glaubensdemonstrationen. An der Art und Weise, wie der Prior darüber sprach, begriff der Richter, dass die Heiligkeit der Inbegriff der höchsten Ehre war, nach der jeder von ihnen strebte, der einzige Gegenstand all ihrer Wünsche. Nach der Verbrennung der Toten verwahrte man ihre Asche sorgfältig im Inneren der Statuen. Die Körper der anderen Mönche wurden auf dem Friedhof bestattet, unter den Mauern des Klosters, und mit keinerlei Kult gewürdigt.

Der Prior hatte sogar einen Favoriten: Bruder Qin, der den Beinamen *Wunderbare Erscheinung* getragen hatte und dessen Vorhersagen stets von außergewöhnlicher Genauigkeit gewesen waren. In den Annalen stehe geschrieben, dass alle Anwesenden zu Tränen gerührt gewesen wären, wenn man seine Träume verlas. Deshalb habe seine Heiligung auch kaum ein Problem dargestellt. Dem kleinen Altar vor seiner Statue mangele es niemals an frischen Blumen aus dem Klostergarten, dafür sorgte der Prior. Er machte sich auch das Vergnügen, von Zeit zu Zeit die Archive aufzusuchen, um diese oder jene Stelle der Träume des Bruders nachzulesen, von denen er sich wünschte, dass sie auch seine Nächte erfüllen mochten.

Im ersten Stock befanden sich die Archive der Träumer. Die beiden Männer wurden dort von einem buckligen Mönch empfangen, der seine Schreibarbeiten unterbrach, um sie zu begrüßen. Wenn sie etwas geträumt hatten, versuchten die Mönche zunächst immer selbst, den Inhalt in groben Zügen festzuhalten, indem sie ihn aufschrieben – vorausgesetzt, sie waren des Schreibens mächtig. Sie konnten das Archiv zu jeder Zeit aufsuchen: Der Archivar schlief dort auf einem Bett in der Nähe seines Schreibpultes. Die Mönche erzählten ihm von ihrer Vision und der Traummeister schrieb das Vorgetragene auf ein Pergament, das den Briefkopf des Klosters trug. Anschließend vermerkte er sorgsam das Datum und verschloss das Dokument in der persönlichen Truhe des jeweiligen Träumers, zu der nur er selbst einen Schlüssel besaß. Der Archivar erklärte, dass es bei der Beurteilung der Träume verschiedene Grade gebe. Die Vorahnung stand dabei an oberster Stelle, denn sie zeugte von einer direkten Verbindung der Person zu den unsichtbaren Mächten. Und sie konnte unwiderlegbar bewiesen werden, wenn sich nämlich eine solche Vorhersage als richtig erwies. Die anderen Grade waren – in abnehmender Reihenfolge – die Poesie, die Frömmigkeit und die Großzügigkeit.

Ein Geschichtsschreiber war extra beauftragt worden, Tag für Tag die herausragenden Ereignisse aufzuschreiben: Mit schwarzer Tinte wurden diejenigen notiert, die die Gemeinschaft betrafen, mit roter Tinte hingegen alles, was außerhalb des Klosters geschah, etwa der Tod eines Kaisers, ein Erdbeben, eine Hungersnot, eine Epidemie, eine katastrophale Überschwemmung, eine Dürre und so weiter. Er hielt alles fest, wovon er Kenntnis erhielt. Jedes Detail, klein oder groß, konnte eines Tages mit datierten und archivierten Träumen in Verbindung gebracht werden.

Der Archivar erinnerte an den Fall eines Mönchs aus dem vorherigen Jahrhundert, der als Heiliger eingestuft worden war, da er bereits einen Monat zuvor geträumt hatte, dass der Herrscherfamilie verspätet ein Erbprinz geboren würde. Die Richtigkeit dieser Prophezeiung war am Tag nach seinem Tod bei der Öffnung der Truhe entdeckt worden. Seiner Anerkennung als Heiliger hatte niemand widersprochen.

Natürlich war dies ein zufälliges und unregelmäßig auftretendes Phänomen. Schon seit Jahren hatte es keinen neuen Heiligen mehr gegeben. Alle warteten auf die nächste Heiligung, die dem Kloster großes Renommee einbringen würde, insbesondere wenn sie mit verblüffenden Prophezeiungen wie zum Beispiel einem Wunder einherging.

Richter Di staunte, dass man ihm noch nie von diesem doch so faszinierenden Traumkult berichtet hatte.

„Nun, das liegt daran, dass es sich es sich dabei um eine Besonderheit unserer Gemeinschaft handelt“, antwortete der Prior. „Seine Offenbarung erfolgte in einer Traumvorhersage von Laotse. Während dieser eines Tages unter einem Pflaumenbaum schlief, träumte er von einem Baum, dessen Blüten niemals welkten. Zu seinem Schrecken erfuhr er bald darauf, dass die Lieblingstochter des Kaisers an einer unbekannten Krankheit litt. Laotse ließ den Kaiser wissen, dass lediglich ein Tee aus den Blüten jenes Baumes, von dem er geträumt habe, dem Mädchen würde helfen können. Man vertraute seiner Diagnose, und der Kaiser ließ im gesamten Land nach dem Baum suchen. Die Prinzessin wurde durch den Tee auf wundersame Weise gesund, obwohl alle Ärzte am Hofe sie zuvor als unheilbar erklärt hatten.“

„Ich habe noch nie von dieser Geschichte gehört“, sagte der Richter. „In welchem Buch wird sie erzählt?“

„In keinem. Die Geschichte entstammt der mündlichen Überlieferung, die die Schüler des Meisters seit jeher in seinem Sinn bewahren und fortführen. Wir hatten schon so manches Mal Gelegenheit, derlei Wunder selbst mitzuerleben. Natürlich handelt es sich hierbei um eine Parabel, um eine Botschaft, wie wir glauben, die uns der Meister hinterlassen hat, um unser Hauptaugenmerk auf die Tugenden des Schlafes zu lenken. Wir sollen auf unsere Träume achten, denn sie stellen die Verbindung zum höchsten Wissen dar, das die begrenzten Kapazitäten unserer gewöhnlichen Sinne übersteigt.“

Richter Di fühlte sich durch diese Lektion in esoterischem Taoismus beinahe schläfrig und kam sich vor wie ein kleines Kind, das einem schönen Märchen lauschte. Das war genau die Art von Mythos, an die er nicht zu glauben vermochte, außer er wäre selbst ihr Zeuge gewesen.

Sie stiegen eine Treppe hinauf, und jetzt flüsterte der Prior nur noch. Denn sie gelangten in den oberen Saal, in dem einige Mönche gerade meditierten. Für Di sahen sie so aus, als schliefen sie im Sitzen.

Dieser elegante Raum, der direkt unter dem Dach lag, war für jene Mönche reserviert, die beabsichtigten, sich in einer Art Tagtraum mit dem Jenseits in Verbindung zu setzen, wozu sie sich in eine dafür günstige Starre begaben. Die Mauern waren mit Stuckverzierungen bedeckt, die Arabesken formten.

„Auf den Mönchen, die oft hierherkommen, ruhen die Hoffnungen unserer Bruderschaft", erklärte der Prior mit gedämpfter Stimme. „Der Bambusblütendekor symbolisiert den Frieden und den Fortbestand der Seele."

Ein Mönch flüsterte dem Prior etwas ins Ohr. „Wir sollen umgehend kommen, um an der Verbrennungszeremonie teilzunehmen."

Di vermutete, dass man es so außerordentlich eilig hatte, da die Leiche bei der gerade herrschenden Hitze keinen besonders himmlischen Geruch verbreiten durfte.

Sie begaben sich in den ersten Hof, in dem sich das Haupttor des Klosters befand. Beide Flügel waren geöffnet. Auf dem Steinweg standen die Mönche mit zum Schutz aufgespannten roten Sonnenschirmen, die ein farbenprächtiges Bild abgaben. Unter ihnen befanden sich auch einige Bauern aus der Nachbarschaft, die gekommen waren, um an dem Ereignis teilzunehmen.

Der Richter wurde gebeten, unter dem Vordach der Ehrentribüne Platz zu nehmen, wo man einen mit Brokat überzogenen Stuhl für ihn bereitgestellt hatte. Unter den zahlreichen anderen Gästen erkannte er verschiedene Honoratioren, die eilends aus Puyang angereist waren, in der Hoffnung, eine Heiligung miterleben zu können.

Nun erschien der ehrwürdige Abt auf den Stufen des ersten Gebäudes. Er trug das Lächeln des Vorstehers zur Schau, der sich anschickt, einen neuen Glückseligen für seine Altäre zu empfangen – einen verstorbenen Heiligen, der nicht mehr Gefahr lief, seinem Ruf nicht gerecht zu werden. Nichtsdestoweniger stand noch eine letzte, unbedingt notwendige Etappe bevor: die Prüfung durch die Öffnung der Truhe.

Ein Mönch, der die Rolle des Anwalts zu spielen hatte, übernahm zunächst die Laudatio für den Toten, obwohl sein unrühmlicher Abgang mit den Regeln seines Mönchtums kaum in Einklang gestanden hatte. Dieser Hagiograf* verstand es, das peinliche Detail letztlich doch als vorteilhaft darzustellen. Nach seinen Worten war jener Mönch ganz einfach in seinem beständigen und mutigen Kampf den Mächten des Bösen unterlegen, die ihn zum Verräter gemacht hatten, indem sie ihm die Ohren verstopften, sodass er die Ermahnungen des Abtes nicht mehr hatte hören können. Dies war die einzige Möglichkeit zu erklären, weshalb die Worte des ehrwürdigen Abtes nicht vermocht hatten, den Verzweifelten zur Vernunft zu bringen. Derjenige Bruder, der den Toten für die Bestattung vorbereitet hatte, bestätigte übrigens, dass er in seinem Gehörgang Stöpsel aus Talgdrüsenfett gefunden habe, die zweifellos dämonischen Ursprungs seien. Im Falle einer Bestätigung der Heiligkeit war die Verbrennung zwingend vorgeschrieben, damit die Asche des Glückseligen im Inneren der mit Gold umhüllten Statue deponiert werden konnte, die ihm dank der Spenden seiner Verehrer errichtet werden würde. Im gegenteiligen Fall würde seine sterbliche Hülle auf dem Friedhof wieder dem natürlichen Kreislauf überführt werden, während seine Seele in die Unterwelt hinabführe, in der die drei großen Richter alle Sterblichen erwarteten, um ihnen ihren Platz im Gefolge der einfachen verstorbenen Gläubigen zuzuweisen.

Jetzt schaffte man auf einer Sänfte mit geöffneten Vorhängen eine große rote Lacktruhe herbei, getragen von sechs zum Zeichen der Trauer weiß gekleideten Mön-

* Ein Hagiograf ist Verfasser von Heiligenleben (Anm. d. Übersetzers)

chen. Die übrigen Anwesenden verneigten sich, als sie an ihnen vorbeikam, für den Fall, dass sie einige erhabene Wahrheiten enthielt, die ihnen bald schon übermittelt würden. Falls sich diese Hypothese bewahrheitete, würde die Menge vor der Materialisierung der Allwissenheit der höchsten Richter auf die Knie fallen.

Die Truhe wurde vor dem Sarg abgestellt, in dem der von Amuletten und Schnittblumen umgebene Körper im Totenkleid ruhte. Richter Di sah, dass sowohl Familienname als auch religiöser Name von Bruder Mo mit schwarzer Tinte auf die Truhe geschrieben worden waren.

„Die Truhen der Verstorbenen werden in einem Raum aufbewahrt, zu dem nur die drei Ranghöchsten unserer Gemeinschaft Zugang haben: der Abt, der Prior und der Archivar. Auf gewisse Weise wird uns in diesem Augenblick die heilige Erinnerung des Toten präsentiert; in jedem Fall aber handelt es sich um den besten Teil seines Lebens. Die Truhe ist das geweihte Gefährt, das ihn vielleicht zum Aufenthaltsort der Glückseligen bringen wird."

Der Anwalt des Verstorbenen erklärte nun laut und bestimmt, dass die Verfolgung durch die dunklen Mächte, deren Opfer Letzterer geworden sei, bereits ein Beweis für seine Heiligkeit wäre; die Öffnung der Truhe sei deshalb nichts weiter als reine Formsache. Di empfand diese Äußerung als reichlich optimistisch.

„Das werden wir gleich sehen", erwiderte der Advocatus Diaboli.

„Sind Sie sich darüber im Klaren, edler Herr Richter", fragte der Prior, „dass dies das erste Mal ist, dass wir uns erlauben, die Träume des Bruders Mo zu lesen? Jetzt kommt der Augenblick, auf den seine gesamte Existenz gerichtet war!"

Der Archivar stellte die Unverletztheit der Siegel fest, die er sofort nach Bekanntwerden des Todesfalls angebracht hatte. Er ließ sie abnehmen und führte den passenden Schlüssel in das Schloss ein.

Der Abt stellte mit Befriedigung fest, dass die Truhe zur Hälfte gefüllt war, obwohl der Selbstmörder noch reichlich jung gewesen war. Mo hatte in dem Ruf gestanden, seine Aufgaben mit Beharrlichkeit zu erledigen; man hatte ihn oft im Pavillon des Archivs gesehen. Demnach hatte er viel geträumt. Jetzt galt es, den Inhalt dieser Träume zu überprüfen.

Der Prior wies den Richter darauf hin, dass die Lektüre mehrere Stunden dauern könne. Die Geistlichen lösten einander dabei ab, um sie ohne Unterbrechung zu gewährleisten, und ein Schreiber legte ein Register an, in dem er jedes einzelne Blatt mit einigen Worten zusammenfasste.

Die Prüfung begann in der zeitlichen Reihenfolge, das heißt mit dem zuunterst liegenden Blatt des Stapels. Am Ende jeder Episode stimmten die Versammelten ein mehr oder weniger zufriedenes Gemurmel an.

Der erste Traum trug ein Datum, das schon mehrere Jahre zurücklag. Er hatte sich kurz nach dem Eintritt des jungen Mo ins Kloster ereignet. Es ging darin um seine Eltern, die ihn einen Abgrund hinabwarfen, von dem aus er sie vergeblich um Hilfe rief. Man musste kein Bezirksvorsteher sein, um zu begreifen, was dieser Traum zu bedeuten hatte. Das zustimmende Gemurmel der Versammlung erfolgte daher aus purer Höflichkeit.

Di empfand die Lektüre als reichlich indiskret, auch wenn sie mit dem Einverständnis des Verstorbenen erfolgte, der aus freiem Willen und im Wissen um ihren

Zweck die ganze Kraft seines Glaubens dieser Übung gewidmet hatte.

Der Prior hoffte, dass Richter Di die Gelegenheit bekäme, der Heiligung des Kandidaten beizuwohnen – es war die schönste Zeremonie, die im Kloster stattfinden konnte. Dabei verloren sie zwar die Einkünfte fast einer ganzen Saison, konnten diese finanzielle Belastung jedoch verkraften. Ein solches Ereignis fand kaum öfter als einmal in zehn oder gar zwanzig Jahren statt. Eine Heiligung war ebenso selten wie großartig. Im Augenblick ging es vermehrt um einen gewissen Fang, für den der Verstorbene offenbar eine große Sympathie gehegt hatte.

„Dieser Fang war ein Novize, der uns vor zwei Jahren verlassen hat, um einer anderen Gemeinschaft beizutreten“, flüsterte der Prior dem Richter ins Ohr.

Nach seinem Weggang wurde ein Mönch namens Liu zum Gegenstand der nächtlichen Sorgen des Träumers. Bei der Nennung dieses Namens regte sich etwas unter den Zuhörern. Der betreffende Mönch musste anwesend sein und dass er in den Träumen Mos vorkam, ließ seine Kameraden aufhorchen. Richter Di vermutete, dass Bruder Mo ein Geheimnis gehabt hatte, das nur sehr wenig mit dem ewigen Leben zu tun gehabt hatte: Er hatte wohl die ziemlich deutliche Neigung, sich in seine Glaubensgenossen zu verlieben. Diese Last schien ihn erdrückt zu haben.

Richter Di brauchte nicht sehr lange, um zu erkennen, dass Bruder Mo kein Traummeister, sondern ein äußerst gequälter Geist gewesen war, dessen innere Konflikte häufig zu Alpträumen geführt hatten; daher auch die wiederholten Besuche im Pavillon des Archivs. Di hätte schwören können, dass in den Zügen des Abtes Enttäuschung zu lesen war, obgleich er sich bewusst gleichmütig gab. Eine Enttäuschung, die mit jedem weiteren verlesenen Traum zu wachsen schien, in die der Abt all seine Hoffnungen gelegt hatte, die er jetzt begraben sah.

Di verließ mehrmals seinen Stuhl, um sich im Inneren des Gebäudes zu erfrischen. Dort wurde ihnen diskret ein kleiner Imbiss serviert, um sie für die Prüfung zu stärken. Diese Lektüre schien niemals zu enden. Zum Glück war sie zumindest abwechslungsreich. Richter Di hatte noch nie die Gelegenheit gehabt, so viele Träume auf einmal erzählt zu bekommen. Sie formten eine lange, fantastische Geschichte mit allerlei Wendungen, deren Held ein kleiner, verlorener Junge war. Außer dass die einzelnen Episoden generell ohne Umschweife begannen und dann aber ziemlich unbefriedigend im Sande verliefen.

Die Sonne schickte sich an, jenseits des Walls unterzugehen und es wurden Fackeln angezündet. Schließlich verkündete der Vorleser, dass er soeben das letzte Kapitel der Zusammenstellung gelesen hatte. Der Abt saß recht steif auf der Terrasse, in seinem aus wertvollem Holz angefertigten Stuhl.

Man untersuchte aufmerksam die Zusammenfassungen der durchnummerierten Träume, was noch kurze Zeit dauerte. Als alle bereit waren, ihre Entscheidung zu treffen, äußerten die Juroren der Reihe nach ihre Meinung. Das führte zu Debatten, bei denen sich befürwortende und ablehnende Meinungen gegenüberstanden und Argumente vorgebracht wurden. Die Anhänger des Toten hatten es offensichtlich sehr schwer.

Der vage poetische Aspekt bestimmter Träume war nicht zu leugnen. Es war aber nicht erstaunlich, dass man angesichts der schieren Anzahl einige fand, die interessanter waren als andere. Der Advocatus Diaboli saß inzwischen hämisch grinsend in seiner Ecke: Es sprach nicht viel für den Verstorbenen, seine Vorhersagen hatten es nicht verdient, öffentlich bekannt gemacht zu werden. Da ihnen der Bezirksvorsteher der Stadt die Ehre seiner Anwesenheit erwies, sah sich der Abt aber bemüßigt, Richter Dis Ansicht zu erfragen.

„Wie denkt unser ehrenwerter Besucher über diesen Fall?“, fragte er, mehr der Form halber als aus echter Neugier.

Di hüstelte, dann erwiderte er, dass er eine bezaubernde Stelle über das himmlische Paradies besonders geschätzt habe, dass er es aber letztlich dem Haupt der Gemeinschaft überlasse, eine abschließende Beurteilung vorzunehmen.

Der Abt erhob sich von seinem Sitz und fällte dann nach langem Schweigen sein Urteil: Er zerbrach ein Bambusstäbchen, was, wie der Richter vermutete, ein symbolisches Zeichen war. Hier war es nicht nötig, einen Dolmetscher zu befragen, um die Bedeutung zu erfassen. Mo eignete sich nicht als Medium zwischen der unsichtbaren Welt und der unsrigen, jener der treu Ergebenen oder jener der Leichtgläubigen, je nachdem, welche Ansicht man dazu vertrat.

Da eine Heiligung nun nicht mehr infrage kam, wurde die Leiche auf den Friedhof geschafft, wo sie das Schicksal der Gewöhnlichen erwartete: Verwesung. Mos Träume wurden wieder in der Truhe verschlossen, die gemeinsam mit den Truhen seiner Vorgänger im Archiv verwahrt würde – für den unwahrscheinlichen Fall, dass jemand eines Tages Einsicht in sie nehmen wollte.

Die Mönche gaben nun ein Bankett zu Ehren der Anwesenden, die ihnen die Gunst ihres Besuchs erwiesen hatten. Die Beziehungen mit der Öffentlichkeit durften nicht vernachlässigt werden. Wirklich enthusiastisch schien man dabei nicht zu sein, doch das Essen half zumindest, die Enttäuschung zu überwinden. Der Prior begab sich mit einigen Schritten zum Abt, der erschöpft wirkte.

„Ach, was bin ich enttäuscht", hörte ihn der Richter murmeln, während er eine Hand auf die Schulter seines Untergebenen legte. Das war das erste Mal, dass sich in seinem Gesicht eine wirkliche Gefühlsregung zeigte. Jene eines kleinen Jungen, der an seinem Geburtstag begreift, dass er nicht das versprochene Spielzeug erhalten würde. Dieser Misserfolg war gewiss ärgerlich. Die Mönche liefen Gefahr, dass es nicht sobald einen weiteren Todesfall unter ihnen geben würde, um ihnen einen Heiligen zu verschaffen.

V

Ein Brief versetzt das Kloster in Aufruhr;
ein weiterer führt zu noch Schlimmerem.

Ziemlich früh am nächsten Morgen erschien eine Abordnung eingeschüchterter, trippelnder Mönche in Richter Dis Gemächern. In der Gemeinschaft herrschte die größte Aufregung, da sich eine Nonne am Haupttor vorgestellt hatte, von der man zunächst dachte, es handle sich um einen gehörnten, aus der Hölle entwichenen Teufel, der da an ihre Türe klopfte. Sie gab an, eine Botschaft für „Seine Exzellenz, den Bezirksvorsteher" zu überbringen.

„Ich vermute, dass sie Ihnen in diesem Fall einen Brief anvertraut hat?", fragte der Richter.

Man hielt ihm respektvoll beidhändig eine Pergamentrolle entgegen, wobei es aussah, als würde sich ihr Träger beinahe die Finger daran verbrennen. Di erkannte sogleich das Siegel seiner Ersten Dame.

„Ja, das ist für mich, ich danke Ihnen", sagte er und nahm die Rolle an sich.

Die Mönche warfen ihm ängstliche Blicke zu, als unterhielte er Beziehungen zu den unheilvollen Mächten der Unterwelt.

Di fand, dass eine solche Haltung ihm gegenüber in dieser Hochburg der Hexenmeister und Anhänger der unterschiedlichsten Zaubereien wahrlich den Gipfel darstellte. Er zögerte, ihnen zu erklären, dass seine Erste Dame sich für eine spirituelle Auszeit bei den Nonnen zurückgezogen hatte; er würde dabei Gefahr laufen, dass man ihn für einen Verbündeten der Buddhisten hielt. Dabei lag ihm nichts ferner, als zwischen zwei Religionen zu wählen, die ihm im Grunde beide nichts bedeuteten. Sie konnten natürlich auch daraus schließen, dass seine Frau verrückt war, was wohl kaum schmeichelhafter war.

Die Mönche zogen sich geschlossen zurück und schlugen die Tür derart kräftig hinter sich zu, als verließen sie eine Grabstätte. Di stellte mit Vergnügen fest, dass es doch etwas gab, womit man diese an Zauberei, Schicksalsglauben und Magie gewöhnten Leute erschrecken konnte: Und zwar mit der schlichten Tatsache, dass man irgendeinen Gegenstand aus dem Kloster gegenüber erhielt. Sie hatten auf der Erde Inkarnationen gefunden, die noch schrecklicher waren als all jene, die ihr fantastisches Pantheon bevölkerten.

Di betrachtete den Brief einen Augenblick, bevor er sich entschloss, das Siegel aufzubrechen. Er erwartete bittere Vorwürfe, doch das Gegenteil war der Fall: Der Ton war sehr höflich. Seine Erste Dame wandte sich mit den Worten „Mein lieber Mann“ an ihn und fuhr dann fort, als wäre sie zu Besuch bei einem Familienmitglied in der Hauptstadt:

„Nachdem wir uns getrennt hatten, dauerte es nicht lange, bis mich meine Träger zum *Kloster der Ewigen Ruhe* brachten. Es steht auf einem Hügel, der nicht ganz so hoch und steil ist wie jener, zu dem Sie sich begaben. Die Straße schlängelt sich zwischen Obstgärten dahin, es war eine ganz reizende Spazierfahrt. Ich habe mein

Gefährt mehrmals anhalten lassen, um etwas von dem prächtigen Obst zu pflücken. Ich werde Ihnen davon etwas zukommen lassen, um die sicherlich asketische Kost ihrer taoistischen Mönche aufzuwerten.

Als ich am Tor des Klosters ankam, das zum Zeichen des freundlichen Empfangs weit geöffnet war, wurde ich von einer Gruppe von Nonnen empfangen, die sich um mich scharten und bemüht waren, sich nützlich zu machen. Sie erklärten mir, dass ich in eine Art große Familie einträte, in der sich alle gegenseitig helfen. Nichts bereite ihnen mehr Vergnügen, als dass ich mich wohl fühlte. Dies verhieß mir von Beginn an einen sehr angenehmen Aufenthalt. Schließlich boten sie mir genau solch eine Atmosphäre des Friedens und der Harmonie, wie ich sie mir erhofft hatte, als ich mich zu ihnen begab.

Auch in spiritueller Hinsicht war ich gleich wunschlos glücklich. Einige Nonnen hörten nicht auf, sich zum Beten auf die Erde zu werfen; noch nie habe ich derartige Inbrunst erlebt. Ich musste feststellen, dass sich die Nonnen in den Städten überhaupt nicht so verhalten. Es hat den Anschein, als wäre der Glaube hier viel tiefer und fester ausgeprägt als anderswo. Zu sehen, dass diese Frauen stets bereit sind, dem Ruf Buddhas zu folgen, selbst wenn sie mit ganz anderen Dingen beschäftigt sind, war sehr erbaulich. Diese Religion der Liebe hat mich sofort für sie eingenommen und ich habe noch nie erlebt, dass sie jemand mit so viel Überzeugung und Freundlichkeit vertreten hat. Dieser reizende Ort mit seinen Pavillons in seinem schönen Park erschien mir ein Wirklichkeit gewordenes Ideal der Ruhe.

Eine von der Nonnen war so darüber erfreut, mich zu sehen, dass sie ein Lied anstimmte, um mich willkommen zu heißen. Sie erklärten mir, dass es hier üblich sei, Besucherinnen mit einem Tanz zu empfangen, und sie zogen mich in einem entwaffnend einfachen Reigen mit sich, was mich im Hinblick auf Nonnen etwas erstaunte. Wir sind es nicht gewöhnt, sie lächeln zu sehen. Aber die an diesem von der Welt abgeschiedenen Ort herrschende Harmonie führt wohl auch dazu, sich von allen Zwängen befreien zu können.

Um ehrlich zu sein, war ich sogar allmählich erschöpft, als schließlich eine Dame von strengerem Aussehen unseren Reigen unterbrach. In einem eher trockenen Ton schickte sie meine Gefährtinnen fort und beorderte sie umgehend auf ihre Zimmer. Sie klatschte in ihre Hände, und einige andere, weniger liebenswürdige Frauen erschienen, um meine Taschen wegzuschaffen, die die ersten auf dem Weg hatten stehen lassen.

Als ich darüber staunte, dass sie die so zuvorkommenden Nonnen, die sich bis dato um mein Gepäck gekümmert hatten, einfach weggeschickt hatte, erklärte sie mir, dass es sich bei dieser Gruppe, die ich für Ordensfrauen gehalten hatte, in Wirklichkeit um Verrückte, wenn auch wenig gefährliche, handele. Man erlaube ihnen jedoch, sich im Wohnbereich frei zu bewegen.

„Sie beherbergen hier Verrückte?“, wunderte ich mich, da warf sie mir einen Blick zu, der mir vorkam, als zweifle sie auch an meinem Verstand, und antwortete, dass das Kloster voll davon sei.

Daraufhin stellte ich mich als Erste Dame des örtlichen Bezirksvorstehers vor, die gekommen sei, um hier eine spirituelle Auszeit zu nehmen. Die Nonne schien an meinen Worten zu zweifeln, als würde sie denken: ‚Das sagen sie alle.‘

Immerwährender Segen – so heißt meine Gesprächspartnerin – führte mich durch den Park in Richtung der Räumlichkeiten, die man mir zugedacht hatte. Ich begriff bald, was die echten Nonnen strenger wirken ließ als jene, die mich empfangen hatten: Sie sind kahlköpfig und verdecken ihre Schädel unter schlichten Kappen.

Immerwährender Segen teilte mir mit, dass dieses Kloster mit eiserner Hand von einer ehemaligen Dame des Kaiserpalasts geleitet würde. Sie wissen ja, dass es beim Tode eines Kaisers Brauch ist, dass sich die Frauen seines Hausstandes, deren Zahl die Hundert überschreiten kann, in Klöster zurückziehen, wo sie ihre Gelübde ablegen, um zu verdeutlichen, dass ihr Körper auch weiterhin dem toten Herrscher gehört – ganz ohne Rücksicht auf ihre mögliche Jugend. Ich habe gehört, dass sie sich in früheren Zeiten und anderen Ländern sogar auf den Scheiterhaufen ihres Mannes geworfen oder sich vergiftet haben, nachdem sie sich in seinem Grab hatten einmauern lassen. Glücklicherweise leben wir heute in einer zivilisierteren Welt. Jetzt genügt es, wenn die Witwen damit einverstanden sind, sich in einem Provinzkloster lebendig begraben zu lassen, woraufhin ihre Existenz von allen anderen vergessen wird. Angeblich war die Mutter Oberin einst eine außergewöhnlich schöne Frau. Heute wirkt sie hingegen aufgrund ihrer Entbehrungen verbraucht und ohne Schönheitsmittel älter, als sie zweifellos in Wirklichkeit ist. Bei den Nonnen trägt sie den Namen *Himmlische Erleuchtung*.

‚Empfangen Sie außer mir auch noch anderen Besuch?', fragte ich meine Gastgeberin.
‚Oh ja, zuhauf!', antwortete sie. ‚Und sie sind im Allgemeinen sehr zufrieden mit ihrem Aufenthalt. Wir tun alles, um ihnen eine heilsame Gemütsruhe zu verschaffen.'
Ich schloss daraus, dass sie sich bei ihrer Abreise sicherlich immer heiterer und ausgeglichener zeigten als zu Beginn.
‚Bei ihrer Abreise?', fragte *Immerwährender Segen*. ‚Das kommt selten vor. Unseren Pensionärinnen geht es bei uns sehr viel besser, Sie werden sehen.'
Ich dachte lange darüber nach, was sie mit diesem ‚Sie werden sehen' wohl gemeint haben mochte.
Man zeigte mir meine Unterkunft, die durchaus bequem ist, wie ich zugeben muss, doch merkwürdigerweise sind die Fenster vergittert. Bevor sie sich zurückzog, empfahl mir *Immerwährender Segen* nachdrücklich, an den Zeremonien teilzunehmen. Dies sei, sagte sie, Teil der Behandlung. Ich glaube allerdings nicht, dass ich der Behandlung bedarf, und so frage ich mich, ob in diesem Zusammenhang nicht ein Missverständnis vorliegt. Was meinen Sie dazu? Aber die Teilnahme an den Zeremonien kam meinem Bedürfnis nach Spiritualität entgegen, und so ließ ich mich gern darauf ein.
Und dann habe ich an der merkwürdigsten Zeremonie meines Lebens teilgenommen. Ein Teil des Tempels ist umzäunt. Dahinter hatte man die Wütenden und Rasenden eingepfercht. Zwei muskelbepackte Nonnen übernahmen es, wenn sie zu viel Lärm machten, sie mit einer lederberiemten Peitsche ruhig zu stellen.

Im Allgemeinen aber hatten die Musik, der Weihrauchgeruch und der ständige Singsang eine wunderbare Wirkung auf die Frauen. Ich habe schon weniger Verrückte beobachtet, die sich in mysteriösen Anfällen auf die Erde warfen, um die Ehre Buddhas zu preisen oder um Verzeihung für ihre Sünden zu erflehen. Die Nonnen ignorierten dieses Spektakel und fuhren unbeirrt mit ihren Opfergaben und Gebeten fort.
Ich verfolgte diese Zeremonie der Verrückten übrigens in Gesellschaft einer Dame, die sich sehr würdevoll und vernünftig verhielt, jedenfalls nach meiner Einschätzung. Nach dem Ende der Feier verließen wir gemeinsam den Tempel. Ich war sehr zufrieden, dass ich hier eine Person kennengelernt hatte, mit der ich mich über spannendere Themen als Religion unterhalten konnte. Sie heißt *Blaue Jade*, ist seit acht Tagen im Kloster und gehört der besten Gesellschaft von Puyang an. Ihr Gatte ist ein führender Bankier, von dem ich schon gehört habe. Nachdem sie mich verlassen hatte, um sich in ihre Gemächer zu begeben, beglückwünschte ich *Immerwährender Segen*, dass sie so reiche und kultivierte Gäste aufnahm.
‚Ja, sie ist zu Besuch hier', antwortete die Nonne. ‚Ein dauerhafter Besuch. Sie ist nicht seit acht Tagen hier, sondern seit acht Jahren. Sie hat schon vor langer Zeit den Verstand verloren.'
Diese Antwort brachte mich völlig durcheinander. Die Frau ist mir nämlich genauso normal vorgekommen, wie ich mich selbst einschätze. Wenn ich darüber nachdenke, beunruhigt mich das ein wenig. Ich frage mich, ob *Blaue Jade* nicht gegen ihren Willen hier eingesperrt ist. Vielleicht handelt es sich bei ihr um eine etwas spe-

zielle Person, deren Familie sich ihrer aufgrund eines obskuren Grundes entledigen wollte. Und womöglich ist sie aufgrund des Eingesperrtseins noch viel seltsamer geworden, als sie es bei ihrer Ankunft ohnehin schon war … Mir würde es auch nicht gefallen, mit Gewalt irgendwo festgehalten zu werden, nur weil mein Gatte mich durch eine zusätzliche junge und schöne Konkubine ersetzen will. Diesem Punkt muss ich später noch genauer nachgehen – ich spreche selbstverständlich von *Blaue Jade*.

Ich weiß um all den Respekt, den ich meinem Herrn und Meister schulde, aber Sie werden zugeben, dass es manchmal schwer ist, sich anzupassen. Die uns von den Konventionen auferlegten Grenzen sind zu eng, als dass sie mir erlaubten, die Gefühle auszudrücken, die mich bedrängen. Schließlich leben wir in einer Männerwelt, also will ich von meinen Sorgen schweigen und mich damit begnügen, Ihre ergebene, treue und nahezu stumme Dienerin zu bleiben."

Di verharrte, den Brief in den Händen haltend, ziemlich lange in Gedanken. Schließlich gelang es ihm, die unbestimmte Beklemmung, die er empfand, seit er die Lektüre beendet hatte, klar einzuordnen: Er machte sich Vorwürfe, dass er seiner Gattin eine ihm unwürdige Falle gestellt hatte, in die sie arglos hineingetappt war. Nicht, dass sie unter der Situation litt; sie schien sich ihrer Lage auf äußerst korrekte Weise anzupassen. Aber die Intelligenz, die sie an den Tag legte, veranlasste ihn nun zu bedauern, dass er einer Person gegenüber schlecht gehandelt hatte, die Besseres von ihm verdient hätte. Er hatte im Verlauf seines Ehelebens schlicht vergessen, dass seine Gattin mit einer Reihe echter und schätzenswerter Vorzüge ausgestattet war, und er hatte sie vor allem unter ihrem Wert behandelt, was immer ein großer Fehler ist, umso mehr, wenn dieser von einem Mann begangen wird, der damit beauftragt ist, so viele Menschen zu führen.

Er hätte besser daran getan, die Probleme mit ihr zu besprechen, die sich in ihrem Hausstand ergeben hatten. Stattdessen hatte er bevorzugt, sich ihrer zu entledigen, in der Hoffnung, dass eine vorübergehende räumliche Distanz die Lage grundlegend verbessern würde, ohne dass er sich selbst damit beschäftigen musste. Diese Überlegungen schmeichelten nicht gerade der Meinung, die er von sich selbst hatte. Und das Schlimmste daran für ihn als Bezirksvorsteher war, dass er sich schuldig fühlte. Ein Teil seiner selbst hatte soeben ein Urteil über ihn gefällt. Ein unmissverständliches sogar, und die Strafe würde folgen. Zum ersten Mal seit ihrer Trennung – und überhaupt seit sehr langer Zeit – fehlte ihm seine Erste Dame.

Einstweilen erschien es ihm geraten, seine Antwort in den liebevollsten Worten zu verfassen, und er bat sie darin, ihm zu verzeihen, dass er ihr einige Details in Bezug auf den Ort, zu dem sie sich begeben würde, verschwiegen hatte. Dennoch verlor er sein eigentliches Ziel nicht aus den Augen und äußerte den Wunsch, einige Informationen über die Einstellung der Nonnen gegenüber den taoistischen Mönchen erhalten zu wollen. Abschließend brachte er seine Hoffnung zum Ausdruck, dass der Aufenthalt im Kloster ihr all jene Annehmlichkeiten bereiten würde, die sie sich erhofft hatte. Für den Augenblick konnte er nichts Besseres tun.

Jetzt musste er ihr nur noch den Brief zukommen lassen. Er wusste, dass jene kleine Gruppe von Mönchen, die sich zusammengetan hatte, um ihm die teuflische Botschaft zu überbringen, einen der Ihren zurückgelassen hatte, um zu beobachten, ob aus seinem Zimmer Flammen schlagen würden.

Der Richter öffnete die Tür und entdeckte einen jungen Mönch, der sich müßig auf dem Korridor herumtrieb. Den fragte er, ob die Botin des Nonnenklosters noch da sei.

„Sie hat sich längst schon wieder auf den Weg gemacht!", rief der junge Mann, als kündige er das Ende eines Erdbebens an. „Ich meine … Sie ist zurückgekehrt, edler Herr Richter."

Während er sprach, starrte er auf das geöffnete Fenster. Di warf einen Blick nach draußen. Die Nonne hatte auf ihrem Weg eine ganze Reihe mehr oder weniger bewusstlos geschlagene Mönche hinterlassen. Konnten diese Leute denn nie das Wort an einander richten, ohne ihre Fäuste und Füße ins Spiel zu bringen? Das bestätigte jedenfalls, was der Prior über die Verteilung der Kräfte gesagt hatte: Eine einzige Nonne war stärker als mehrere Mönche.

Di fragte sich, ob es nicht sinnvoll wäre, die kampftüchtigste Nonne als Ausbilderin seiner Gerichtsschergen zu engagieren. Bei einer Person solchen Kalibers bekämen die Straftäter Puyangs sehr schnell schlotternde Knie. Er wollte nicht glauben, dass lediglich die Lehren Buddhas derartige Erfolge im Kampfsport hervorbrachten. In der nächsten Mitteilung an seine Erste Dame musste er sie unbedingt ersuchen, diesem Geheimnis nachzugehen.

Er bat den jungen Mönch, den Brief durch einen Novizen überbringen zu lassen.

„Dazu wird sich niemand bereit erklären!“, rief der junge Mann und wich zurück, als hätte man ihm befohlen, ein Stück glühende Kohle anzufassen.

Ihre Feigheit ging dem Richter allmählich auf die Nerven.

„Es gibt doch sicher unter Ihnen jemanden, dem gerade eine Strafe auferlegt werden soll und für den diese kleine lästige Arbeit eine Art Sühne sein kann“, sagte er mit deutlich zu vernehmender Ungeduld in der Stimme. „Ich muss Ihnen wohl nicht die Grundlagen des Lebens in einer Gemeinschaft beibringen: Disziplin, Ordnung und Strafen müssen sein, wie bei kleinen Kindern! Nehmen Sie diese Botschaft und kümmern Sie sich darum, dass sie ihre Empfängerin erreicht. Ich will diesbezüglich nichts mehr hören!“

Da es reichlich unwahrscheinlich war, dass man im Kloster über Brieftauben verfügte, vermutete Di, dass seine Wünsche sie vor ein scheinbar unlösbares Problem stellen würden. In diesem Moment erschien Tao Gan. Der Richter empfahl ihm mit Nachdruck, den jungen Mönch zu begleiten, um sicher zu gehen, dass seine Mitteilung nicht etwa im Graben landete.

Einige Augenblicke später kehrte sein Sekretär zurück und berichtete ihm, wie man den unglücklichen Überbringer der Botschaft ausgewählt hatte: „Der Erste hat sich umgehend krankgemeldet. Ein Zweiter hat sich tatsächlich das Fußgelenk verstaucht, kaum dass er die Vorhalle verlassen hatte. Der Dritte erwähnte alsbald, dass sein Vater ein bedeutender Spender und Beschützer des Klosters sei, und so musste schließlich der Abt selbst eingreifen. Er überreichte mir dieses Schreiben für Eure Exzellenz.“

Richter Di entfaltete das Papier: „Ich wäre Eurer Exzellenz sehr dankbar, wenn Sie den fraglichen Brief durch Euren Sekretär persönlich überbringen ließen“, las er. „Einige Mönche haben gedroht, unsere Gemeinschaft zu verlassen. Ich nehme diese Worte nicht für bare Münze, aber sie sind ein Zeichen für ein zusätzliches Unbehagen, dem sich niemand gern aussetzt. Konflikte dieser Art schaden der Atmosphäre des Friedens, die wir für unsere Meditation so sehr benötigen. Ich hoffe sehr, dass Sie für meine Haltung Verständnis aufbringen.“

War er es, der Schwierigkeiten hatte, sich dem Klosterleben anzupassen? Die Anwandlungen dieser kleinen Herren fingen langsam an, den Bezirksvorsteher zu verstimmen, auch wenn im Augenblick die Belustigung noch die Überhand über den Ärger behielt. Er beschloss, einen kleinen Spaziergang außerhalb dieser Mauern zu unternehmen, um etwas weniger stickige Luft zu atmen.

VI

Richter Di sucht nach Anzeichen für Wunder;
er erlebt ein tragisches Konzert.

Im hinteren Teil der Klosteranlage erstreckte sich im Schutz des Walls ein üppig blühender Garten, in dessen Mitte der Richter auf einen Gärtner traf, der gerade die Erde auflockerte. Es zeigte sich sehr bald, dass dieser einfache und aufrichtig scheinende Mann das Faktotum im Kloster war. So hielt er zum Beispiel das überlebensnotwendige Wassersystem sauber und betätigte sich auch als eine Art Klempner oder Kanalisationsarbeiter, der sich um die abstoßendsten Aufgaben zu kümmern hatte. Er erzählte, wie ihm seine Vorgesetzten bei jeder Gelegenheit versicherten, dass es gut sei, den Göttern in Demut zu dienen, und er nicht zögern solle, sich die Hände schmutzig zu machen, denn die Götter liebten den Schweiß der Gläubigen mehr als den Duft von Rosen. Di dachte bei sich, dass es diesen feinen Predigern selbst hingegen wohl kaum gefiele, in ihren brokatbesetzten Kleidern zu schwitzen.

Bruder Den hatte demnach zwei Beschäftigungen: Einerseits für das Wachstum üppiger Pflanzen zu sorgen, andererseits die Jauchegruben zu reinigen. Wie ein Akrobat schaffte er den Spagat zwischen diesen beiden weit auseinanderliegenden menschlichen Bedürfnissen – der

Schönheit und dem Schmutz. Er war es gewöhnt, betörende Düfte genauso einzuatmen wie sich dem widerlichsten Gestank auszusetzen. Verstörend daran war vor allem die Erkenntnis, dass das eine das andere nährte: Die Abfälle dienten als Kompost für die schönen Blüten, die schließlich die Altäre der Heiligen zierten.

„Sie sind wahrlich der Dreh- und Angelpunkt dieses Klosters", stellte der Richter fest und bewunderte die Selbstlosigkeit des Mannes.

Bruder Den schien nicht zu verstehen, was er damit meinte. Ganz sicher war er ein gescheiter, aber wenig gelehrter Mensch. Er hatte keinerlei Bildung erhalten und verfügte nicht über die nötige Kultiviertheit, um das Paradoxe an seiner Arbeit zu erkennen – was vielleicht sogar besser war, angesichts des traurigen Loses, das man ihm zugewiesen hatte. Er zeigte dem Richter jenen Busch, der zur falschen Jahreszeit und in einer einzigen Nacht erblüht war. Das Phänomen war inzwischen jedoch nicht mehr zu bestaunen – die Blüten waren genauso schnell wieder verschwunden, wie sie aufgekommen waren. Der Richter bemerkte, dass sich der Gärtner diesem angeblichen Wunder gegenüber geradezu gleichgültig verhielt, ganz im Gegensatz zu den anderen Mönchen. Er beschrieb den Vorgang zwar als ungewöhnlich, nicht aber als ein Wunder der Natur. Diese Meinung gab er außerdem nicht ungefragt preis, sondern hielt sich auf Grund seiner untergeordneten Stellung damit zurück. Di empfand große Achtung vor diesem Mann, dieser treibenden Kraft des Klosters, aus dem weit mehr Frömmigkeit sprach als aus dem Firlefanz seiner Vorgesetzten mit ihren extravaganten Kopfbedeckungen, den Wedeln, die sie zur Dämonenvertreibung verwendeten, oder den zierlichen Sonnenschirmen, mit denen sie sich während der Zeremonien vor der Sonne schützten.

Nachdem er alle notwendigen Fragen zur Gartenarbeit gestellt hatte, suchte Di Bruder Gao auf, den Brandschutzverantwortlichen. Dieser war ein fettleibiger, leicht affektierter Mönch und geschwätzig wie eine Elster. Gao zeigte sich erfreut, einen „solch hervorragenden Bezirksvorsteher" kennenlernen zu dürfen, und verwickelte ihn sofort in ein langes Gespräch, in dem er dem Richter sein Entzücken darüber zum Ausdruck brachte, dass der Glaube der Klosterangehörigen nun schon bis zu den höchsten Kreisen der Verwaltung, bis zur Elite des Kaiserreiches, bis zu den gebildetsten Personen der Provinz vorgedrungen sei – wobei sich all diese Bezeichnungen auf ein- und dieselbe Person bezogen. Es schmeichelte dem Richter durchaus, als eine der Perlen der Gesellschaft bezeichnet zu werden. Was allerdings seine Unterstützung bei der Verbreitung des taoistischen Glaubens anging, so hielt er die Interpretation seiner Anwesenheit im Kloster als etwas übertrieben. Hätte es keine Prügelei und keinen Selbstmord gegeben, wäre ihm nie eingefallen, mehr als einen halben Tag hier zu verweilen.

„Spüren Eure Exzellenz die Energie, die die Meditation der Gläubigen um Sie herum verströmt?", fragte der dicke Mönch und tat einen tiefen Atemzug, als brächte die Meditation genauso wahrnehmbare Düfte hervor wie die Blumen des Gärtners.

Di war mit wesentlich prosaischeren Dingen beschäftigt, als unsichtbare und immaterielle Strömungen in der Luft ausfindig zu machen.

„Ich sehe, dass die Versorgung mit Nahrung für Sie kein Problem darstellt", sagte er angesichts der Korpulenz seines Gesprächspartners. „Gilt das aber auch für Trinkwasser?"

„Ich kann ohne falsche Bescheidenheit antworten, dass sich Eure Exzellenz mit dieser Frage an die richtige Person gewandt haben", brüstete sich Bruder Gao. „Ich bin nämlich verantwortlich für die Verhütung von Bränden und damit immer der Erste, der sich mit solchen Problemen befasst. In der Tat ist die Versorgung mit Wasser aufgrund der besonderen Lage unseres Klosters schwieriger als sie es im Tal wäre, wo es Teiche und Flüsse im Übermaß gibt."

Der Richter überlegte, ob ihm nun eine vollständige Einschätzung der Wasserressourcen der Gegend bevorstand.

„Ich nehme an, dass es zur Zeit des Klosterbaus auf diesem Hügel eine Quelle gegeben hat?", fuhr er ihm in der Hoffnung dazwischen, dass sein Gesprächspartner diesen Punkt aufgreifen würde.

„Eine Quelle? Aber ja, gewiss", entgegnete der dicke Mönch, etwas verwirrt aufgrund dieser Unterbrechung. „Die gibt es noch! Aber sie ist etwas eigenwillig, wie das so oft bei Quellen der Fall ist."

„Wie?", staunte der Richter. „Genügt es nicht zu beten, um ihren Fluss stetig zu machen?"

„Wir haben es versucht", sagte der Mönch, der anscheinend die Ironie der Frage nicht verstanden hatte. „Aber das hat nicht geholfen. Um die Unregelmäßigkeiten auszugleichen, wurde von Anfang an ein ausgeklügeltes System zur Sammlung von Niederschlägen angewandt. Das Regenwasser wird in Rinnen aufgefangen, die entlang der Dächer verlaufen. Dann fließt es durch ein Kanalrohr, das geschickt an den Wänden versteckt ist, um schließlich in Zisternen zu landen, die unter dem Kloster in den Felsen gehauen wurden. Sie sehen, dass die geweihten Kräfte den Gründern unserer Institution zu erhellenden Eingebungen verhalfen, mit denen sie in der Lage waren, den Unwägbarkeiten einer feindlichen Natur zu trotzen."

Dies alles hatte er sehr stolz vorgetragen. Nun ließ sich der Richter aber die Stelle zeigen, an der jenes unerklärliche Feuer ausgebrochen war, das mithilfe dieses Systems der göttlichen Eingebung im Keim erstickt worden war.

„Genau genommen kann man von gar keinem Brand sprechen", stellte der dicke Mönch klar und führte den Richter in einen kleinen Innenhof, in dem sich eine kleine Kapelle befand. „Man sollte wohl besser von einer spontanen Selbstentzündung unbekannten Ursprungs sprechen." Er wies auf eine massive Statue aus Stein, deren fast gesamte Oberfläche geschwärzt war.

„Schauen Sie, dies ist Cori, der Gott des Abgrunds, mit seinem Schwert, das er benutzt, um die Ausgeburten der Hölle zu enthaupten. Wir beten hauptsächlich zu ihm für die Linderung von Kopfschmerzen. Am Tag des unglückseligen Vorfalls stand kurz vor dem Abendgottesdienst plötzlich sein Bildnis in Flammen, obwohl es keinerlei brennbares Material enthält: weder Holz, noch Stoffe, noch sonst etwas. Die Gottheit stand einfach unvermittelt in Flammen! Mehrere meiner Brüder sind angesichts dieses Wunders glatt auf den Bauch gefallen. Ich für meinen Teil bemühte mich, das Feuer zu löschen, zunächst, weil es ja meine Aufgabe ist, jegliche unkontrollierten Flammen im Inneren des Klosters zu verhindern. Dann aber vor allem deshalb, weil die Statue nicht weit entfernt von hölzernen Säulen und dem von Balken gestützten Dachsims steht. Sie wären den Flammen sehr leicht zum Opfer gefallen, wenn wir nichts dagegen unternommen hätten. Wunder also ja, Chaos nein! Ich bin mir sicher, dass Eure Exzellenz da meiner Meinung sind. Stellen Sie sich vor, dass ich einige meiner Brüder erst beiseitestoßen musste, bevor sie einverstanden waren, dass zwei oder drei Eimer Wasser über Cori vergossen wurden! Ich habe mir gesagt, dass der Brand, falls er tatsächlich aufgrund eines Wunders ausgebrochen sein sollte, auch dem Wasser widerstehen würde. Wäre dies jedoch nicht der Fall gewesen …“

„Ich weiß“, unterbrach ihn der Richter. „Es war ja Ihre Aufgabe, den Brand zu löschen. Und genau das haben Sie getan.“

„Es war nur ganz wenig Wasser nötig, um den Brand zu löschen. Das überraschte mich übrigens, denn ich hätte nicht geglaubt, dass Cori mit seinem heiligen Feuer derart geizig umgehen würde. Trotzdem wurde dieser seltsame Vorfall von unserem Geschichtsschreiber auf der Schreibtafel notiert und mein Name an entsprechender Stelle erwähnt.“

In den Augen von Bruder Gao schien dies das eigentliche Wunder jenes Tages gewesen zu sein. Di verließ den dicken Mönch, bevor ihn selbst ein Kopfschmerz veranlassen würde, dem guten Cori seine Ergebenheit zu erweisen. Der Richter wollte in ausreichend guter Form sein, um dem letzten Zeugen seiner Liste gegenüberzutreten.

Richter Di traf die Sänger bei einer Probe an. Bruder Pa, der Chorleiter, studierte mit seiner Gruppe gerade etwas ein. Di begriff, warum die taoistischen Gottheiten stets entweder mit zornigen Mienen oder aber Grimassen schneidend dargestellt werden: Man erlegte ihnen regelmäßig unheilvolle Gesangsvorführungen auf.

„Lauter!", rief der Chorleiter. „Und das Atmen nicht vergessen! Auf dass eure Freude, Tao zu verehren, euren Mündern entströmt! Und lächeln! Wir alle sind glückliche Mönche! Gebt mir alles, was ihr habt! Verjagt alle Sorgen aus euren Köpfen! Ich will keine magersüchtigen Schwächlinge sehen, sondern strahlende Mönche, die Anmut verkörpern! Eins, zwei! Ich möchte euch alle hören, auch die, die sich ganz hinten verstecken!"

Di begann zu verstehen, warum diese Mönche so gerne Zuflucht in ihren Träumen suchten. Das Leben im Kloster war alles andere als rosig. Bruder Pa verausgabte sich sichtlich; mit der Rückseite seines Ärmels wischte er sich den Schweiß ab, der in dicken Tropfen von seiner herrischen Stirn perlte.

„Was halten Eure Exzellenz von unserer kleinen Probe?", fragte er. „Wir sind beinahe bereit, meine ich. In wenigen Tagen werden wir das Fest der Heiligkeit begehen. Wir können es uns nicht leisten, die zahlreichen Pilger zu enttäuschen, die kommen werden, um daran teilzunehmen. Zumal wir ihnen leider schon seit langer Zeit keinen neuen Heiligen mehr präsentiert haben. Daher darf zumindest der äußere Rahmen der Veranstaltung nichts zu wünschen übrig lassen."

Dieser Mann schien in seine Kunst geradezu vernarrt zu sein. Er verfiel in einen merkwürdigen Monolog, als wäre sein Gesprächspartner gar nicht mehr anwesend.

„Sie können sich gar nicht vorstellen, was man alles tun muss, um sich den Göttern gegenüber als würdig zu erweisen. Zudem besteht keinerlei Aussicht auf Erfolg. Wir sind dazu verdammt, erst nach unserem Tod herauszufinden, was unser Leben wert war, dann, wenn es zu spät ist. Unsere Anstrengungen nützen nicht viel, denn das Meiste spielt sich ja doch in unseren Träumen ab. Einige von uns haben mehr Glück als andere; man fragt sich, warum dem so ist. Vielleicht ist es besser, darauf keine Antwort zu erhalten. Unglücklich ist doch derjenige, der im Voraus weiß, was ihn im Jenseits erwartet. Aber ich schweife ab ... Was kann ich für Eure Exzellenz tun? Möchten Sie noch eine Kostprobe unsere heiligen Lieder hören?“

„Ich möchte Ihnen nicht zur Last fallen!“, entgegnete der Richter höflich, doch seine Gedanken waren weniger freundlich. Er wollte vor allem in Erfahrung bringen, wie jene Musik aus dem Nichts hatte erklingen können.

„Sie schien aus allen Mauerritzen zu kommen“, sagte Bruder Pa. „Als hätte sich ein Musiker irgendwo dahinter versteckt; alles war sehr merkwürdig. Es handelte sich im Übrigen um ein recht anspruchsloses Stück, um irgendeine populäre Melodie“, fügte er dann noch etwas verächtlich schnaubend hinzu. „Was mich betrifft, so glaube ich nicht, dass dieses Phänomen göttlichen Ursprungs war. Das war nicht die Art von Musik, die ich im Paradies der Gerechten zu hören hoffe.“

Als Ermittler in rein menschlichen Angelegenheiten wollte der Richter gern erfahren, wie der Mönch zu dieser Ansicht gelangt war.

„Die Götter hätten niemals einen so schlechten Geschmack!“, rief der Musiker. „Wenn das die Musik sein sollte, die uns im Jenseits erwartet, bin ich schrecklich enttäuscht. Es gab keine Hörner, keine Rhythmusinstrumente, es war einfach nichts Besonderes. Das war ganz bescheidene Kost. Ich mit meinem Chor produziere weit

Besseres. Das himmlische Repertoire lässt sich doch gewiss nicht von Flöte spielenden Hirten inspirieren!"

„Dann handelte es sich also um Flötenmusik?", fragte der Richter, der endlich glaubte, einen greifbaren Ansatz gefunden zu haben.

„Ich glaube schon, obwohl die Töne eine höhlenartige Resonanz aufwiesen, als kämen sie aus den Tiefen der Erde. Die Geräusche schienen gleichzeitig nah und fern zu sein, es war wirklich sehr merkwürdig."

„Ich nehme an, dass Ihr Geschichtsschreiber das Phänomen auf seinen Tafeln notiert hat?"

„Er schreibt alles auf, auch die Bemühungen meiner Sänger, die er gelegentlich in kränkenden Worten beurteilt hat. Ich habe ihn daraufhin gefragt, wie er dazu kommt, sich eine Meinung über unsere Auftritte zu bilden, denn er erwähnt Einzelheiten, um die sich niemals jemand scheren wird! Er hält sich für einen wahrhaftigen Ästheten, unter dem Vorwand, dass er den Pinsel führen darf. Wissen Sie, dass er sogar aufschreibt, was für ein Wetter geherrscht hat, nur für den Fall, dass es einer von uns in seinen Träumen vorhergesagt haben könnte? Man wird mich nicht dazu bringen zu glauben, dass die Heiligkeit sich in Wolken oder im Regen versteckt. Hingegen kann ein schönes Lied, das richtig und ausdrucksstark vorgetragen wird, durchaus einem Wunder gleichkommen! Hier im Kloster versteht man mich nicht. Ach, wenn ich doch nur irgendwo in der Stadt einen Tempel fände, in dem ich meine Fähigkeiten richtig einsetzen könnte! Kennen Eure Exzellenz eventuell jemanden, dem Sie mich freundlicherweise empfehlen könnten?"

Der Bezirksvorsteher war schon ganz verzweifelt, weil er offenbar nichts Nützliches erfahren würde, das seine

Ermittlungen entscheidend voranbringen konnte, als plötzlich der Prior erschien. Er schlug ihm vor, mit ihm das *Labor*, wie er es nannte, zu besuchen. Di ließ sich in das Innere einer Art Höhle führen, die von der Ausstattung her weit mehr der Behausung eines Zauberers glich als jener eines Arztes. In diesem Raum wurden sie von einem dämonisch aussehenden Gnom empfangen, der dem Richter beinahe einen Aufschrei der Überraschung entlockt hätte.

„Entschuldigen Sie, edler Herr Richter", murmelte der Apothekersmönch und nahm seine Maske ab. „Ich habe dieses neue Exorzismusgerät ausprobiert. Habe ich Sie, ohne es zu wollen, erschreckt?"

„Nein, überhaupt nicht", entgegnete Di und verzog das Gesicht.

Der Prior stellte ihm nun den Mönch vor, der mit der Herstellung von Zaubermitteln beauftragt und für den Umgang mit dem Jenseits zuständig war. Di erinnerte sich daran gehört zu haben, dass die Taoisten von Zauberei, Amuletten, Zaubersprüchen, Reizmitteln und anderen Objekten des Aberglaubens geradezu besessen waren; außerdem glaubten sie an die Verlängerung des Lebens durch körperliche und moralische Reinheit. Die Verwirklichung dieser beiden Ziele, Langlebigkeit und Schutz vor Dämonen, hatte ihnen dazu verholfen, das Wohlwollen des einfachen Volkes zu gewinnen. Dis Entsetzen erreichte einen neuen Höhepunkt, als ein Novize erschien, der vor ihnen einen Sack mit lebenden Schlangen abstellte, aus denen ein Sud gekocht werden sollte. Der Richter gewann den Eindruck, sich in der Werkstatt eines Medizinmannes zu befinden, er war für eine Weile fassungslos. Der Mönch erklärte ihm genauestens die

Herstellung von Weihrauch, Kerzen, Feuerwerkskörpern und Gegenständen der Wahrsagerei, alles inmitten haufenweise ausgetrockneter Tiere. Die Heiligkeit nahm erstaunliche Umwege, die offenbar bis zu den Pforten der Hölle führten.

„Wollen Sie etwas von dem Glühwürmchenpulver haben?", schlug der Apotheker vor. „Es ist sehr förderlich für alle, die mit dem Kopf arbeiten."

Richter Di lehnte das gut gemeinte Angebot höflich ab und dachte bei sich, dass er an diesem morbiden Ort nicht einmal eine einfache Tasse Tee annehmen würde. Der unbedeutendste Gegenstand war womöglich schon zum Destillieren von Gott weiß was für einer ekelerregenden Scheußlichkeit verwendet worden. Man brachte ihn dann noch dazu, die schrecklichsten Dämpfe einzuatmen, die den jeweiligen Medien angeblich dazu verhalfen, dass sich die Seelen der Verstorbenen in ihnen verkörperten.

Als Bruder Den, der Gärtner, erschien, um einen Haufen in den Gräben gefangener Kröten vorbeizubringen, beendete der Richter diesen so lehrreichen Besuch und zog sich vorsichtig in seinen Wohnbereich zurück; ihm war zum Erbrechen übel.

Kaum fühlte er sich wieder etwas besser, als jemand an die Tür seines Zimmers klopfte. Tao Gan öffnete. Draußen stand wie eine Herde verängstigter Schafe erneut eine Abordnung bleicher Mönche. Als er ihre aschfahlen Gesichter sah, befürchtete Di, dass es sich um eine allgemeine Lebensmittelvergiftung handeln könnte, und fuhr sich instinktiv über den Bauch, um zu prüfen, ob sich die genossene Mahlzeit noch in seinem Magen befand.

Einer der Mönche stammelte mit ersterbender Stimme: „Wenn Eure Exzellenz uns bitte folgen wollen … Es ist etwas passiert … Der Abt verlangt nach Eurer Anwesenheit."

„Gab es vielleicht schon wieder ein Wunder?", rief der Richter. „Ihr Kloster ist eine wahre Brutstätte fantastischer Ereignisse! Lassen Sie doch noch ein paar übrig für den Rest der Welt!"

„Ich fürchte, dass dieser Vorfall nicht als wunderbar zu bezeichnen ist", entgegnete der Sprecher und ließ dem Richter den Vortritt, als dieser auf den Flur hinaustrat.

Als sie sich dem Musiksaal näherten, in dem der Bezirksvorsteher vor weniger als zwei Stunden der Chorprobe beigewohnt hatte, liefen ihnen immer mehr Mönche über den Weg. In jeder Ecke standen die Klosterbrüder, allein oder in Gruppen, wie betäubt beieinander; sie unterhielten sich mit leiser Stimme oder rezitierten Litaneien.

Mit entsetztem Gesichtsausdruck bedeutete der Abt ihnen, stehen zu bleiben. Sie standen vor einer Tür, die zu einem Nebenraum führte. Auch der Richter hielt inne und erkundigte sich, was los sei. Der Abt schwieg, offensichtlich war er unfähig, auch nur ein Wort zu sagen. Di folgte seinem Blick, der auf den Boden gerichtet war. Da sah er, dass er gerade rechtzeitig angehalten worden war, bevor er den Fuß in eine Pfütze setzte. In eine rote Pfütze. Als sich seine Augen an die Dunkelheit gewöhnt hatten, die in diesem schlecht beleuchteten Winkel herrschte, gewahrte er im Inneren des Abstellraums ein Paar Füße, das auf den Steinplatten ruhte. Dort lag ausgestreckt ein Körper.

Vorsichtig trat er über die Blutlache hinweg und beim Schein einer Laterne, die ein Mönch in seiner Nähe für ihn hielt, betrat er den kleinen Raum. Er brauchte nicht lange, um den inmitten von Musikinstrumenten, die in der Kammer gelagert wurden, liegenden Mann zu identifizieren. Die Venen seiner Handgelenke waren geöffnet, ein kleines Messer lag achtlos in der Nähe. Alles sah nach einem neuerlichen Selbstmord aus. Während er noch nach eventuellen Spuren von Gewaltanwendung Ausschau hielt, schrak Di zusammen: Die Leiche öffnete plötzlich die Augen.

„Aber er lebt ja noch!“, rief Di, nachdem er sich aufrichtete, überrascht und verärgert zugleich, dass man versäumt hatte, ihn darauf hinzuweisen. War es möglich, dass keiner der anwesenden Mönche daran gedacht hatte zu überprüfen, ob in dem Selbstmörder nicht doch noch ein Hauch von Leben war?

Die ersten Worte des Abtes gaben eine Antwort darauf: „Wir waren alle dermaßen betroffen … Wir haben nicht geglaubt, dass … Er sah doch absolut tot aus!“

Richter Di befahl, dass man eine Bahre für den Transport besorge und schnellstmöglich nach dem Arzt schicke. Der Sterbende bewegte die Lippen, ohne jedoch einen Ton hervorzubringen; er war bereits zu schwach zum Sprechen. Angesichts der erheblichen Menge Blut, die er offenbar verloren hatte, musste er schon viel zu lang dort gelegen haben. Di beugte sich erneut zu ihm.

„Verzeihen Sie“, murmelte der Mönch, und Di nahm an, dass diese Worte an den Klosteroberen, nicht etwa an ihn, gerichtet seien.

„Sagen Sie mir alles“, forderte der Richter den Mönch auf und legte dabei unvermittelt denselben Tonfall an den Tag wie bei den Zeugenvernehmungen in seinem Gerichtssaal. „Was ist passiert?“

Bruder Pa, die Augen geschlossen, schien indes nicht mehr in der Lage zu sein, ein weiteres Wort zu äußern. Doch dann öffnete er mühsam die Lider. Sein verschleierter Blick haftete starr auf dem Richter, ohne ihn wirklich zu sehen.

„Das ist nicht wahr", murmelte er. „All diese Geringschätzung! Ich bin sicher, dass man mich belogen hat. Aber ich konnte einfach nicht mehr."

„Wovon sprechen Sie?", fragte der Richter, verwirrt von diesen rätselhaften Worten. „Wer hat Sie belogen? Von welcher Geringschätzung sprechen Sie?"

Der Mann auf dem Boden griff plötzlich mit eiserner Faust nach der Robe des Richters und flüsterte ihm dann beinahe unhörbar zu: „Die drei Richter! Die drei obersten Richter! Sie mögen mich nicht. Sie mögen auch meine Musik nicht! Sie sagen es mir immer und immer wieder! Und außerdem …"

Am Ende seiner Kräfte lockerte der Chorleiter seinen Griff, und sein Kopf glitt zurück auf den Boden.

„Beruhigen Sie sich", sagte der Richter. „Man wird Sie behandeln. Entspannen Sie sich."

Doch das bleiche, fast blutleere Gesicht ließ im Grunde keine Hoffnung auf Genesung mehr zu.

„Außerdem …", brachte Bruder Pa mühsam hervor, um dann erneut abzubrechen.

„Ja?", fragte der Richter.

Der Sterbende strengte sich noch einmal gewaltig an, um Luft zu holen: „Sie mögen auch meine Träume nicht."

Sein Kopf drehte sich leicht, die Augen nahmen eine unheimliche Leere an. Di begriff, dass der Musiker soeben seine letzten Worte gesprochen hatte.

VII

Der Richter interessiert sich für Träume; er beerdigt den Träumer.

„Ich schätze Ihr Kloster sehr", sagte der Bezirksvorsteher zum Abt, als er den Abstellraum verließ, in dem der leblose Körper des Chorleiters lag.

„Ist er …?", fragte der Gebieter, ohne seinen Blick von dem dunklen Winkel lösen zu können.

„Davon kann man diesmal ausgehen", antwortete der Richter.

Nun betrat der Arztbruder mit einem Medikamentenkoffer den Musiksaal, in dem man ihn inzwischen jedoch nicht mehr benötigte. Auf der Bahre konnte zumindest die sterbliche Hülle in die Kapelle geschafft werden, um dort inmitten von Kerzen und rituellen Beweihräucherungen auf ihre Beisetzung zu warten.

Di bat den halben Zauberer festzustellen, ob es bei dem Verstorbenen kurz vor seinem Hinscheiden irgendeine äußere Gewaltanwendung gegeben habe. Bei diesen Worten runzelte der Abt die Augenbrauen, als hätte man sein Kloster soeben als Mördergrube bezeichnet. Seine Wangenknochen färbten sich leicht purpurrot.

„Nur für alle Fälle", fügte der Richter hinzu, um den heiligen Mann zu beruhigen. „Bei einem nicht natürlichen Tod geht man immer so vor. Ich werde Sie aber mit einer Autopsie verschonen. Über die Todesursache gibt es wohl keinen Zweifel."

Die Miene des Abtes wirkte immer angewiderter. Es war ihm furchtbar unangenehm mitanzusehen, wie sein Heiligtum auf das Niveau einer Kaschemme herabgesetzt wurde, deren Bewohner wegstarben wie die Fliegen.

„Ich werde aufgrund dieses Vorfalls umgehend einen Exorzismus durchführen!", erklärte er schließlich und begab sich zum Ausgang mit noch schwebenderen Schritten als er es gewöhnlich tat. Eine Schar Mönche folgte ihm mit hängenden Köpfen und gekrümmten Rücken. Der Abt murmelte unentwegt Verwünschungen der bösen Geister vor sich hin, die sein Personal dazu veranlassten, solch sinnlose Gräueltaten zu begehen.

Di dachte, dass die Dämonenvertreibung den Lebenden nicht schadete, auch wenn sie dem Toten sicherlich nichts Gutes mehr bringen würde. Der Ort würde schon bald vor Mönchen nur so wimmeln, die in ihrer extravaganten Kleidung herumwirbelten. Nun: Sollte ruhig jeder nach seinem speziellen Rezept verfahren. Was ihn betraf, so legte er sich bei Kopfschmerzen lieber kalte Kompressen auf die Stirn, während der Abt offenbar Weihrauch und Beschwörungstänze mit großem Tamtam bevorzugte.

Als er Hof und Flure durchschritt, um seinen Wohnraum aufzusuchen, dachte der Richter noch einmal an das, was ihm der Chorleiter bei ihrem ultimativ letzten Gespräch gesagt hatte. Bruder Pa hatte das Gefühl gehabt, von den obersten Richtern verachtet zu werden, die ihm dies angeblich mehrfach mitgeteilt hatten, ohne dabei zu verhehlen, dass ihnen ganz besonders seine Träume missfielen. Was diesen letzten Punkt betraf, so würde die Öffnung seiner Traumtruhe einen entscheidenden Beitrag leisten. Di drehte sich auf einmal um und begab sich zum Pavillon der Träume.

In der Kapelle schienen ihn die vergoldeten Statuen mit ihrem Grinsen zu verhöhnen. Er hatte das Gefühl, sie lachten über ihn, als wären sie sicher, dass er ihre Geheimnisse niemals ergründen würde. Er kam sich fremd vor in dieser Welt, die esoterischen Regeln unterworfen war. „Wir werden sehen", sagte er sich trotzig und durchquerte den Raum, ohne sich noch länger dort aufzuhalten, um die Treppe emporzusteigen, die zu den Archiven führte.

Im ersten Raum erblickte er den Rücken des Geschichtsschreibers, der vor einem Fenster über seine üblichen Pergamente gebeugt war. Nach einigen Augenblicken bemerkte der Mönch seine Anwesenheit, zweifellos wegen des knarzenden Bodens, und drehte sich zu ihm um.

„Edler Herr Richter, was für eine Ehre!", sagte er und richtete sich hastig auf.

„Machen Sie sich keine Umstände", entgegnete der Richter. „Ich möchte den Bruder Archivar sprechen."

„Aber Sie machen mir doch gar keine Umstände! Ich war gerade dabei, die letzten Nachrichten zu kopieren, die wir aus aller Welt erhalten haben. Das Besondere an meiner Aufgabe ist, bezüglich des kleinsten Ereignisses auf dem Laufenden zu sein, als lebte ich nicht im Inneren eines verschlossenen, vom Rest der Menschheit abgekapselten Ortes. Darin besteht das Paradoxe an meiner Arbeit: Ich bin der Klostermönch, der wohl am meisten in die Geschicke des Kaiserreichs involviert ist. Es gibt kein Unglück, keinen Brand, keine Rebellion oder sonst etwas, über das ich nicht Bescheid wissen müsste, um es anschließend auf unseren Tafeln festhalten zu können. Wenn mein Bruder, der Archivar, das Innenleben unserer Gemeinschaft darstellt, so bin ich ihr Gedächtnis, ihr Kalendarium. Aus der Gegenüberstellung unserer beider Werke wird die Heiligkeit geboren. Ich bin das Fenster zur Welt, und er ist das Tor zu unseren Träumen."

Di nutzte die Gelegenheit, um sich über Neuigkeiten zu informieren.

„Die erstaunlichste ist wohl eine, die soeben angekommene arabische Seeleute überbracht haben, die Handel in unseren Häfen des Südens treiben, hauptsächlich in Kanton. Anscheinend ist irgendein großes Kaiserreich zusammengebrochen, bei den Barbaren im fernen Westen. Man nannte es das ‚Römische Reich'. Ich wäre doch sehr überrascht, wenn irgendein Traum unserer Brüder auf diese unserer Zivilisation so fremde Tatsache anspielte, aber man weiß ja nie. Dies alles ist jedenfalls auf meinen Tafeln verzeichnet, zwischen den Überschwemmungen des Gelben Flusses und der schlechten Ernte des vergangenen Frühjahrs."

Di fragte, ob sich in seinen Aufzeichnungen auch Spuren von anderen verdächtigen Todesfällen fänden, zu denen es in den letzten Jahren gekommen sei.

Der Mönch versicherte mit einem dezenten Lächeln, dass die heilige Harmonie des Klosters durch nichts jemals getrübt worden sei … zumindest nicht bis zur kürzlich erfolgten Ankunft des Bezirksvorstehers. „Ich sage das, ohne Sie beleidigen zu wollen, edler Herr Richter."

Di dachte bei sich, dass die Mönche, je mehr Zeit verging, seine Anwesenheit wohl immer weniger als Segen des Himmels auffassten. Gäbe es noch einen weiteren

Toten, würde es für ihn wohl heißer werden als für die Statuen gewisser Gottheiten.

Der Geschichtsschreiber klopfte an die geöffnete Archivtür. Er kündigte den Richter an und verbeugte sich dann respektvoll, um Di eintreten zu lassen, bevor er die Tür hinter ihm schloss.

Die eindrucksvolle Bibliothek der Träume war voller beschrifteter Truhen, die in bis zur Decke reichenden Regalen standen. Wie schon der Bruder Geschichtsschreiber, so begrüßte auch der Archivar den Richter mit der ausgesuchten Freundlichkeit eines Mannes, der es gewöhnt war, ständig Besucher aus aller Welt zu empfangen.

„Hier werden also die nächtlichen Gedanken Ihrer Verstorbenen aufbewahrt", sagte Di.

„Die der Lebenden auch, edler Herr Richter! Es ist lediglich verboten, die Truhen der Letzteren anzurühren, wohl gemerkt."

„Da man sonst irgendwelche gefälschten Vorahnungen hinzufügen könnte, die erst im Nachhinein geschrieben wurden?"

Der Archivar wischte Staub von einem Stuhl und stellte ihn vor seinen Besucher.

„Unser Traumkult basiert auf seiner unbestreitbaren Authentizität", sagte er. „Und ich bin der Garant ihrer strengen Einhaltung. Man müsste schon über meine Leiche gehen, um vor dem Tod der jeweiligen Besitzer Zugriff zu diesen Truhen zu erhalten. Niemand darf dazu in der Lage sein, seine Träume zu fälschen. Ungeachtet seiner intellektuellen Fähigkeiten wird nur derjenige zum Archivar gewählt, der sich durch Integrität, Ehrlichkeit und Loyalität ausgezeichnet hat. Diese Wahl ist schwieriger als die des Abtes, vergeben Sie mir bitte meinen Stolz!

Unser oberster Gebieter herrscht über die Sterblichen und die Besucher des Klosters. Ich dagegen herrsche über das Wesen unserer Existenz; ich verkehre mit den Lebenden und den Toten, ich wache über das Bewusste und das Unbewusste, ich beschütze die Gespräche der Gläubigen mit den Göttern."

Di bemerkte, dass der Archivar nicht der erste Mönch an diesem Ort war, der eine derartige Selbstzufriedenheit zum Ausdruck brachte.

„Das heißt dann ja wohl", entgegnete er in eher scherzendem Ton, „dass es unmöglich ist, Sie zu bestechen?"

Der Archivar lächelte. „Eher lasse ich mir beide Hände abhacken, als dass ich eine meiner Truhen unrechtmäßig öffne. Den Schlüssel verwahre ich Tag und Nacht an meiner Brust. Wenn ich bei meinem Dienst versagen würde, bliebe mir nichts anderes übrig, als mich selbst dem Tod zu übergeben, so wie meine unglücklichen Brüder."

Der Richter spürte trotz des scheinbar ungezwungenen Tonfall des Mönchs, dass dieser jedes einzelne Wort sorgsam abgewogen hatte. Er ließ seinen Blick durch den großflächigen Raum schweifen. Darin befand sich ein bequemes Bett und ein Nachtschränkchen. Der Mönch lebte hier, schlief hier und aß hier. Di vermutete, dass er das Blau des Himmels nur sah, wenn er an Beerdigungszeremonien teilnahm, wenn es also darum ging, eine seiner geliebten Truhen in den Ehrenhof zu schaffen. Sicher zerriss es ihm jedes Mal das Herz, wenn er dazu gezwungen war, ihr papierenes Innenleben hervorzuholen.

Ein junger Gehilfe brachte ihnen Tee. Nach dem üblichen Kompliment bezüglich der Ehre eines so erhabenen Besuches schlug der Archivar vor, sich der Lektüre einiger der schönsten Träume zu widmen, die inmitten

Tausender in den Regalen lagerten. Dies war wohl für gewöhnlich das Anliegen von Besuchern, die von draußen kamen. Di, der zu höflich war, um abzulehnen, würde nun einer exquisiten Auswahl lauschen dürfen. Und so legte der alte Gelehrte ihm allerlei Erbauliches vor: Einiges stellte großartige Dichtung dar, anderes zeugte von überbordender Fantasie, alles passte aber zusammen. Es gab Komödienhaftes oder historische Szenen, die von hohen Würdenträgern des Reiches handelten, die sich mit dem Schicksal des Universums befassten. Das Ganze war ein großes Schattentheater.

Der Archivar zog sehr vorsichtig und geradezu ehrfürchtig aus einer vom Alter gezeichneten Truhe ein offensichtlich besonders wertvolles Blatt hervor, das seinem Verfasser zu unzweifelhafter Heiligkeit verholfen hatte. Der Traum erzählte vom Aufstieg einer Frau an die Macht, zehn Jahre bevor die aktuelle Kaiserin ihr Kloster verlassen hatte, um die einflussreiche Lieblingsfrau des Himmelssohnes zu werden.

Mit einem schelmischen Zwinkern holte der Mönch aus einer Ecke einige erotische Träume hervor, die reich an gewagten Beschreibungen und minutiösen Einzelheiten waren. Di errötete bis zu den Ohren und vermutete, dass diese Art Träume ihren Verfassern gewiss nicht zur Heiligkeit verholfen hatten, was jedoch nicht verhindert haben dürfte, dass sie ihr Lesepublikum fanden. Vielleicht hatten diese Mönche sogar die Verdorbenheit besessen, derartige Schlüpfrigkeiten absichtlich zu diktieren, in dem Wissen, dass sie dereinst vor einer gelehrten Versammlung im großen Ehrenhof des Klosters würden verlesen werden. Di hätte viel darum gegeben, die edlen Herren Besucher beim Zuhören dieser Abscheulichkeiten zu beobachten, während sie versuchten, ihre Würde und ihren Gleichmut zu bewahren.

Der Archivar bewies ein immenses Gedächtnis und bewegte sich inmitten all der Truhen mit bemerkenswerter Geschicklichkeit. Di lobte seine umfassende Kenntnis sämtlicher Inhalte.

„Das kommt daher, dass ich seit meinem fünfzehnten Lebensjahr mit ihnen lebe, edler Herr Richter. Seit meinem Noviziat wurde ich in die Kunst ihrer Aufbewahrung eingeweiht, ebenso wie vier meiner Kameraden. Beim Tode des Archivars, der uns ausgebildet hatte, wurde ich auserwählt, ihn zu ersetzen. Selbstverständlich erst, nachdem ich mehrere Prüfungen abgelegt hatte, bei denen es hauptsächlich ums Gedächtnis ging."

Di dachte, dass das gesamte Archiv ohne seinen Archivar absolut wertlos war: Er allein verstand es zu benutzen, er war der lebende Schlüssel dazu.

„Ich frage mich", sagte er, danach bestrebt, endlich den wahren Grund seines Besuches anzusprechen, „ob irgendjemand Zugang zu diesen Archiven gehabt und diesen missbraucht haben könnte, um seine Kameraden zu beeinflussen, etwa um die Brüder Mo oder Pa zur Verzweiflung zu treiben."

Nachdem der Archivar energisch protestiert hatte, fragte Di, ob die Truhen in den letzten Jahren zumindest irgendwelche beunruhigenden Hinweise offenbart hätten.

Der Mönch verharrte einige Augenblicke in Schweigen. Nach reiflicher Überlegen sagte er dann: „Charakteristisch für Träume ist, dass sie keine ‚beunruhigenden Hinweise', wie Sie es nennen, beinhalten, außer sie werden von demjenigen, der sie zur Kenntnis nimmt, als solche interpretiert. Geboren aus der Fantasie des Träumers appellieren sie auch an die Fantasie desjenigen, der sie später liest. Sie sind nicht zu vergleichen mit den Zeugenaussagen im Gerichtssaal Eurer Exzellenz, sondern vielmehr mit göttlichen Botschaften – sie sind unklar und können mehrere Bedeutungen beinhalten."

„Ich verstehe", sagte der Richter enttäuscht. „Also gewissermaßen so, als würde ein Blinder eine Zeugenaussage vor einem Tauben ablegen."

„Eure Exzellenz haben das Knifflige an dieser Kunst perfekt verstanden. Genau das aber begreift unser Abt nicht. Wenn es nach ihm ginge, enthielte jeder Traum einen klaren Vermerk, der wörtlich besagt: ‚Ich bin das Werk eines Heiligen, daran gibt es nichts zu rütteln.' Leider aber funktioniert das so nicht. Träume haben kein greifbares Wesen, genauso wenig wie Gedanken. Welcher Mensch kann von sich behaupten in der Lage zu sein, fehlerlos die Sprache der Götter zu enträtseln?"

Diese schönen Sätze brachten den Bezirksvorsteher in keinster Weise weiter. „Es ist bestimmt höchst ärgerlich für Sie, ganz allein diese schwere Bürde zu tragen", vermutete er.

„Allein? Allein bin ich nie!", antwortete der Archivar. „In diesem Kloster gibt es mehr als vierzig Mönche; das bedeutet, dass es jede Nacht, jeden Tag entsprechend viele Gelegenheiten für Träume und Alpträume gibt, deren einziger Vertrauter ich bin."

Plötzlich ertönte von der Treppe ein lautes Geräusch. Ein Mönch stieg sehr eilig aus dem Meditationsraum herab.

„Noch einer!", rief der Archivar.

„Wie bitte?"

„Noch ein böser Traum! Ich weiß nicht, was sie seit einiger Zeit haben. Im Moment scheint es in Mode zu sein, diese Treppe hinunterzustürzen, als hätten sie den Teufel persönlich gesehen.“

Der Ankömmling wurde vorstellig, um seine Visionen aufzeichnen zu lassen. Der Richter stand also auf und verabschiedete sich. Er begriff, dass dieser Dienst des Archivars Vorrang vor dessen Pflichten als Gastgeber hatte.

Statt die Treppe zum Ausgang zu nehmen, begab sich Di nun zum Meditationssaal. Er war neugierig darauf, den Teufel zu sehen, der den fliehenden Mönch derart erschreckt hatte. Doch er traf niemanden an. Di bewunderte einen Moment lang die äußerst fein gearbeiteten Blumen, die als Relief die Wände zierten. Dann verließ er den geheimnisvollen Ort, um wieder zurückzukehren in die Welt der Menschen.

Er überquerte den Hof, als der Arztmönch sich näherte, um ihm mitzuteilen, dass seine Untersuchung des Toten keine Spuren von äußerer Gewaltanwendung ergeben habe. Die Leiche wies lediglich Anzeichen wiederholter körperlicher Selbstkasteiung auf, die nichts mehr als ein Indiz dafür war, dass ihn sein Glaube in letzter Zeit außerordentlich gequält hatte. Abschließend wies er den Richter darauf hin, dass in Kürze bereits die Zeremonie der Träume Bruder Pas stattfinden würde.

„Wartet man nicht erst das Eintreffen der Gäste ab?“, wunderte sich Di.

„Der Abt hat beschlossen, diese Angelegenheit unverzüglich zu erledigen.“

Di begriff, dass ihm wohl daran gelegen war, die Sache möglichst schnell hinter sich zu bringen. Er war es vermutlich leid mitanzusehen, wie sich sein Kloster allmählich in ein Leichenschauhaus verwandelte. Und Bruder Pa konnte Bruder Mo kaum das Wasser reichen, bei dem ja immerhin die Möglichkeit einer Heiligung bestanden hatte.

Der Himmel war bedeckt, als der Richter unter dem Vordach Platz nahm. Diesmal waren keine kleinen roten Sonnenschirme zu sehen. Ein kalter Wind fegte über die Versammlung hinweg. Der Beginn der Zeremonie verzögerte sich etwas, man hatte noch nicht genügend Zeit gehabt, den Ablauf zu organisieren: Niemand hatte die Stühle auf der Terrasse aufgereiht, die hier und dort herumstanden, und es gab auch niemanden, der ihm seinen Platz zuwies.

Di setzte sich neben Bruder Gao, den Verantwortlichen für den Brandschutz. Angeregt durch die Nähe des vornehmen Besuchers gab der dicke Mönch eine neuerliche Kostprobe seiner lyrischen Ergüsse ab:

„Ach, edler Herr Richter, wie aufregend! Jetzt kommt wieder der Augenblick, in dem einer der bescheidensten Mönche mit einem Mal die höchste Würde erlangen kann, die ihn dann über uns alle erhebt. Jegliche Hierarchie ist überwunden, jede Vorrangstellung hinfällig, alle Regeln sind außer Kraft gesetzt. Es zählen weder Ehre noch Bescheidenheit, es handelt sich um den erhabenen Moment, in dem die Elenden zu Mächtigen und die Mächtigen zu Elenden werden, die Nacht kann heller werden als der Tag. Dies ist der Triumph der Wahrheit über das eitle Erscheinungsbild. Dies ist …“

„Ja, ja, ich habe verstanden, es ist außergewöhnlich“, sagte der Richter und machte eine ungeduldige Geste.

Diesmal gab es weniger Teilnehmer als beim letzten Mal. Die Honoratioren von Puyang waren nicht bereit, alle vier Tage anzureisen, um sich uninteressante Traumvorlesungen anzuhören. Auch unter den Klosterinsassen war eine gewisse Verdrossenheit zu spüren.

Als Truhe auf ihrer Sänfte eintraf, erwiesen die Sänger ihrem verstorbenen Meister mit Stimmen voller Überzeugung die letzte Ehre. Dabei war schwer einzuschätzen, ob sie davon ergriffen waren, den Mann zu beerdigen, unter dessen Leitung sie so hart hatten arbeiten müssen, oder ob sie glücklich darüber waren, unvermittelt von dem Menschen befreit zu sein, der sie Blut und Wasser hatte schwitzen lassen.

Der Abt bedeutete nun dem Archivar, die Truhe zu öffnen. Er war offensichtlich sehr daran interessiert, die Zeremonie zügig abzuwickeln. Da gab es auch schon die erste Enttäuschung: Die Truhe war nahezu leer.

Während der Abt in seinem Schmerz über die Mönche, die einer nach dem anderen zu Tode kamen, zu Marmor erstarrt zu sein schien, machte der Prior eine enttäuschte Miene: Er hatte wenig Hoffnung, dass in der Handvoll Blätter irgendeine wunderbare Vision verborgen sein könnte.

Die Träume des Chorleiters erwiesen sich als bescheidener als Di gedacht hätte. Schon allein für diese Übung in Demut eines dermaßen selbstzufriedenen Menschen hätte Di ihm gern irgendein Lob zugebilligt. Sollte darin etwa der Grund dafür zu finden sein, dass die obersten Richter derart verärgert gewesen waren, dass sie sich die Mühe gemacht hatten, den Träumer sogar darüber zu informieren und mit ihren Anschuldigungen zu quälen?

In jedem Fall konnte man in diesem Durcheinander lange suchen, bevor man auch nur das geringste Anzeichen einer Vorhersehung fand. Und man hätte sich wohl eher selbst in den Hintern treten können, als darin Poesie zu finden. Sicher, auch Demut war ein Wesenszug der Heiligkeit, aber die Klosteroberen übten sie ja selbst zu wenig, als dass sie sie als ausreichenden Grund anerkannt hätten, jemanden auf Höchste zu erheben.

Die Atmosphäre entspannte sich etwas, als ein Traum von Bruder Pa den Abt in einer spaßigen Situation beschrieb, die alle Welt, ausgenommen den Betroffenen selbst, amüsierte. Di war zweifellos der einzige, der die Bedeutung der letzten Träume, der schrecklichen Alpträume Pas, kannte, in denen die drei obersten Richter den unglücklichen Chorleiter boshaft verspotteten, was der Mönch dem Bezirksvorsteher noch gebeichtet hatte, bevor er seinen letzten Atemzug tat.

Di glaubte, in den Gedanken des Abtes lesen zu können, dass er also wirklich eine Gemeinschaft unfähiger Rindviecher leite, die nicht zu dem geringsten hochwertigen Traum imstande waren. Er wünschte ihm innerlich, er möge seinen Nachfolger am Tag seiner eigenen Beerdigung gleichfalls verblüffen.

Dann erfolgte ein Donnerschlag und Regen begann zu fallen. Die Mönche schützten sich so gut sie es vermochten, während der Prior die abschließende Rede hielt, in der er die Tugenden und Schwächen Bruder Pas zusammenfasste. Vielleicht etwas in Eile wegen des Regens, wenn nicht sogar aufgrund der Enttäuschung, verlor der Abt keine Zeit mehr und zerbrach das Bambusstäbchen inmitten eines betroffenen Schweigens, in das sich lediglich das Geräusch der fallenden Regentropfen mischte. Einen

Augenblick später sah Di, wie der Körper des Chorleiters in Richtung Friedhof verschwand, auf dem die Insekten die einzigen Lebewesen sein würden, die sich zu seinem Abgang beglückwünschten.

„Wieder verfehlt", las er deutlich von den Lippen des Abtes ab, als dieser seinen Sitzplatz verließ, um das Ende der Zeremonie zu signalisieren. Di fragte sich, was diese Bemerkung wohl bedeuten mochte. Konnte es etwa sein, dass der Leiter des Klosters so unbedingt und schnell wie möglich eine neue Heiligung durchführen wollte, dass er dazu übergangen war, einige seiner Mönche in die Verzweiflung zu treiben, um so schneller ihre Truhen öffnen zu können?

Als er aus seinen Gedanken hochfuhr, stellte er fest, dass sich die Intensität des Regens verdoppelt hatte und er inzwischen ganz allein auf der verlassenen Terrasse war – wie der letzte Wächter eines Klosters, das urplötzlich von seinen Bewohnern verlassen worden war.

VIII

Die Erste Dame lauscht dem Bericht eines traurigen Schicksals; sie entschließt sich, ihr eigenes in die Hand zu nehmen.

Während ihrem Mann die Träume bereits derart zu den Ohren herauskamen, dass er selbst nicht mehr träumen konnte, zog seine Erste Dame aus ihrem Aufenthalt bei den buddhistischen Nonnen so viel Nutzen wie sie nur konnte. Als sie den Pavillon verließ, den man ihr zugewiesen hatte, begegnete sie den liebenswürdigen Verrückten des Vorabends. Deren Stimmung schien sich ohne ersichtlichen Grund jederzeit ändern zu können. Einige befanden sich in einer Art Ekstase, andere trugen ein merkwürdiges Stirnrunzeln zur Schau, wieder andere schwankten nach vorn und zurück, wobei sie Worte ohne Sinn und Verstand vor sich hin murmelten. Keine einzige schien sie wiederzuerkennen.

„Tanzen wir keinen Reigen heute?", fragte Dis Gattin sie. „Nein? Schade, dann vielleicht ein anderes Mal?"

Man antwortete ihr mit unverständlichem gutturalem Knurren.

„Wenn Sie ein Gespräch mit diesen Kranken führen wollen, müssen Sie viel Geduld aufbringen", sagte eine Stimme hinter ihrem Rücken.

Blaue Jade stand auf dem Weg vor einem Rosenbeet, aus dem sie gerade mit großer Mühe versuchte, die schönste

Rose zu pflücken, die eben erst ganz oben erblüht war, beinahe unerreichbar.

„Das sind meine Lieblingsblumen", erklärte sie, als sie es schließlich geschafft hatte. „Soll ich mir die Rose ins Haar stecken oder soll ich sie im Gürtel tragen? Was meinen Sie?"

„Sie haben nichts gemein mit diesen Frauen", sagte die Erste Dame. „Ich bin überzeugt, dass Sie nicht verrückt sind."

„Natürlich nicht, meine Liebe! Wer sollte denn so etwas glauben?", versetzte *Blaue Jade*, als wäre es unvorstellbar, dass jemand ihre geistige Gesundheit infrage stellte.

Während sie das sagte zerrieb sie anscheinend völlig unbewusst die Rose zwischen ihren Fingern, die sie gerade erst so sorgfältig gepflückt hatte. Dann steckte sie den blütenlosen Stängel in ihren Haarknoten, was ihr nicht gerade den vernünftigsten Eindruck verlieh.

„Mein Mann hat es für gut befunden, mich hierherzubringen, und nun hat er mich ein wenig vergessen", fügte sie hinzu. „Ich bin das Opfer unglücklicher Umstände."

„Das könnte mir niemals passieren", sagte Dis Erste Dame, die nie an dieser Gewissheit gezweifelt hatte, bis sie sie nun aussprach.

„Wirklich nicht, meine Liebe? Sie befinden sich doch aber unter uns, und das kann kein Zufall sein. Hat Ihr lieber Ehemann Sie tatsächlich gut über den Ort informiert, an den er Sie geschickt hat?"

„Nicht wortwörtlich", gab die Erste Dame zu. „Aber wir verstehen uns auch, ohne dass wir über alles groß reden müssten."

„Daran zweifle ich nicht", sagte *Blaue Jade* mit traurigem Lächeln. „Ich habe auch selbst begriffen, was man mir angetan hat, ohne dass es mir jemand erklärt hätte. Mir ist das Licht bloß erst im Nachhinein aufgegangen."

Dis Erste Dame fühlte, wie plötzlich eine beklemmende Unruhe in ihr aufkam.

„Wobei ich natürlich erst seit acht Tagen hier bin", versetzte *Blaue Jade* trotzig, ohne zu bemerken, dass sie sich gerade widersprach. „Schauen Sie, mein lieber Mann hat mir versprochen, mich nach neun Tagen wieder abzuholen. Und das ist exakt morgen der Fall, weshalb ich mich zu meinem großen Bedauern bald von Ihnen verabschieden werden muss."

Die Gattin des Richters begriff mit einem Mal, dass ihre Freundin seit acht Jahren an diesem achten Tag festhielt und jedes Mal die Befreiung am Folgetag erwartete. Das aber schien ihr mehr ein Zeichen von Verzweiflung oder eine Art Überlebensversuch als ein offenkundiges Anzeichen von Wahnsinn zu sein. Konnte es nicht sein, dass sie selbst sich schon bald an Belanglosigkeiten dieser Art klammern würde, um ihre geistige Gesundheit zu erhalten?

„Gibt es denn noch viele andere Frauen hier, die von ihrer Familie ‚vergessen' wurden?", fragte sie nach einer Weile.

Blaue Jade überlegte kurz. „Nun ja …", sagte sie dann, „die meisten der Nonnen zunächst einmal. Haben Sie eine Veranlagung, die in Richtung religiöse Berufung geht, meine Liebe?"

Sie erklärte ihr, dass sich diejenigen jungen Frauen, die man gegen ihren Willen eingeschlossen hatte und die weder verrückt noch missgestaltet waren, im Allgemeinen dafür entschieden, die Kutte anzulegen und sich ihre Haare abzurasieren. Das sei nämlich noch immer der beste

Weg, an einem solchen Ort zu bleiben, und der logischste sowieso. Sie selbst habe auf diese Logik verzichtet und in ihrem Innersten ihr eigenes Gleichgewicht gefunden.

„Können Sie sich vorstellen, wie viele junge Mädchen ihren Familien in dem Moment zur Last werden, in dem man ihre ältesten Schwestern verheiratet oder wenn man für ihre Brüder die bestmögliche Gefährtin finden muss? Ein kleines Geschenk für dieses Kloster kostet da weniger als eine Mitgift oder der Unterhalt eines weiteren Nebenzweigs der Familie. Den Eltern kann man ein solches Kalkül im Sinne des kollektiven Interesses nicht einmal übelnehmen, auch nicht, dass sie sich zu dieser herzzerreißenden Trennung entscheiden, nicht wahr? Denn, ist die Wahl einmal getroffen, so haben sie einen Grund, von weiteren Besuchen ganz abzusehen: Es ist in jedem Fall besser, sich vollständig voneinander zu lösen."

Dis Gemahlin fand, dass *Blaue Jade* hier durchaus Klarsicht bewies, aber auch eine gewisse Resignation, die nur aus der völligen Verzweiflung entstanden sein konnte. Was sie betraf, so weigerte sich etwas in ihr, diese düstere Schlussfolgerung zu akzeptieren.

„Sie müssen sich täuschen", versetzte sie. „Ich bin mir sicher, dass es nicht so viele schlechten Menschen gibt, als dass sie ein ganzes Kloster mit Nonnen und Verrückten bestücken könnten."

Blaue Jade lächelte milde angesichts der Naivität, an die sich die Erste Dame des Richters so eifrig zu klammern schien.

„Sie müssen unbedingt *Milder April* kennenlernen", entgegnete sie. „Deren Geschichte ist besonders aufschlussreich. Und sie ist auch recht unterhaltsam, ich empfehle sie Ihnen wirklich. Wollen wir sie suchen? Sie verbringt die meiste Zeit damit, den Garten umzugraben."

Frau Di konnte frei über ihre Zeit verfügen. Außerdem brauchte sie etwas Beruhigung – Unsicherheit nagte nun doch an ihr. Eine neue Bekanntschaft wäre daher willkommen.

In wenigen Minuten befanden sie sich zwischen den Kohlköpfen und Obstbäumen, die eine Nahrungsbasis der Ordensgemeinschaft bildeten. Eine junge Person, die einen etwas gebrechlichen, aber angenehmen Eindruck machte, war gerade damit beschäftigt, Unkraut zu jäten. Die Erste Dame befand, dass sie zweifelsohne Charme ausstrahlte, ungeachtet ihrer einfachen Aufmachung.

„Dies ist *Milder April*", erklärte *Blaue Jade*. „Ich wollte Ihnen das hier noch geben", wandte sie sich an die junge Frau und zog aus ihrem Ärmel ein hübsch besticktes Taschentuch. „Ich habe es erst gestern fertiggestellt."

Die Nonne hörte mit dem Umgraben auf, wischte sich die Hände an ihrer Kleidung ab und nahm das Taschentuch entgegen, als handele es sich um einen sakralen Gegenstand.

„Erzählen Sie doch meiner Freundin Ihre Geschichte; sie ist neu hier und langweilt sich", sagte *Blaue Jade*. „Ihr Schicksal ist nicht nur sinnbildlich für das, was den hiesigen jungen Mädchen widerfährt, sondern besitzt auch eine gewisse Schönheit. Fast wie ein traditionelles Märchen, wenn man mal davon absieht, dass die Heldin am Schluss nicht von einem schönen Prinzen gerettet wird, der auf einem Drachen reitet."

Milder April legte den Spaten beiseite und setzte sich auf einen Baumstumpf, die beiden Frauen nahmen ihr zur Seite Platz. Und dann begann sie mit schöner, flötender

Stimme, ihre Geschichte vorzutragen. Die Leichtigkeit, mit der sie dies tat, ließ erahnen, dass sie dies wohl schon öfter getan hatte. Vermutlich handelte es sich dabei um eine der Lieblingsgeschichten des Konvents.

„Ich wurde in einer Familie geboren, die keine großen Ansprüche stellte“, begann die junge Frau zu erzählen. „Mein Vater war bei einem Webermeister als Buchhalter beschäftigt, was uns ermöglichte, relativ unbekümmert zu leben, mehr aber auch nicht. Als ich ins heiratsfähige Alter kam, wandten sich meine Eltern an eine Heiratsvermittlerin, die für mich einen guten Ehegatten suchen sollte – gut nach ihren Vorstellungen. Ein Mann also, der nicht mittellos war, der in etwa ihrem Status und Ansehen entsprach, sodass sie sich vor ihren Nachbarn nicht zu schämen bräuchten. Der angehende Bräutigam, ein Witwer, der doppelt so alt war wie ich und einen Haufen Kinder hatte, starb aber ganz unvermittelt kurz vor unserer Hochzeit, was ich, ehrlich gesagt, in jenem Moment eher als mein Glück empfand. Meine Eltern, von Natur aus recht abergläubisch, waren von diesem Ärgernis regelrecht entsetzt, denn sie sahen darin ein böses Omen. Man muss dazu sagen, dass jener Mann sogar zugestimmt hatte, meine Brautausstattung zu bezahlen. Diese Vereinbarung wäre für meine Eltern von Vorteil gewesen, denn sie hatten noch drei Söhne zu verheiraten und zwei Töchter bereits für teures Geld unter die Haube gebracht. Sie hatten noch nicht einmal zurückgezahlt, was sie für die letzten Hochzeiten geliehen hatten, und eine weitere finanzielle Verpflichtung konnten sie sich nicht leisten.

Ich begleitete sie zum *Tempel der Obersten Wahrheit*, in dem mein Vater die Orakelstäbchen befragte, um zu erfahren, ob sie sehr schnell einen Heiratskandidaten finden würden, der ebenso umgänglich wäre wie der erste. Was die Stäbchen ihm antworteten, gefiel ihm überhaupt nicht; wobei ich vermute, dass er kaum dazu in der Lage gewesen sein dürfte, die Bedeutung zu entschlüsseln. Diese Methode ist ausreichend vieldeutig, um dem Fragesteller genau die Botschaft zu liefern, die er erwartet oder befürchtet, je nachdem, ob die Befürchtungen die Hoffnung übertreffen oder nicht.* Zu meinem Pech begaben sich meine Eltern anschließend in die Hände eines Orakels. Sie engagierten einen taoistischen Priester, der für seine hellseherischen Fähigkeiten berühmt war und den man ihnen empfohlen hatte. Wie Sie wissen, wenden sich die Untertanen unseres Reiches immer wieder der einen oder anderen Religion zu, je nach ihren momentanen Bedürfnissen. Die Taoisten, verflucht sei diese Brut, werden besonders geschätzt wegen der Beziehungen, die sie zum Jenseits unterhalten."

Dis Erste Dame stellte fest, dass *Milder April*, ebenso wie der Rest der klösterlichen Gemeinschaft, nichts für die Taoisten übrighatte.

„Der Priester kam zu uns nach Hause", fuhr die junge Frau fort, „wo er, begleitet von drei Helfern, die ihm assistierten, mit großem Pomp empfangen wurde. Diese drei Männer bauten den Altar auf, vor dem die Zeremonie der Götterbefragung stattfinden sollte. Solche Priester bedienen sich bei ihren Aktionen mit Vorliebe eines unschuldigen Kindes, das sie als Medium für den Kontakt mit den Göttern benutzen. Aus Gründen der Sparsamkeit wurde

* Die Person, die etwas über ihre Zukunft wissen will, zieht nach dem Zufallsprinzip ein Stäbchen, das mit einer Zahl versehen ist, die wiederum auf ein mit kryptischen Formeln gefülltes Weissagungsbuch verweist.

beschlossen, meinen kleinen Bruder dafür zu verwenden. Man begann, für diese Menschen ein üppiges Mahl aufzutragen, um ihnen schon im Voraus für ihre Dienste zu danken. Als sie satt waren, entzündeten die Mönche Weihrauchfässer und Kerzen, anschließend führten sie rituelle Tänze auf. Der Priester tat seine magischen Schritte. Dann gab er meinem kleinen Bruder eine Flüssigkeit zu trinken, die ihn dazu befähigen sollte, die Stimmen der Götter zu vernehmen. Dieses Getränk enthielt vermutlich eine große Menge Alkohol, weshalb mein Bruder schon nach einem kurzen Augenblick so unverständliche Sätze von sich gab, dass der Priester sich daran machte, sie für uns zu übersetzen. Ihm zufolge sagten die Götter voraus, dass ich einen schrecklichen Skandal verursachen und damit dem Ruf der Meinigen beachtlich schaden würde. Sie können sich vorstellen, was in den Köpfen meines Vaters und meiner Mutter vorging! Mama fing an zu stöhnen, und mein Vater schlug mit seiner Stirn auf den Boden, wobei er den Priester anflehte, sich für uns bei den höllischen Mächten einzusetzen. Doch dieser schreckliche Mensch zeigte sich unzugänglich. Was er gesagt habe, würde passieren, dagegen könne man nichts tun. Zuletzt wurde er zornig und erklärte, dass man mit den Göttern keinen Handel treiben könne, ihr Wort stünde nicht zum Verkauf. Und das, wo ihre Weissagung doch nichts anderes gewesen war als ein kostspieliges Geschäft! Sie hatten angekündigt, was passieren würde, so wie man einen Satz aus einem Buch vorliest, und das war alles. Meine Eltern mussten sich in ihr Schicksal fügen und sich darauf vorbereiten, was unvermeidlich geschehen würde. Nachdem er dies alles gesagt hatte, ließ der Priester seine drei Helfer ihre Ausrüstung wieder zusammenlegen und verließ uns, wobei er uns nochmals riet, unser Unglück zu akzeptieren. Das ganze Haus war auf den Kopf gestellt und meine Eltern waren für ihre Investition wahrlich ordentlich bedient worden.

Resignation war aber leider nicht ihr vorherrschender Charakterzug. Wie zu erwarten war, suchten sie nach einem Weg, um den angekündigten Skandal zu vermeiden. Als beste Lösung erschien es ihnen schließlich, mich in ein Kloster zu schicken. Hinter dicken Mauern würde ich keinen Lärm, kein Aufsehen, keine Gefahr provozieren …"

„Dann hat man Sie also lebenslang hier eingeschlossen, bloß weil ein Unbekannter erklärt hat, dass Sie Schande über die Familie bringen würden?", fragte die Erste Dame, die glaubte, ihren Ohren nicht zu trauen.

„Nicht nur Schande, sondern eine aufsehenerregende Katastrophe, das waren seine Worte. Meine Eltern waren sofort davon überzeugt, dass es sich nur um einen Sittenskandal handeln konnte. Es gibt zahllose junge Frauen, die mit einem schlechten Mann verheiratet sind und ihn betrügen. Viele der unheimlichen Geschichten, die man sich in den Straßen erzählt, handeln von solchen Schicksalen, die meist ein schlimmes Ende nehmen und einen der beiden Ehegatten zum Mörder oder zur Mörderin machen. Das war es, was meine Eltern dachten, als der Priester ihnen seine düstere Mitteilung ablieferte. Je mehr Tage vergingen, umso mehr waren sie vom unvermeidlichen Charakter meines ehelichen Unglücks überzeugt."

„Die Kleine hat entzückende Eltern", sagte *Blaue Jade*. „Sagt man ihnen einen Sturz voraus, hacken sie sich einfach ein Bein ab! Ich würde ihnen gern eine Migräne vorhersagen, um mitanzusehen, wie sie sich den Kopf abschneiden ..."

„Wie haben Sie reagiert, als Ihnen klar wurde, dass man Sie hier eingeschlossen hat, mein armes Kind?", fragte Dis Erste Dame voller Mitleid.

„Die Erkenntnis kam nur schrittweise. Ein buddhistischer Mönch schlug meinen Eltern das *Kloster der Ewigen Ruhe* vor, dessen Name wie ein wundersames Versprechen in ihren Ohren klang. Sie brachten mich unter dem Vorwand hierher, Buddha um seinen Schutz zu bitten. Das Ganze sei ein spiritueller Aufenthalt, eine Art innere Einkehr, sagten sie."

Dieser Ausdruck ließ Dis Gattin erschaudern. Hatte man den nicht auch ihr gegenüber verwendet? Wie oft mochten diese Worte ihr noch begegnen?

Milder April war zu erregt, um fortzufahren, und so war es *Blaue Jade*, die die Erzählung an ihrer Stelle beendete.

„Am Morgen nach ihrer Ankunft waren ihre Eltern verschwunden. Die Mutter Äbtissin eröffnete ihr die unangenehme Tatsache. Ihr Vater hatte für den Eintritt ins Kloster bezahlt, er hatte seine mageren Ersparnisse geopfert, die eigentlich für ihre Aussteuer vorgesehen gewesen waren. Sie hat die beiden seither nie wiedergesehen. Die Klostertore waren zwar geöffnet, doch sie wagte nicht, auf eigene Faust in die Stadt zurückzukehren und ihre Eltern gegen deren Willen aufzusuchen. Ich wäre auch nicht dazu in der Lage, wenn ich mir vorstelle, mein lieber Gatte würde mich hier nach dem neunten Tag vergessen. Lieber würde ich bleiben, um auf ihn zu warten."

„Ich warte schon seit Langem auf niemanden mehr", sagte *Milder April* an dieser Stelle. „Anfangs habe ich das natürlich getan. Da hoffte ich noch, dass die beiden ihre Meinung ändern und mich wieder abholen würden. Inzwischen nehme ich aber an, dass sich ihre Herzen in meiner Abwesenheit so weit erhärtet haben, dass sie kein Mitleid mehr empfinden. Ich habe sogar den Reishändler bestochen, damit er ihnen einen Brief überbringt, aber nie eine Antwort erhalten. Als ich die Hoffnung schließlich aufgab, glaubte ich, verrückt zu werden."

„Schlussendlich aber", sagte *Blaue Jade* und legte ihr eine Hand auf den Rücken, „hat sie es bevorzugt, Nonne zu werden und sich mit Arbeit abzulenken. Ich weiß nicht, ob ich an ihrer Stelle dieselbe Wahl getroffen hätte."

Dis Gemahlin dachte, dass sich die Wahrsagung in gewisser Weise erfüllt hatte: Diese Einkerkerung war ein Skandal, und alle, die hier davon wussten, wiesen die Schuld daran den Eltern zu.

Während sie über dieses traurige Los nachdachten, näherte sich ihnen eine Nonne. Sie stellte sich vor Dis Erste Dame und zog aus ihrem Ärmel einen Brief, den sie ihr reichte. Er war vor dem Eingangstor gefunden worden. Man vermutete, dass der Mönch, der ihn gebracht hatte, bei Tagesanbruch dagewesen sein musste und sofort wieder umgekehrt war, ohne seine Bezahlung einzufordern – oder, wie die Nonne es nannte, „ohne zu bekommen, was er verdiente".

Der Brief kam ganz sicher von ihrem Gatten. Dis Erste Dame öffnete ihn nicht ohne eine gewisse unangenehme Befürchtung, weil sie sich an das erinnerte, was *Milder April* und schlimmer noch, was *Blauer Jade* passiert war. Obwohl Letztere ihre eigene Geschichte derart verleugnete, dass sie schließlich gar keine Erinnerung mehr daran bewahrt hatte.

Di bat sie in seinem Brief herauszufinden, welches Mysterium die Nonnen so geschickt im Ausüben von Kampfkünsten machte. Sie las zwischen seinen Zeilen, dass er sich am liebsten selbst im Kloster vorstellen würde, um einige wertvolle Lektionen zu erhalten. Obwohl es natürlich unter seiner Würde wäre, sich von einer Frau schlagen zu lassen – oder sonst jemandem. Hätten die Kämpferinnen ihm gegenüber wohl derartigen Respekt, dass sie ihn nicht allzu grob behandeln würden? Sie hoffte, dass das nicht der Fall war.

Dennoch beruhigte sie der Inhalt des Briefes: Eine Person, der man einen Auftrag anvertraut, muss zweifellos in den Augen des Auftraggebers noch einige Bedeutung haben. Er gestand ihr wenigstens einen Rest Eigenständigkeit zu, also war noch nicht alles verloren. Abgeschottet in diesem Kloster hatte sie an den letzten fünfzehn Jahren ihres Ehelebens zu zweifeln begonnen. War es möglich, dass sie sich so lange bezüglich der Gefühle getäuscht hatte, die ihr Gatte ihr gegenüber tatsächlich empfand?

Sie wusste nicht mehr, was sie denken sollte. Dis Erste Dame fragte *Milder April*, an welchem Ort die Nonnen zum Kampf ausgebildet wurden. Die junge Frau zeigte ihr eine Böschung auf der Rückseite des Klosters, wo sie sich für gewöhnlich den Kampfkünsten widmeten, wenn ihre Zeit es zuließ.

Dis Gemahlin und *Blaue Jade* erreichten ein kleines Feld, auf dem man soeben fleißig trainierte. Die Frau des Bezirksvorstehers konnte feststellen, dass die Nonnen in ihren Reihen wahrhafte Kampflehrmeisterinnen hatten, die sie sehr streng ausbildeten. Für diese Übungen mussten wie taoistische Mönche gekleidete Strohpuppen herhalten. Sie dachte gerade noch, dass die Zielscheiben ihres Zorns unzweifelhaft zu identifizieren waren, als plötzlich der Kopf einer dieser Marionetten unter der Gewalt eines heftigen Fußtritts förmlich explodierte. Das Stroh, mit dem sie ausgestopft war, flog nach allen Seiten. Dis Erste Dame kam nicht umhin, sich stattdessen das Hirn eines Mönchs vorzustellen, und wandte sich entsetzt ab.

„Weshalb können diese heiligen Frauen die Mönche nicht leiden?“, fragte sie.

„Ich glaube, weil die Mönche immer versucht haben, sie mit allen Mitteln von hier zu vertreiben“, sagte *Blaue Jade*. „Hauptsächlich, indem sie auf allen Ebenen der Verwaltung gegen sie intrigiert haben.“

„Wir mussten uns so gut verteidigen, wie wir konnten!“, rief eine Nonne, die in Hörweite der beiden Frauen stand.

„Ich bezweifle, dass Ihre Kampfsportfähigkeiten die Obrigkeit, wie etwa meinen Mann, großartig beeindrucken würde“, entgegnete Dis Gemahlin.

„Die nicht, nein“, gab die Nonne zu. „Aber die Umsetzung ihrer jeweiligen Entscheidungen können wir schon beeinflussen. Der erste hohe Beamte, der hier aufgetaucht ist, erinnert sich noch heute daran. Seit Langem schon finden die Präfekten niemanden mehr, der bereit ist, ihre Urteile bei uns zu vollstrecken. Auch die Bauern respektieren uns, obwohl die Mönche versucht haben, ihnen einzureden, dass unser böser Blick Unheil über ihr Vieh bringt. Die Taoisten verwenden spezielle Zaubereien, werben für sich mit den kleinen Tricks ihrer angeblichen Heilkundigen. Wir dagegen vertrauen auf die fühlbaren Kräfte unserer Fäuste, ganz abgesehen von unserem Glauben und unserem guten Recht. Das hat genügt, um uns bis heute zu schützen. Ach, ich vergaß noch zu erwähnen, dass Buddha über uns wacht. Und das ist etwas ganz anderes, als ihre drei obersten Richter, die kein Mensch jemals gesehen hat, mit ihrem seltsamen Dämonengericht, von denen einer grotesker ist als der andere."

Da ihr Mann das Risiko eingegangen war, sie mit dieser Mission zu betrauen, bat Dis Erste Dame um die Ehre, an einigen dieser Kampfkunstübungen teilnehmen zu dürfen. Ihr Hintergedanke, bei ihrer Rückkehr in ihrem Hausstand Ordnung zu schaffen, trug natürlich auch seinen Teil zu dieser Entscheidung bei.

„Glauben Sie, dass man auch in ein langes Kleid gewandet einige gut platzierte Schläge ausführen kann?", fragte sie.

„Wir werden Ihnen ein paar Tricks verraten", antwortete die Nonne. „Wissen Sie, dass man schon mit einem Kamm, wie Sie ihn im Haar tragen, einem Angreifer schwere Verletzungen zufügen kann? Ihm ein Auge ausstechen zum Beispiel."

„Das ist sehr interessant", antwortete Dis Gemahlin und fragte sich, wem sie gerne ein Auge ausstechen würde. Im weiteren Verlauf der Lektion konnte sie sich außerdem fragen, wem sie gern die Schulter auskugeln oder die Knöchel brechen wollte.

Dieser spirituelle Aufenthalt entwickelte sich immer mehr zu einer wertvollen Unterweisung darin, wie sie ihr Familienleben verbessern konnte.

IX

Richter Di gerät mit dem Abt aneinander;
auf einem Friedhof findet er Ruhe.

Richter Di bat um ein Privatgespräch mit dem Abt. Er wollte von ihm wissen, was seiner Ansicht nach den Chorleiter dazu veranlasst haben konnte, so abrupt mit seinem Leben Schluss zu machen.

„Entschuldigen Sie, dass ich Sie mit einer so unangenehmen Sache belästige", sagte Di, als er das Empfangszimmer des Klosteroberen betrat.

„Sie spielen wohl darauf an, dass Bruder Pa die Heiligkeit nicht zuerkannt wurde", entgegnete der alte Abt und deutete auf einen Stuhl.

„Nein, ich spiele auf seinen vorzeitigen Tod an."

„Ach ja … In der Tat suchen wir im Moment vergeblich nach angenehmen Themen der Unterhaltung."

„Meister, sind Sie denn wegen dieser aktuellen Neigung Ihrer Schüler, sich vorzeitig das Leben zu nehmen, nicht beunruhigt?"

„Ich bin mehr als beunruhigt!", antwortete der Abt, ohne mit der Wimper zu zucken. „Ich bin niedergeschmettert, traurig, entsetzt! Mit einem Wort: Das Ganze ist wirklich höchst bedauerlich."

Er machte den Eindruck, als sei es ihm ungefähr so gleichgültig wie seine erste safrangelbe Robe.

„In Zukunft werden wir uns vergewissern, ob unsere Kandidaten unter … chronischer Traurigkeit leiden. Dies ist, denke ich, der richtige Ausdruck dafür. Diese Unglücksfälle sind ansteckend, das ist offensichtlich. Solch ein beklagenswertes Ereignis verstärkt die Trauer der anderen Brüder, die dann selbst in Verzweiflung fallen. Glücklicherweise bieten uns die Feierlichkeiten der Heiligkeit eine willkommene Ablenkung. Jeder Einzelne wird zu beschäftigt sein, als dass er in ein schwarzes Loch fallen könnte. Heiligkeit ist ein Heilmittel gegen alle Übel, glauben Sie nicht auch?“

Di fand, dass auch die lockere Art des Abtes ein Mittel war, um der bitteren Realität der Dinge nicht ins Auge sehen zu müssen. Die Wertschätzung, die er dem Mann bisher entgegengebracht hatte, wurde dadurch enorm getrübt. Ein Mensch, der jenen gegenüber, die ihm anvertraut waren, derart unbeteiligt blieb, musste unvorstellbar von sich selbst eingenommenen sein.

„Beabsichtigen Sie nicht, geeignete Maßnahmen zu ergreifen, um diese Selbstmordwelle aufzuhalten?“, fragte der Richter.

Der Abt warf ihm einen erstaunten Blick zu. „Aber diese Maßnahmen ergreifen sich doch von selbst! Die Ereignisse sind miteinander verknüpft … in einer Abfolge … die dazu führt, dass sich die positiven Kräfte in aller Ruhe entwickeln können, um die Ordnung wieder herzustellen. Dämonenvertreibung, Meditation, Arbeit – und schon werden wir wieder vom Yang beherrscht. Was mehr können wir uns wünschen?“

Di fragte sich, ob dieser Mann wirklich geeignet war, eine Gemeinschaft zu führen – erst recht eine Gemeinschaft in Not!

„Ich bin besorgt“, gestand der Bezirksvorsteher, entschlossen, dieselbe Sprache zu sprechen wie sein Gesprächspartner. „Ich frage mich, ob zurzeit nicht ein übelwollender Geist Ihre armen Mönche zum Narren hält.“

Der Abt sah ihn eindringlich an. „Gewiss“, antwortete er dann. „Ist es übrigens vorgesehen, dass Sie Ihren Aufenthalt unter uns noch länger ausdehnen?“

Di ahnte, dass man glaubte, das störende Element erkannt zu haben, und dass die Vermutung nicht gerade schmeichelhaft für ihn war.

„Ich denke, es wäre gut, eine gegenseitige und ständige Überwachung unter Ihren Schülern einzuführen“, schlug er vor, „damit keiner von ihnen mehr in dieser fatalen Niedergeschlagenheit versinkt.“

Der Abt schien einen Augenblick lang sprachlos zu sein. Di war sicher, dass er kurz davorstand, laut loszulachen.

„Eine ständige Überwachung? Sie wissen offensichtlich nicht, was die Festtage der Heiligkeit bedeuten: Die Mönche werden keinen Augenblick mehr für sich haben. Es handelt sich um drei Tage ununterbrochener Arbeit: Vorbereitung, Durchführung und Reinigung. Sie werden keine Zeit haben für schlimme Gedanken. Glauben Sie mir: Mein Kloster wird in den nächsten Tagen der sicherste Ort des ganzen Reiches sein. Es wird gleichzeitig einer großen Herberge, einer Zufluchtsstätte und einer Einsiedelei ähneln. Das ist schon allerhand für vierzig Männer. Beziehungsweise für achtunddreißig. Ich fordere jeden heraus, Zeit zum Meditieren zu finden und über seine unbedeutende Person nachzugrübeln. Wem das gelingt, der hätte gute Aussichten, zur Heiligkeit zu gelangen, da bin ich mir sicher. Eine solche Fähigkeit zum inneren Rückzug wäre außergewöhnlich!“

Di konnte den Gedanken nicht unterdrücken, dass dieses Erreichen von Heiligkeit dem Abt äußerst gelegen käme. Als hätte der Richter ihn laut ausgesprochen, fügte der Oberste des Klosters hinzu:

„Ich würde mich selbst umbringen, wenn ich davon ausgehen könnte, unserer Gemeinschaft damit einen weiteren Heiligen zu schenken – dies ist unser Lebenszweck. So vermessen bin ich aber nicht. Ich kenne meine Träume: Darin gibt es keine Weissagungen, keine bemerkenswerte Poesie und keine …“

Di war überzeugt davon, dass er sich anschickte, „keine Großzügigkeit gegenüber anderen“ zu sagen – das dritte große Motiv für die Heiligkeit. Aber sie gehörte sicherlich nicht zu seinen Stärken. Der Abt hielt also inne, und sein Satz blieb unvollendet, woraufhin zwischen den beiden Männern leichte Verlegenheit aufkam. Sie verstanden sich einwandfrei, was aber nicht bedeutete, dass sie sich auch mochten. Dem Richter war bewusst, dass der Abt ihn mit Vorliebe noch am selbigen Tag zurück nach Puyang geschickt hätte. Er und seine Mönche wären dann wieder unter sich, ohne peinliche Zeugen, und könnten eifrig weiter aus dem Leben scheiden. Was den Abt anbelangte, so hatte dieser eindeutig gespürt, dass sein Gast ihm mit jedem seiner Worte weniger Wertschätzung entgegenbrachte. Auch wenn sie weiterhin die gebotene Höflichkeit wahrten, so ließ es die Enge dieses verschlossenen Ortes doch nicht zu, die eigenen Gefühle langfristig zu verbergen.

„Ich bin überzeugt davon, dass Ihre lieben Mönche den Vorsteher haben, den sie verdienen", sagte der Richter mit der ihm größtmöglichen Sanftheit.

Der Abt versteifte sich etwas. Die im Kompliment verborgene Beleidigung war deutlich herauszuhören gewesen. Er brauchte nicht lange, um mit einer ähnlich scharfzüngigen Antwort zu kontern, dass die Bewohner Puyangs nämlich genau dasselbe Glück mit ihrem Bezirksvorsteher hätten. Di verbeugte sich, wie um sich dafür zu bedanken, und zog sich zurück. Der Abt sah ihm nach, während er ging, erstarrt wie eine seiner vergoldeten Statuen. Als Di durch die Tür schritt, hatte er das Gefühl, in seinem Rücken von unsichtbaren Dolchen durchbohrt zu werden. Bei sich dachte er: Sollte einer der Bewohner des Klosters fähig sein, Morde an seinen Kameraden zu begehen, so befand sich dieser in jenem Raum.

Di fragte sich, ob einer der Chorsänger sich den Leiter aus Zorn oder aus Rache vom Halse geschafft hatte. Gewiss hatten sie alle nicht wenig Lust dazu verspürt. Vielleicht hatte sich einer von ihnen sogar hinreißen lassen, Drohungen auszusprechen. Es gab nur eine Möglichkeit, das herauszufinden. Deshalb suchte er Tao Gan auf, der damit beschäftigt war, Papiere zu sortieren.

„Was machst du gerade?", fragte ihn der Richter.

Der Sekretär antwortete, dass er umfangreiche Kurierpost vom Yamen erhalten habe. Die Schreiber hatten die laufenden Angelegenheiten zusammengefasst und ihm außerdem einige offizielle Dokumente geschickt, die der Richter unterzeichnen musste. Di hatte schon beinahe vergessen, dass es außerhalb dieser Welt des Friedens und der Harmonie, in der er sich seit einigen Tagen aufhielt, auch ein Gericht gab, dessen Vorsitz er innehatte. Seine Amtsgeschäfte waren tausend Meilen von seinen derzeitigen Beschäftigungen entfernt.

„Du hast also im Moment nichts Wichtiges zu tun", folgerte er, „das trifft sich gut. Ich habe einen Auftrag für dich."

Tao Gan schwieg, er befürchtete das Schlimmste.

„Du wirst dich zum Prior begeben. Bitte ihn, dich in den Chor aufzunehmen. Bei dem Leben, das der Chorleiter seinen Schützlingen zugemutet hat, lehnen sie sicher kein freiwilliges neues Mitglied ab."

Der Sekretär wirkte verlegen. „Es ist nur … edler Herr Richter … Ich singe wie eine gesprungene Tonflasche."

„Nach dem, was ich bei den Proben und Darbietungen gehört habe, wirst du die Gruppe nicht abwerten. Übrigens ist ihr Leiter tot, dich wird also niemand beleidigen."

Als er jetzt noch mal darüber nachdachte, fiel ihm auf, dass er den desaströsen Zustand des Chors als Selbstmordmotiv für seinen Leiter überhaupt nicht in Betracht gezogen hatte, doch dann verwarf er diese absurde Überlegung sofort wieder. Wenn er als Richter jedes Mal, wenn einer seiner Angestellten – Schreiber, Türsteher oder Schergen – eine Dummheit begangen hatte, seinem Leben ein Ende hätte setzen müssen, er wäre schon längst nicht mehr auf dieser Welt, und seine Kollegen auch nicht.

Er empfahl seinem Sekretär, Erkundigungen über den Geisteszustand des Chorleiters kurz vor dessen Tod einzuholen: Hatte er eventuell seine Probleme mit den obersten Richtern, die nach seinen eigenen Worten seine Träume nicht geschätzt hatten, irgendwem anvertraut? War er zuletzt wegen irgendeiner Sache besonders traurig oder gar entsetzt gewesen? Legten seine Sänger vielleicht vergleichbare Symptome an den Tag?

„Ich verstehe“, entgegnete Tao Gan. „Eure Exzellenz schicken mich also weniger dorthin, um zu singen, als vielmehr um zu lauschen, was man sich so erzählt.“

„So ist es, mein Lieber. Sperre deine Ohren weit auf und singe, wie immer du kannst, das ist letztlich ohne Belang.“

Tao Gan kam nicht umhin zu denken, dass das Ganze für seinen Herrn recht bequem war, er aber lief Gefahr, die taoistischen Götter, die ziemlich empfindlich waren, hinsichtlich des ihnen gebührenden Respekts zu verärgern.

Der Richter erriet seine Gedanken. „Du kannst zufrieden sein“, sagte er. „Ich hätte dich auch mit dem Gärtner zum Reinigen der Jauchegruben schicken können.“

Er fand, dass dieser Einfall übrigens nicht übel war, und wollte ihn sich für eine spätere Gelegenheit merken.

Als der Sekretär das Zimmer verließ, um seine Karriere als Chorsänger anzutreten, traf er vor der Tür auf einen Mönch, der sich auf der Schwelle tief verbeugte und bat, eintreten zu dürfen. Der Mönch stellte sich als Zeremonienmeister vor, gekommen, um den ehrenwerten Besucher über den Verlauf der Festlichkeiten zu informieren, die mit dem Morgengrauen des nächsten Tages beginnen würden.

„Ich hoffe, dass Eure Exzellenz kein Problem damit haben, bereits bei Sonnenaufgang aufzustehen?“, fragte der Protokollmeister.

Das Ganze erinnerte den Richter an das Neujahrsfest. Jedes Jahr verließ er seinen Palast schon bei Tagesanbruch, um mit all seinen Mitarbeitern an einer Prozession teilzunehmen, die zu Ehren der Gottheit im *Tempel der Mauern und Gräben* veranstaltet wurde. Auch dies gehörte zur Ausübung seiner öffentlichen Ämter. Einige Tassen starken Tees würden ihm erlauben, dieses Kunststück auch nun wieder zu vollbringen. Sicherlich würde es ihm möglich sein, während der offiziellen Reden in seinem Lehnstuhl später ein wenig vor sich hin zu dösen.

Der Zeremonienmeister teilte ihm mit, dass die wichtigsten Prominenten erscheinen würden, um ihn persönlich zu begrüßen, wie es sich einem solch hoch angesehenen Gast gegenüber gehörte. Er wurde freundlichst gebeten, seine Festtagsrobe anzulegen, damit alle Pilger sofort aus der Ferne sehen könnten, dass sich auch der Bezirksvorsteher von Puyang die Ehre gab, dem Ereignis beizuwohnen. Di fühlte sich ausgenutzt. Man machte aus ihm eine weitere Art Idol neben jenen, die das Kloster den Neugierigen zur Verehrung präsentieren würde. Musste er damit rechnen, dass man ihm zu Füßen Opfergaben niederlegte? Dass er irgendwelchen Unsinn reden oder gar dunkle Weissagungen machen sollte, wie es zweifellos alle bisherigen Heiligen des Hauses vor ihrem Tod getan hatten?

„Anscheinend hat man eine Beschäftigung für mich gefunden“, bemerkte Di.

Der Mönch hatte außerdem eine ziemlich lange Liste von Aufgaben zusammengestellt, die der Richter während des Festes ausführen sollte; hierbei handelte es sich um Segnungen, Reden oder die Teilnahme an Banketten. Fehlte nur noch, dass er kleinen Kindern in die Wangen kneifen oder den Gattinnen der Würdenträger Komplimente machen sollte.

Das war zu viel, man hatte ihn in eine Falle gelockt, um ihn wie einen Bären zu dressieren. Aber wie sollte er sich gegen seine Gastgeber auflehnen, für die nichts zählte außer ihren Festlichkeiten, ihren Träumen und ihrer verflixten Heiligkeit – und ganz bestimmt nicht die Empfindlichkeiten eines kleinen Bezirksvorstehers, der wenig Lust hatte, sie darin zu unterstützen –, ohne sie zu kränken? Plötzlich verspürte er das übermächtige Verlangen, bessere Luft zu atmen, eine, die nicht von Berechnung oder Interessen vergiftet war.

Es gab hier nur einen Ort, an dem die Natur regierte und den er bislang noch nicht besucht hatte. Er verließ daher das Gebäude, ging um die Mauern herum und begab sich zum Friedhof. Einmal unterwegs, war er plötzlich versucht, zu Fuß bis nach Puyang weiterzugehen. Kaum hatte er die weiße Festung verlassen, da kamen ihm deren Mauern bereits so fremd und weit entfernt vor, als hätte der Zauber, der ihn darin hielt, seine Kraft verloren. Er hätte alles dafür gegeben, jetzt sein Pferd besteigen zu können, um mit ihm zurückzukehren, dorthin, wo es keinen Traum, keinen Träumer, keine selbstmordgefährdeten Mönche und keinen egoistischen Abt gab, die seinen gewöhnlichen kleinen Alltag stören würden.

Einige in einen Felsen geritzte Zeichen wiesen darauf hin, dass dieser Ort der Stille und der Erholung gewidmet war. Ein Pfad führte auf ein unterhalb des Weges gelegenes, von Erdhügeln umgebenes Plateau. Sie waren mit wilden Gräsern bedeckt, und unter jedem ruhte für die Ewigkeit ein von allen vergessener Mönch und bedauerte vielleicht, dass er die Heiligkeit nicht erreicht hatte, während er dafür aber in jedem Fall von der Last seiner Träume befreit war, die jetzt solide in einer Truhe des Archivsaales verschlossen waren. Jene Träume, die er ein Leben lang vergeblich für eine Gemeinschaft aufgeschrieben hatte, die damit nichts weiter anfing. Diese hier versuchten wenigstens nicht, ihn dazu zu zwingen, bei irgendeiner Zeremonie eine Rolle zu spielen, mit der er nichts anfangen konnte.

Nachdem Di einige Zeit zwischen den Gräbern umhergegangen war, die ihn dazu anregten, über den Sinn seines Lebens nachzudenken, gelangte er an eine Stelle, wo das Erdreich erst vor Kurzem umgegraben worden war. Das Gras hatte noch nicht genug Zeit gehabt, sich zu erholen. Hier waren die letzten beiden Bestattungen erfolgt, die der unglücklichen Brüder Mo und Pa.

Di war nicht allein; er sah, dass der Gärtner neben anderen ekelhaften Aufgaben auch damit beauftragt war, die Leichen beizusetzen und diesen Ort instand zu halten, zweifellos, weil man ihm eine besondere Eignung als Schaufler zuschrieb. Außerdem musste er den Friedhof bepflanzen, wobei der Richter sich vorstellen konnte, dass er dies wohl auch aus eigenem Antrieb tat.

Di tat so, als ob er an den Gräbern der beiden Verzweifelten einen Augenblick lang meditierte. Der Gärtner hatte die zwei Grabhügel gerade erst mit Blumen geschmückt und stand einfach nur da, den Blick starr ins Leere gerichtet. Der Richter war gerührt, als er sah, dass es trotz allem jemanden gab, der um die Verlierer dieser großen, seltsamen Lotterie der Heiligkeit trauerte.

„Was für eine Niederlage, so in der Erde zu landen, wo doch jeder von uns davon träumt, im Inneren einer vergoldeten Statue nach seinem Abbild bestattet zu werden“, hörte ihn Di leise murmeln.

Er spürte im Inneren dieses Mannes eine starke Nostalgie. Der Gärtner stand kurz davor über diese Gräber Tränen zu vergießen. Plötzlich kam dem Richter der Gedanke, dass er einen ausgezeichneten Selbstmordkandidaten vor sich hatte.

„Ich hoffe, dass Sie sich nicht verzweifelt fühlen, mein Freund“, sagte er besorgt.

„Oh nein“, entgegnete Bruder Den. „Ich finde in mir selbst eine ausreichend große Quelle der Hoffnung.“

Di war froh, das zu hören. Die restlichen achtunddreißig Mönche konnte er schließlich nicht sämtlich einzeln befragen, um die traurigsten unter ihnen im Auge zu behalten. Diese Aufgabe hätte höchstens der Abt übernehmen können, und der schien keinerlei Absicht zu hegen, sich ihrer anzunehmen. Der Richter beschloss dennoch, die Unterhaltung noch etwas fortzuführen, wo sie schon einmal dabei waren.

„Verbringen Sie Ihre Vormittage ebenfalls mit dem Aufschreiben Ihrer Träume?“, fragte er.

„Ich kann gar nicht schreiben“, antwortete der Mönch mit sachlicher Stimme.

Endlich ein Mensch, der nicht davon besessen war, seine nächtlichen Wahnvorstellungen festzuhalten! Der Mann wurde dem Richter immer sympathischer.

Di fragte, ob irgendjemand vor Kurzem versucht habe, Den auf düstere Gedanken zu bringen, oder ob dieser Zeuge gewisser Vorgänge geworden sei, die er derart missbilligt hatte, dass seine Überzeugungen darüber ins Wanken geraten wären, oder ob einige seiner Kameraden ihm ihre moralischen Sorgen anvertraut hätten. Auf die Flut von Fragen antwortete der Gärtner ausnahmslos mit Nein. Der Mann schien der geruhsame Bewohner einer perfekten Welt zu sein. Der Richter freute sich für ihn, obwohl ihn das in seinen Ermittlungen in keiner Weise voranbrachte.

„Finden Sie nicht auch, dass hier eine morbide und zerstörerische Angst herrscht?“, fragte er schließlich.

Der Gärtner versteifte sich plötzlich, schien sich vor ihm zu verschließen.

„Ich habe nichts davon bemerkt“, erwiderte er und räumte seine Werkzeuge zusammen. „Falls Eure Exzellenz mich nicht weiter benötigen … Mir wächst die Arbeit über den Kopf.“

Di sah ihm nach, wie er sich entfernte, und fragte sich, was er gesagt haben mochte, das eine derartige Veränderung im Verhalten des anderen hervorgerufen hatte. Er war überzeugt davon, dass der Mann um jeden Preis vermeiden wollte, über etwas zu sprechen, das ihm Unbehagen bereitete. Aber da er keine Ahnung hatte, worum es sich dabei handeln konnte, war Di nicht in der Lage, den Dreh zu finden, um dieses Gespräch in ein Verhör zu verwandeln.

X

Richter Di trifft auf große Träumer; er verkehrt mit kleinen Profitjägern.

Der nächste Tag war der fünfzehnte des Mondmonats. Als die Sonne aufging, wurden die jährlichen Festlichkeiten eröffnet. Di hatte schlecht geschlafen. Die ganze Nacht waren die Hammerschläge der letzten Vorbereitungen in der gesamten Anlage zu hören gewesen. Man hatte Altäre errichtet, Stände vorbereitet, Lampions aufgehängt und letzte Masten aufgestellt, an denen die Standarten befestigt werden sollten. Während Di sich auf seinem Lager hin und her drehte, hatte er sich mehrmals gesagt, dass er es wohl nicht bedauern werde, an diesem Fest teilzunehmen, wenn es dem Aufgebot an Betriebsamkeit, die man zu seiner Vorbereitung unternahm, gerecht wurde.

Der Zeremonienmeister persönlich erschien, um Di daran zu erinnern, dass die Festlichkeiten unmittelbar bevorstanden. Der Richter war überzeugt, dass er in Wirklichkeit nur überprüfen wollte, ob der Besucher aufgestanden war und seine Festtagsrobe korrekt angelegt hatte: im „Magistrats-Grün“ und der schwarzen Kappe, die die Ausstattung vervollständigte. Die Prüfung schien den Organisator zufriedenzustellen. Er wünschte dem Bezirksvorsteher einen ausgezeichneten Festtagsverlauf und zog sich zurück.

Di begab sich in den ersten Hof. Die Crème de la Crème des Klosters hatte sich wie eine Reihe Zinnsoldaten auf der Freitreppe aufgestellt. Die zurückhaltenden Blicke der Mönche gaben ihm zu verstehen, dass er der Letzte war und dass man auf ihn gewartet hatte. Jenseits des Tores dämmerte ein fahler Morgen. Auf einer riesigen Banderole, die über dem Portal befestigt war, wurde in überdimensionalen Buchstaben proklamiert: *Ehre sei den großen Träumern, Ehre sei Tao.*

Da man nun vollzählig war, gab der Abt das Zeichen, auf das jeder gespannt gewartet hatte. Kraftvoll ertönte ein Gong. Die Mönche machten das Tor weit auf. Eine große Zahl von Pilgern, die bereits seit den letzten Nachtstunden auf den Beinen waren, drängte sich in den Hof. Viele Besucher hatten das Gepäck mit den nötigen Utensilien mitgebracht, um die Nacht im Kloster zu verbringen; sie hatten auch Geschenke dabei, mit denen die Gemeinschaft fest rechnete. Die in safrangelbe Roben gekleideten Mönche empfingen die Besucher mit einer tiefen Verbeugung, als wären das alle hochrangige Gäste und ihr Besuch erwies ihnen eine große Ehre. Man hatte für sie einen komplizierten Parcours vorbereitet, der sie den ganzen Tag in Anspruch nehmen sollte. Die Gäste waren ja nicht nur gekommen, um an dem Spektakel des Festes der Heiligkeit teilzunehmen: Dies würde eine bemerkenswerte Ausdauerleistung sein, die darauf abzielte, die obersten Richter von der Festigkeit ihres Glaubens zu überzeugen. Sie boten den Göttern also ihren Schweiß im Tausch gegen geträumte Weissagungen an, wie es der Abt ausgedrückt hätte. Hierfür erwarteten sie wiederum eine Unterweisung oder die Beruhigung ihrer Ängste. „Man bekommt eben nichts im Leben umsonst“, dachte Di.

Die Namen der Heiligen waren auf lange Standarten gestickt, die entlang der Esplanade aufgehängt worden waren. Man fand sie übrigens auch auf den Plakaten wieder, die die an der Prozession teilnehmenden Männer auf ihren Rücken trugen. Sie wurden soeben von den ersten einsetzenden Blechblasinstrumenten und Trommeln angekündigt. Diese Musik, fand der Richter, konnte man eindeutig zuordnen, ganz im Gegensatz zu jener, die die Mönche im vergangenen Monat so sehr beunruhigt hatte; jener nicht zu verortende Gesang, der aus den Mauerritzen gedrungen zu sein schien. Eine Gruppe von Musikern blies so heftig wie sie nur konnte auf Hörnern und Trompeten oder schlugen mit aller Kraft auf große Kisten. Die Sänger stimmten ihre Hymne der Verherrlichung an. Di überlegte einen Augenblick, was die seltsamen Worte bedeuten mochten, die entweder einer dem Traumkult vorbehaltenen esoterischen Sprache entstammten oder eine Art lokales Kauderwelsch darstellten. Schließlich begriff er, dass die Sänger die Namen der Heiligen herunterleierten, die fast überall aufgehängt waren. Es genügte den Mönchen offenbar nicht, die Mauern mit ihren Namen zu bedecken, sie mussten auch die Atmosphäre damit füllen. Schließlich entdeckte er Tao Gan inmitten des Chors. Sein Sekretär trug eine hübsche Mönchskutte, die ihm extra für diesen Anlass geliehen worden war. Da die Vorstellung kein Solo beinhaltete, nahm man seine Stimme einer „gesprungenen Tonflasche“ überhaupt nicht wahr. Tao Gan erschien dem Richter in seiner zu kurzen und an den Schultern zu engen Kleidung und mit dem weit geöffneten Mund wie ein brunftiger Frosch total lächerlich. Dann sagte er sich, dass er selbst vermutlich auch nicht viel besser aussah, inmitten der selbstgefälligen Geistlichen auf der inzwischen in Sonnenstrahlen getauchten Terrasse. Sein Widerwille, sich unter ihnen zu befinden, verlieh ihm das Aussehen eines Examenskandidaten, der soeben den letzten Platz seines Jahrgangs belegt hatte.

Di hatte befürchtet, dass diese Festlichkeiten zu einer langen Demonstration von Aberglauben aller Art würden. Doch ganz im Gegenteil! Das einzige, was hier demonstriert wurde, war, dass diese Mönche mit beiden Beinen fest auf dem Boden standen. Auf allen Seiten des Hofes gab es mehrere Stände, an denen die Pilger sich all das besorgen konnten, was die Vergötterung der Heiligen erforderte: kleine Erinnerungsstatuen aus vergoldetem Wachs, Gebetsrollen, Weihrauch, Schutzamulette gegen alle möglichen Dämonen, schlimme Schicksale und Krankheiten aller Art sowie Kerzen, auf die in roten Buchstaben bestimmt äußerst wirksame Zauberformeln gepinselt worden waren. Das waren die reinsten Verkaufsbuden! „Warum sollten sie sich auf einige wenige Tage pro Jahr beschränken?“, dachte der Richter und fragte sich, was die Priester wohl davon abhielt, all ihren Kram auch auf öffentlichen Märkten feilzubieten. Das hätte der Geschmacklosigkeit dieses lukrativen Geschäfts die Krone aufgesetzt. Und dann gelangte er zu dem Schluss, dass sie genau das sicherlich taten.

Konzert und Umzug wurden zur größten Ehre der heiligen Träumer fortgesetzt. Di fand, dass dies ganz schön viel Ehre war für eine Handvoll Männer, die ein Leben lang nichts weiter getan hatten als zu träumen. Ob es seiner Aufsichtsbehörde wohl jemals einfallen würde, einen ähnlichen Kult zu Ehren der besten Bezirksvorsteher ins Leben zu rufen?

Di konnte sich seine eigene Kupferstatue in einem kleinen, den heiligen Richtern des Reiches geweihten Tempel sehr gut vorstellen. Das wäre kein schlechter Platz, befand er. Diese nicht enden wollende Zeremonie bestätigte ihm, dass Ehre nur ganz selten jenen Menschen zuteilwurde, die sie auch wirklich verdienten.

Im Laufe des Tages, während man ihn von Hof zu Hof führte, um die Pilger zu begrüßen, hatte er Gelegenheit, zahlreiche Attraktionen – anders konnte man sie einfach nicht nennen – zu entdecken, die den frommen Besuchern dargeboten wurden. Im großen Gebetssaal wechselten sich die gebildeteren der Mönche dabei ab, mit lauter Stimme und großem Pathos jene Träume vorzulesen, die ihren Verfassern die Heiligkeit eingebracht hatten. Und sie schreckten auch nicht davor zurück, an besonders bewegenden Stellen herzzerreißend zu schluchzen. Die schönsten Blumen des Gärtners waren geopfert worden, um die – selbstverständlich kostenpflichtigen – Büfetts zu schmücken. Dort konnte man sich mit Fladenbrot, Reis, Kuchen und verschiedenen Sorten aromatischen Tees versorgen.

Der Prior war zum Fremdenführer geworden und bedachte die Besucher mit einer Einführung in die lokale Geschichte. Di erfuhr dabei, dass das Gebäude bereits 200 Jahre alt war und dass während dieses Zeitraumes weniger als 20 Heiligungen durchgeführt worden waren, darunter auch die des Begründers der Gemeinschaft. Jener Mönch habe geträumt, dass sich dereinst auf diesem Hügel ein großes Kloster erheben würde. Das Mindeste, was man für ihn habe tun können, war, ihn zum Heiligen zu erklären, schließlich hatte er sich aktiv für die Verwirklichung seines Traumes eingesetzt.

Im Pavillon der Träume flehten die Gläubigen die Traummeister an, ihnen während ihres Schlafes die Lösung ihrer Probleme einzuhauchen. Gewissermaßen zum Dank im Voraus legten sie vor den Statuen ihre Opfergaben nieder, um sich so des Beistands ihres Lieblingsheiligen zu versichern.

Dies war vermutlich der Anlass für die Mönche, das Kontingent an Heiligen, wenn auch langsam, zu ergänzen. Di überschlug im Kopf, dass man im Durchschnitt also alle zehn Jahre einen Heiligen gewählt hatte. Das bedeutete, dass von den derzeit knapp 40 Mönchen nur etwa drei zu Heiligen erklärt werden würden. Er fand die Vorstellung seltsam, dass er täglich mit drei unbekannten Personen verkehrte, die sozusagen dazu bestimmt waren, vergöttert zu werden und vom Tage ihres Todes an einen eigenen Kult zu verkörpern. Di sah sich nicht in der Lage, diesbezüglich eine Prognose abzugeben: Er hätte keine Sapeke* auf irgendeinen von ihnen verwettet.

Die Pilger, die im letzten Jahr eine zufriedenstellende Antwort erhalten hatten, ehrten ebenfalls die Statuen; jeder von ihnen hatte einen Favoriten. Einer der Träumer hatte zum Beispiel die Geburt eines Erben der Kaiserfamilie geweissagt, jenes Kindes, das inzwischen zum Kaiser geworden war. Diesen Heiligen flehte man nun um einen eigenen Familienerben an, wenn ein solcher noch fehlte.

Auch die Bibliothek gehörte zum Parcours. Der Archivar war daher reichlich beschäftigt. Man bat ihn, aus den Koffern einige schöne Träume zu dem einen oder anderen Thema hervorzuholen. Die Neugierigen vergaßen dabei nicht, in einer zu diesem Zweck vorgesehenen Urne

* Altchinesische Münze (Anm. d. Übersetzers).

eine Opfergabe zu hinterlegen. Man bot ihnen aber auch Auszüge der besten Träume zum Erwerb an, die dann bei Interesse von den Schreibern des Klosters kopiert wurden. Sie notierten den Text auf schönen Pergamenten, die mit dem Wappen der Kongregation versehen wurden. Der Einfallsreichtum in Sachen Geschäftstüchtigkeit kannte offenbar keine Grenzen.

„Aber dieser Ort ist ja die reinste Falle für Narren!“, sagte sich der Richter, aufs Negativste überrascht. Er verspürte beinahe so etwas wie Bewunderung für die Fähigkeit dieser Mönche, die Erinnerung an ihre Toten zu vermarkten. Und er begriff jetzt besser, warum der Abt geradezu versessen darauf war, immer neue Mönche zu Heiligen zu erklären. Die Heiligkeit war nicht nur die einzige Daseinsberechtigung dieses Klosters, sondern auch seine Existenzgrundlage, seine Haupteinnahmequelle, seine Rente. Man verfuhr mit den Leichen, wie es der Bezirksvorsteher noch bei keinem der Verbrecher erlebt hatte, gegen die er ermittelt hatte. Dies hier war kein Zufluchtsort, sondern eine Werkstatt, in der man die Heiligkeit nach Gewicht verkaufte.

Die Vorsteher der Gemeinschaft waren hauptsächlich damit beschäftigt, Nachwuchs anzuwerben. Der Prior ermutigte die Leute, dem Kloster ihre Söhne als Novizen zu überlassen, wobei er sich bevorzugt an die Reichen wandte, die dem Kloster Geld und Unterstützung im Kampf gegen die Nonnen von gegenüber bieten konnten, die man in den glühenden Reden nicht zu erwähnen vergaß. Die Menge wurde sogar mehrmals gebeten, Partei gegen sie zu ergreifen. Der Prior ging sogar so weit, Di vorzuschlagen, selbst einen seiner Sprösslinge dem Kloster anzuvertrauen, und versuchte, ihn mit seinen Schmeicheleien zu umgarnen: „Der Abkömmling eines solch bedeutenden Geschlechtes hätte die besten Chancen, Abt oder gar noch mehr zu werden …“ Der Bezirksvorsteher gewann den Eindruck, in eine gefährliche Sekte geraten zu sein, die Eltern mithilfe überschwänglicher schöner Reden ihre kleinen Kinder entriss.

Zum ersten Mal erfasste er, welche Fähigkeiten es waren, die den Abt zum hervorragenden Leiter einer solchen Gemeinschaft machten. *Unwandelbarkeit des Heiligen Weges* zögerte nicht, vor den hohen Würdenträgern zu katzbuckeln und ihnen in all seiner Schmierigkeit zu schmeicheln, ohne dabei jeweils etwas von seiner Würde einzubüßen. Er war zugleich perfekt in seiner Rolle als Gastgeber und heiliger Mann, bewegte sich auf halbem Wege zwischen Menschen und Göttern, zwischen Himmel und Erde, gab sich liebenswürdig und aufmerksam, wenn nötig, und war ansonsten geheimnistuerisch und unterwürfig.

Er umschmeichelte die Bürger, während er sie gleichzeitig unentwegt spüren ließ, welche Ehre ihnen zuteilwurde, indem er sich auf ihr Niveau herabbegab. Der Richter verstand nun auch, weshalb seine eigene Anwesenheit dem Abt so unangenehm war: Er passte nicht in dieses Spiel, seine Gedanken waren nicht beeinflussbar. Er war kein guter Kunde, sondern höchstens eine Marionette, die man vor ahnungslosen Zuschauern vorführte, weil man leider keine bessere Verwendung für ihn hatte finden können.

Mit einem Wort: Di war weder Taoist, noch beugte er die Knie vor ihrem Dogma, ihrem Flitterkram oder ihrer Etikette, und er besaß die Dreistigkeit, das nicht einmal zu verbergen. Er war der Vertreter der staatlichen Macht, auf die diese Kirche noch keinen Einfluss gewonnen hatte. Seine Lebensart, sein konfuzianischer Pragmatismus riefen ihnen diesen vorläufigen Misserfolg unentwegt in Erinnerung und verstärkten den unangenehmen Aspekt ihres unfreiwilligen Zusammenseins.

Am Abend wurde die Parade erneut durchgeführt, diesmal erleuchtet von Fackeln. Man hatte etwa zehn Truhen aus den Regalen geholt, um mit ihnen eine kleine Prozession durch die Gänge zu veranstalten, begleitet vom Klang der Tamburine und kleiner Glocken. Den Mönchen konnte man ja viel vorwerfen, eines aber nicht: dass sie zur Unterhaltung ihrer Gäste nicht alles in ihrer Macht stehende taten.

Den Höhepunkt der Veranstaltung bildeten ein kunstvolles Feuerwerk, Beleuchtungen, bunte Girlanden und Lampions, auf die man die Wörter *Wohlstand*, *langes Leben* oder *Fruchtbarkeit* gepinselt hatte. Di betrachtete all das sehr nüchtern. Dann wurde die Pappmaché-Statue eines der obersten Richter, übrigens dreimal so groß wie ihr Modell, enthüllt. Die Verstorbenen wurden ein zweites Mal geheiligt. Richter Di hatte zwar schon an kaiserlichen Zeremonien in der Hauptstadt teilgenommen, doch etwas derart Majestätisches, von demonstrativerem oder zumindest wirkungsvollerem Mystizismus hatte er noch nie erlebt. Das Gemisch aus Glauben und bürgerlicher Angeberei war explosiv.

Um die Pilger unterzubringen, hatte man den geräumigen Speisesaal in einen Schlafsaal verwandelt. Die Meisten hatten ihre mitgebrachten Matten auf dem Boden ausgerollt. Aber auch dies war wieder ein gefundenes Fressen für die Mönche. Sie boten all das an, was die Sorglosen vergessen haben mochten: Sie vermieteten Matten und Kissen, verkauften Nahrung, Kerzen, Opfergegenstände, Erinnerungssprüche oder Gebete. Di erfuhr, dass das Kloster ein halbes Jahr lang von den Erträgen dieses einzigen Tages lebte, und war nicht sonderlich erstaunt darüber. Sie taten ja alles, um eine gute Ernte einzufahren. Das gesamte Kloster war zu einer großen Herberge geworden, zu einer Art Karawanserei, in der das Leben und das Chaos pulsierten – so, wie es der Abt vorausgesagt hatte.

Der Richter musste wohl oder übel den ganzen Tag in seiner grünen Robe und der schwarzen Kappe herumstolzieren. Um zu vermeiden, dass man ihn ausnutzte, hätte er sich in seinen Gemächern einschließen müssen, das aber wäre eine nicht wiedergutzumachende Beleidigung seiner Gastgeber gewesen.

Zum ersten Mal in seiner Karriere fühlte er sich genauso kostümiert wie die Dämonenvertreiber mit ihren lächerlichen Hüten und bunten Stolen. Man erlaubte ihm erst zu vorgerückter Nachtstunde schlafen zu gehen. Restlos erschöpft und hundemüde sah er, wie man noch immer die Truhe herumtrug – diese war keinen Träumen vorbehalten –, in der sich immer mehr Münzen ansammelten, die freigebig von den Traumverehrern gespendet wurden: Kupfer-, Silber- und sogar Goldmünzen.

„Wie gut, wenn man sich an einem Ort erholen kann, der frei ist von all den Trivialitäten des materiellen Lebens", dachte Di. „Hoch lebe der Gleichmut und die Meditation!"

Schließlich durfte er sich aber doch schlafen legen, inmitten dieser wunderbaren Atmosphäre der Heiligkeit und der Nächstenliebe, die diesen wundervollen Tag erfüllt hatten.

XI

Richter Di träumt nun seinerseits;
er streitet mit einem störrischen Archivar.

In dieser Nacht hatte Di einen seltsamen Traum. Ein Riese stieß mit seinem Fuß gegen die Außenmauer des Klosters, die daraufhin auseinanderbrach. Die Sonne löste sich vom Himmel, um in den Hof zu stürzen, und ein fremdartiger Nebel drang in das Gebäude. Als er erwachte, sagte er sich, dass auch er unter dem Einfluss der traumhaften Atmosphäre des Ortes stand. Hatte er in seinem Schlaf etwa imaginär an der Gemeinschaft Rache dafür geübt, dass sie ihn am Tag zuvor derart ermüdet hatte? Er nahm sich vor, dies dem Archivar mitzuteilen. Vielleicht gab es irgendeine verborgene Nachricht zu enträtseln, die seinen Ermittlungen dienlich sein konnte.

Nachdem er seine Wohnräume verlassen hatte, stellte er fest, dass die Feierlichkeiten zwar in vermindertem Umfang fortgesetzt wurden, aber immer noch mit Nachdruck. Obwohl der fünfzehnte Tag des Mondmonats bereits vergangen war, dachte man gar nicht daran, die von weit her gekommenen Besucher wegzuschicken, die noch bleiben wollten, um weitere Werke der Frömmigkeit zu tun. Welcher Fischer verzichtete schon auf einen Schwarm Fische unter dem Vorwand, dass seine Angelpartie beendet war? So fand man immer noch irgendwelche Küchlein, die man den Leuten verkaufen konnte, und der Lagerbestand an Devotionalien war praktisch unerschöpflich. Di stieß in allen Korridoren auf Neugierige, die die Gebäude durchstreiften, als hätte Laotse persönlich darin gewohnt oder als könne man gleich nach der nächsten Biegung zumindest seinem Geist begegnen.

Tao Gan kam, um von seiner Mission bei den Sängern zu berichten. Die Bilanz ihres moralischen Zustands war leider zufriedenstellend; vermutlich sogar, seit dem Tod ihres Chorleiters, besser als je zuvor. Auf die Frage, ob einer von ihnen Lust verspürt hätte, ihn ins Jenseits zu befördern, hatte man einstimmig mit Ja geantwortet. Aber kein einziger hatte ausreichend harte Wörter gebraucht, als dass man ihm hätte zutrauen können, dem Chorleiter in jenem Abstellraum die Venen aufzuschlitzen.

Richter Di zwirbelte eine Weile nachdenklich seinen Schnurrbart.

„Kennst du den Mönch, der für den Brandschutz zuständig ist?", fragte er dann.

Tao Gan lächelte ironisch. „Diesen dicken, gesprächigen Dummkopf, der seine Zeit damit verbringt, alle Welt mit seinem affektierten Geschwätz zu langweilen?"

„Ich entbinde dich von deinem Einsatz beim Chor. Hefte dich stattdessen an seine Beine. Ich war schon immer der Meinung, dass wir bei uns im Yamen einen Feuerspezialisten benötigen. Bitte ihn, dir seine Kenntnisse zu vermitteln, lass dir was beibringen. Und versuch herauszufinden, ob nicht eventuell er selbst dieses angebliche Wunder der in Flammen stehenden Statue verursacht hat. Er hatte zumindest die besten Voraussetzungen dafür."

Tao Gan verbeugte sich höflich und behielt für sich, was er von diesen kleinen, improvisierten Praktika bei all den Sonderlingen des Klosters hielt. Er kleidete sich in ein einfaches altes Gewand, um das es ihm nicht schade sein würde, wenn es verbrannte.

Was den Richter betraf, so hatte dieses Gespräch über Brände ihn erneut an seinen Traum erinnert. Die Einzelheiten begannen allerdings bereits zu verblassen. Es war Zeit, das Archiv aufzusuchen, um mit dem Fachmann zu sprechen.

Der Archivar hatte die ersten Morgenstunden damit zugebracht, die Träume der vergangenen Nacht jener Mönche niederzuschreiben, die trotz der Erschöpfung während des Schlafes von ihnen heimgesucht worden waren. Di traf ihn recht bedrückt an, abgespannt wirkend und mit tiefen Ringen unter den Augen. Der arme Mann bereitete sich darauf vor, den zweiten Tag in Folge dem Verlangen der Pilger nach Wundern zu begegnen. Er wusste, dass die Träume, die ihn die Masse der Besucher am ersten Tag vorzulesen bat, in der Regel eine gewisse moralische Wirkung hatten. Am zweiten Tag, in kleinerem Kreise, erlaubten sich die Neugierigen mehr Freiheiten. Mit derben Worten verlangten sie Schlüpfrigkeiten, schwelgten in erotischen Träumen und schreckten vor keiner Schweinerei zurück, die die Verstorbenen in ihrer einfältigen Offenheit oder exhibitionistischen Frustration hatten zurücklassen können.

„Sie können sich gar nicht vorstellen, wie das ist“, sagte der Archivar mit einem Seufzen. „Sie kommen hierher, um mir zu schmeicheln, reden um den heißen Brei herum, wissen tatsächlich aber ganz genau, was sie wollen. Schließlich fragen sie mich, ob wir wirklich alles aufbewahren und ob darunter nicht auch einige gewagte Träume von Mönchen geringerer Bedeutung seien, bei denen sich die Botschaften des Jenseits im zarten Fleisch lasziver Kreaturen manifestiert hätten. Und sie verschwinden nicht wieder, bevor ich ihnen die schlüpfrigsten vorgelesen habe. Unsere Mönche sind Männer; sie haben die unglückliche Neigung, sich das, was für sie in ihrem Eremitendasein unerreichbar ist, zumindest in der Fantasie auszumalen. Und noch etwas: Unsere Besucher lieben es, sich am Elend anderer zu weiden. Die Menschen sind nicht gut, edler Herr Richter, nein, ich weiß, wovon ich rede. Ich liebe jene Träume weit mehr, die nichts mit den schlüpfrigen Gedanken zu tun haben, die einige von ihnen darin ausleben. Der Mensch beschmutzt die schönsten Dinge!"

Der Archivar wühlte in einem Haufen gestempelter Papiere.

„Es gibt zu viele Leute, zu viel Unordnung; während dieser Festtage weiß man oft nicht, wo einem der Kopf steht. Das war vor ein paar Jahren noch nicht der Fall. Ja, der Abt hat wirklich den Kopf verloren, indem er die Geschäftstüchtigkeit auf die Spitze getrieben hat. Man muss ja geradezu, entschuldigen Sie den Ausdruck, von Warenhandel sprechen, von nicht mehr und nicht weniger."

„Ich möchte, wenn Sie gestatten, ein Wort zum Anlass meines Besuches vorbringen."

„Entschuldigen Sie, edler Herr Richter! Wie konnte ich nur! Wo habe ich nur meinen Kopf?"

„Ich bin sicher, dass Sie Ihren Kopf ganz schnell wiederfinden", sagte der Richter trocken.

Er lieferte ihm eine knappe Zusammenfassung des Traumes der vergangenen Nacht: des Riesen, der die Mauer zerbrochen hatte, der Sonne, die in den Hof gestürzt war, und des Nebels, der in das Kloster gedrungen war.

„Was glauben Sie, kann das bedeuten?"
„Dass Sie schwarzen Rettich und Rostbraten lieben?", schlug der Archivar vor, was der Richter ganz schön schlapp fand.

Der gelehrte Mönch notierte alles gewissenhaft auf einer datierten und gestempelten Pergamentrolle, ganz so wie es seine Gewohnheit war, dann übergab er sie seinem erhabenen Besucher.

„Dieser Text wird Ihnen dienlich sein, wenn Sie eines Tages das Gefühl haben, dass sich Ihr Traum erfüllt hat. Andernfalls aber wird er eine kleine Erinnerung an Ihren Aufenthalt bei uns darstellen."

Di empfahl sich und ging, das Papier in der Hand, aus dem Saal, überrascht, dass er sich nun auf die Stufe der Schaulustigen herabgewürdigt sah, die das Kloster förmlich überschwemmt hatten und sich für all den fantastischen Kram und Tand interessierten. Nach einer Weile traf es ihn wie ein Blitz: „Was bin ich für ein Idiot!", rief er vor zwei Mönchen aus, die sich wohl fragten, woher ihm diese plötzliche Erleuchtung gekommen war.

Der Richter war davon überzeugt, dass ihm der Archivar eine Botschaft übermittelt hatte, möglicherweise sogar unfreiwillig. Er wusste bereits, worin das nächste Unheil bestehen würde, das die Ordensgemeinschaft heimsuchte. Sein Gesprächspartner hatte mehrmals den Ausdruck „den Kopf verlieren" gebraucht, wie jemand, der ununterbrochen an etwas denkt, das er nicht sagen darf und sich dadurch selbst verrät.

Di drehte sich deshalb um und kehrte in höchster Eile zum Archiv zurück. Er traf den Archivar nicht sofort an und befürchtete schon, auf dem Boden herumkullernde, abgeschlagene Köpfe vorzufinden. Er begann, sich näher für die Truhen zu interessieren, als der Mönch plötzlich in der Tür erschien.

„Edler Herr Richter? Haben Sie etwas vergessen? Kann ich Ihnen behilflich sein?"

Der Richter brauchte eine Weile, um seine Gelassenheit wiederzufinden.

„Mir ist gerade etwas … in den Kopf gekommen", entgegnete er.

Bei diesen Worten erstarrte die Miene des Gelehrten, als wäre soeben eine grinsende Hexe durchs Fenster hereingekommen. Di dagegen war angespannt wie ein Jagdhund, der die Fährte eines Kaninchens aufgenommen hatte. Er wagte nun seinerseits eine Weissagung: „Sie haben an diesem Morgen einen Mönch dagehabt, dessen Traum Sie beunruhigt hat. Es ging darin um einen Kopf; Ihr Bruder hat eine neuerliche Katastrophe vorhergesagt. Einen Todesfall. Das ist es doch? Ich lese in Ihren Augen, dass ich mich nicht irre."

Das Schweigen des Archivars sagte mehr als jedes Wort. Schließlich entschied er sich in einer letzten Anstrengung, den Bezirksvorsteher zu entmutigen, den Mund aufzumachen: „Eure Exzellenz werden verstehen, dass ich dazu nichts sagen kann. Diese Hinterlegungen sind uns heilig, so ein Geheimnis muss respektiert werden. Es ist absolut unmöglich, heute darüber zu sprechen."

Di, der nicht die Absicht hatte, zwanzig Jahre lang zu warten, um das Problem zu lösen, setzte seine Überlegungen fort, ohne auf den Einwurf des Archivars zu achten.

„Nichts hindert irgendeinen Mönch daran, sich durch die Vorhersage irgendeiner Katastrophe interessant zu machen. Aber Sie, Sie haben Angst! Das ist es, was mich beunruhigt. Was befürchten Sie? Was veranlasst Sie zu glauben, dass in dem Traum, von dem man Ihnen heute Morgen berichtet hat, eine Bedrohung liegen könnte?"

Der Archivar verharrte in Schweigen.

„Es kann nur eine einzige Erklärung geben", fuhr der Richter fort. „Der Mönch, der hier vor einer oder vor zwei Stunden vorhergesagt hat, dass jemand seinen Kopf verlieren würde, hat auch schon andere Vorhersagen getätigt, die Sie nun zwingen, seinen Behauptungen zu glauben. Ich bin mir sicher, dass er in seinen Träumen Vorgänge gesehen hat, die sich später im Kloster tatsächlich ereignet haben. Ist es so? Antworten Sie mir! Ich bin Ihr Bezirksvorsteher!"

Der Archivar hielt den Blick gesenkt.

„Es tut mir leid", murmelte er. „Sie werden nichts von mir erfahren. Ich habe schon zu viel gesagt."

Di geriet in Rage. „Was hat er zuletzt angekündigt? Das Erblühen jenes Strauches? Die Statue in Flammen? Die Musik aus dem Nichts? Oder gar die zwei Selbstmorde?"

Die Antwort kam ihn plötzlich von selbst, ohne dass sie hätte ausgesprochen werden müssen.

„Er hat alles vorhergesagt. Jedes Ereignis. Eines nach dem anderen, nicht wahr? Er hat rein gar nichts vergessen. Das ist es, was Ihnen Angst macht. Alles, was er sich vorstellt, passiert wirklich. Deshalb wissen Sie jetzt auch, dass einer Ihrer Brüder seinen Kopf nicht mehr lange auf den Schultern tragen wird. Denn es handelt sich doch um einen Menschen, nicht wahr? Sie würden kein solches Gesicht machen, wenn die Sache nicht so ernst wäre."

Di musste sich setzen. Der Archivar stand in der Mitte seiner Bibliothek, die Hände vor seiner Kutte gefaltet. Er sah aus wie ein Schüler, den man bei einem Fehler ertappt hatte.

„Nun gut, ich stelle mit Freuden fest, dass Ihr Abt zufrieden sein kann, er oder sein Nachfolger. Letztlich gibt es einen zukünftigen Heiligen innerhalb dieser Mauern. Und was für einen! Ein wahres Mühlrad der Vorhersagen von Schicksalsschlägen. Seit wann genau liefert Ihnen dieser Mann solch warnende Träume?"

„Ich bitte Eure Exzellenz, Erbarmen mit mir zu haben!", murmelte der Gelehrte.

„Wer ist es? Wer ist dieses Genie der aufschlussreichen Träume? Wo ist seine Truhe?"

Di drehte sich zu den Regalen um, in denen die lackierten und verschlossenen Kisten lagerten. Er hantierte an einigen von ihnen herum, dann stellte er sie wieder hin und griff nach anderen. Alle sahen ganz ähnlich aus, nur die auf die Deckel geschriebenen Namen waren unterschiedlich. Es gab mehrere Hundert davon. Wochen wären nötig gewesen, um sie alle zu öffnen.

„Sie liegt praktisch vor meiner Nase!", tobte er. „Welche ist es? Verstehen Sie, dass es sich um eine Zeugenaussage aus erster Hand zu all den fragwürdigen Ereignissen handelt, die hier stattgefunden haben? Darunter sind zwei unaufgeklärte Todesfälle!"

Er führte sich jetzt auf wie ein hungriger Hund, vor dem jemand ein Stück Fleisch hin und her wedelte, ohne ihn hineinbeißen zu lassen.

„Ich werde sie alle öffnen!", versetzte er trotzig. „Geben Sie mir den Schlüssel!"

„Dazu haben Sie nicht das Recht!", rief der Archivar entsetzt, als hätte man von ihm verlangt, den Tempel mitsamt den Mönchen darin in Brand zu setzen. „Das steht im völligen Gegensatz zu den Bräuchen unserer Gemeinschaft. Die Truhen dürfen nur von mir und zwar erst beim Tod ihrer Besitzer geöffnet werden. So ist die Regel, und die ist ehern."

Di antwortete im Ton des Bezirksvorstehers, als wendete er sich vom Podium seines Audienzsaales an den Archivar: „Ich hoffe, Sie sind sich bewusst, dass Sie den geregelten Gang der Justiz behindern. Was auch immer in den nächsten Stunden hier geschieht, haben Sie zu verantworten. Sie sind ein Starrkopf!"

In seinem Zorn packte er einen der Pinsel, die der Archivar verwendete, um die Träume niederzuschreiben, und zerbrach ihn mit den Händen; die Stücke ließ er grimmig auf das Parkett fallen. Der Pinsel hatte mehr Glück gehabt als er: Er hatte den Text aufgezeichnet, den Di so gern gekannt hätte.

„Wenn Sie mir schon nicht die Identität des Träumers enthüllen können, so sagen Sie mir wenigstens, wer sterben wird, damit ich ein Unglück verhindern kann. Ich fordere Sie auf, mir zu antworten! Das Nichtanzeigen eines Verbrechens zieht die Todesstrafe wegen Mitschuld nach sich."

Der Archivar ließ sich auf die Knie fallen wie ein Verurteilter, der dem Fallbeil des Henkers seinen Kopf hinhält. „Ich weiß es nicht!", rief er. „Ich flehe Eure Exzellenz an, mir das zu glauben. Der Traum sagt darüber nichts aus. Aber selbst wenn ich es wüsste, wäre es mir nicht möglich, ihn Eurer Exzellenz zu enthüllen. Ich erkenne meine Schuld an. Sie ist nur auf die strenge Einhaltung unserer Regel zurückzuführen, die mehr wert ist als unser elendes Leben. Eure Exzellenz können mit mir machen, was Sie wollen."

Der Richter widerstand der Versuchung, ihn beim Wort zu nehmen. Am liebsten hätte er ihm im Hof des Klosters dreißig Stockschläge verpassen lassen, um ihm Respekt vor dem Gesetz beizubringen. Aber sie waren hier ja nicht im Yamen, und so war es klüger, mit diesen Mönchen diplomatisch umzugehen. Es musste doch ein Mittel geben, diesen störrischen Menschen zum Nachgeben zu bringen, ohne Gewalt anzuwenden.

Sie wurden durch ein höfliches „Ähem" unterbrochen, das vom Eingang kam. Drei Pilger standen verloren im Türrahmen. Di vermutete, dass es sich erneut um Leute handelte, die sich frivole Träume vorlesen lassen wollten.

„Aha, da sind ja die drei kleinen Schweinchen", sagte Di. „Ich überlasse Sie mal Ihren erbaulichen Aktivitäten. Wenn Sie Ihre Ansichten bezüglich der Vorrangstellung Ihrer abstrusen Regel vor der kaiserlichen Justiz geändert haben, lassen Sie es mich wissen. Ich bin wie Sie immer im Einsatz, Tag und Nacht erreichbar, wenn es die Dringlichkeit verlangt."

Er verließ den Saal, stieg die Treppe hinab, ohne seine Bitterkeit loszuwerden. Er war nach wie vor überzeugt, dass der Archivar Angst hatte. Der arme Mann war entsetzt angesichts dessen, was geschehen sollte. Konnte er womöglich selbst jener Mönch sein, der in seinen warnenden Träumen die unabwendbaren Katastrophen vorhersah? Di verwarf diese Überlegung jedoch wieder und warf sich vor, allmählich genauso abergläubisch zu werden wie seine Gastgeber.

Er gelangte immer mehr zu der Überzeugung, dass hinter all dem ein vollkommen greifbares, schmutziges Ränkespiel steckte, das realistisch und menschlichen Ursprungs war. Der Mensch erschien ihm von Natur aus entartet genug – er brauchte keine obersten Richter, um ihn zu manipulieren oder die Zukunft zu enthüllen. Der

Archivar ging davon aus, ein bedeutendes Geheimnis zu hüten. Dies war, wie man in seinem Gewerbe sagte, die bisher einzig brauchbare Spur, seitdem Di hinter diesen Mauern weilte. Er musste sich beeilen und vom Abt die Erlaubnis erwirken, die merkwürdige Regel zu brechen, und wenn es das erste und letzte Mal in der Geschichte des Klosters sein würde.

Er wollte unbedingt die Truhe des Mönchs öffnen, der Kenntnis von den Ereignissen hatte, bevor sie sich zutrugen. Nur der Leiter des Klosters konnte das Verbot aufheben und seinen Archivar zwingen, den Namen des Träumers preiszugeben. Wobei er dieser letzte Punkt noch nicht ganz sicher war. Würde jener störrische Mensch sich nicht eher die Hände abhacken lassen, bevor er sprach? So ähnliche Worte hatte er ja am Vorabend gebraucht. Was für ein Hochmut, dachte Di, die eigenen Funktionen über den Wert des Lebens zu stellen! Eigentlich müsste er ja selbst eher sterben wollen, als seinen Kaiser zu verraten. Hätte er – angesichts des Todes – den Mut, bedingungslos zu dieser Verpflichtungen zu stehen? Der Archivar schien sich genau daran zu halten. Das war ja das Ärgerliche.

XII

Richter Di spricht über ein Verbrechen, das noch nicht geschehen ist; und dann geschieht es.

Di ging von der Bibliothek geradewegs zu den Wohnräumen des Klosterleiters und bestand bei seinem Sekretär darauf, sofort vorgelassen zu werden. Der Abt war völlig versunken in eine anstrengende geistige Arbeit: Er bereitete seine Abschlussrede der Feierlichkeiten vor. Etwa in der Mitte derselben hatte er eine heftige Kritik gegen die vom Teufel besessenen Nonnen eingebaut, die die Gegend in Angst und Schrecken versetzten. Er erhob sich beim Eintritt des Bezirksvorstehers, den der Sekretär notgedrungen ankündigte, nachdem der hohe Beamte so intensiv darauf bestanden hatte. Das Gespräch begann mit den üblichen Höflichkeitsfloskeln, die man unter gebildeten Chinesen austauschte.

„Hatten Eure Exzellenz Gelegenheit, sich zu erholen?“, erkundigte sich der Abt fürsorglich. „Ich fürchte, dass Ihnen der gestrige Tag sehr anstrengend vorgekommen sein muss. Dies ist im Allgemeinen der Fall, wenn man solch eifrige Andachtsübungen nicht gewöhnt ist.“

Di fragte sich kurz, was er damit wohl andeuten wollte. Der Abt war ja zu allen äußerlichen Zeichen von Frömmigkeit verpflichtet, seine Funktion verlangte dies. Aber es reichte diesem heiligen Mann wohl nicht, dass Richter

Di Räucherstäbchen im Tempel des Konfuzius anzündete, er hätte vermutlich auch den Anhängern der Magie etwas von seinen Ersparnissen abgeben und vor einem grotesken Dämon aus Pappmaché, der die unzähligen Gefahren der Verdammnis verkörperte, einen Kniefall machen sollen.

Der Richter dankte ihm trotzdem für seine guten Absichten und beglückwünschte ihn zu dem gelungenen wundervollen Fest. Er betonte vor allem die Atmosphäre von Andacht und Heiligkeit, „die er besonders an den in einer Reihe aufgestellten zahllosen Verkaufsständen gespürt habe". Da man dort kaum etwas anderes feilbot als teure Souvenirs und warme Gerichte, konnte der Abt hinsichtlich der wahren Meinung seines Gastes nicht im Unklaren sein. Den Geboten der Höflichkeit war Genüge getan, wenn auch nur minimal, nun konnten sie zu interessanteren Themen übergehen.

Di erklärte dem Klosteroberen, dass der Archivar an diesem Morgen von einem warnenden Traum erfahren habe, von dem sehr stark zu befürchten sei, dass er sich erfüllen werde.

„Was für eine gute Nachricht!", rief der Abt. „Und wie liebenswürdig von Ihnen, mir das anzukündigen! Ich vermute aber, dass er Ihnen den Inhalt dieses Traums nicht enthüllt hat, oder?"

Der Richter wiederholte ihm das Wenige, das er wusste: dass es sich um den Kopf irgendeiner Person handele, die diesen bald verlieren würde. Und dass diese Gewissheit durch die Tatsache unterstützt werde, dass jener Träumer auch schon die vorherigen Unglücksfälle vorhergesagt habe.

Die Miene des Abtes verfinsterte sich, aber nicht aus dem Grund, den Di angenommen hätte: „Ich bin schmerzlich überrascht!“, rief er aus. „Was sagen Sie da? Unser Archivar kompromittiert den Inhalt der ihm anvertrauten Truhen? Ich werde ein paar ernste Worte mit ihm sprechen müssen. Diese Dinge hätte er Ihnen niemals derart im Detail mitteilen dürfen.“

Nun kam der Richter auf den wahren Anlass seines Besuches zu sprechen: Er wünschte, Zugang zur Truhe jenes Träumers zu bekommen, der auch schon die anderen Vorhersagen getroffen habe. Di vertraute auf seine Überzeugungskraft, doch der Abt wollte von seinen Argumenten nichts wissen.

„Heißt das, Sie wollen von mir verlangen, dass ich gegen die Statuten unserer Gemeinschaft verstoße, die doch deren Grundlage, unser heiligstes Dogma, bilden?“

„Genau das möchte ich, verehrter Meister. Sehen Sie darin bitte nichts Schlechtes.“

„Ich hätte Mühe, darin etwas Gutes zu sehen! Ist es denn wirklich nötig, dass ich Ihnen darauf antworte? Ich würde im ganzen Land zum Gespött werden, falls ich Ihnen gehorchte. Wer würde künftig noch Träume verehren, zu denen jeder jederzeit Zugang hat? Von dem Druck, den ich auf unseren Archivar – der übrigens der Gewissenhafteste unter all unseren lieben Brüdern ist – ausüben müsste, ganz zu schweigen. Ich habe auch gar nicht die Autorität, ihm Befehle zu erteilen, die im Widerspruch zu seinem Gewissen stehen. Selbst wenn ich mich zu diesem Missbrauch entschließen würde, wäre es seine Pflicht, mir nicht zu gehorchen, und das weiß er ganz genau. Ich glaube, dass Sie keine Ahnung haben, auf welchen Grundlagen unsere Gemeinschaft beruht, edler Herr Richter. Gestatten Sie mir, Sie daran zu erinnern."

Di hatte sich einen solchen Vortrag bereits im Archivsaal anhören dürfen. Bevor ihm das Ganze also nun noch einmal gepredigt worden wäre, zog er es vor, zum Angriff überzugehen.

„Es gibt Prinzipien, die höher stehen als die Edikte, die Männer für das Leben in einer Gemeinschaft erlassen haben. Ich spreche von der Justiz, der Gerechtigkeit, dem Schutz der Schwachen. Können Sie ruhigen Gewissens den bevorstehenden Tod einer Ihrer Mönche in Kauf nehmen? Befürchten Sie nicht, dass Ihnen eine solche Verantwortung Alpträume verursachen wird?"

Unwandelbarkeit des Heiligen Weges zeigte sich ebenso unbeeindruckt, wie es sein Name andeutete.

„Lassen Sie meine Träume mal meine Sorge sein", antwortete er, „dies ist ein Gebiet, auf dem ich mich ziemlich gut auskenne. Ich werde es für meinen Teil unterlassen, mich in Ihren Kompetenzbereich einzumischen, wenn Sie wieder in Ihrem Gerichtssaal sind. Hier, in unserem Kloster, sollte unser Glaube respektiert werden, und der allein beherrscht unser Dasein. Es spielt keine Rolle, wenn wir aufgrund unserer Regeln unser Leben gefährden. Ist nicht der Tod Teil des großen Gleichgewichts des Universums?"

Di veränderte seine Angriffsstrategie: „Der Archivar behauptet nicht zu wissen, wer das im Traum erwähnte Opfer sein wird. Es kann sich also um jeden Bewohner der Gemeinschaft handeln. Den Prior … den Kellermeister … mich … oder Sie!"

Der Abt schluckte mühsam, fasste sich aber schnell wieder. Er glaubte kaum an seinen eigenen Tod und war bereit, sein Leben auf die Wahrscheinlich von vierzig zu eins zu setzen.

„Ich stelle die Wünsche des Himmels nicht infrage“, entgegnete er, und aus seinen Augen sprach die Entschlossenheit eines Märtyrers, der das Eingreifen der Schutzgötter vorhersieht. Di war versucht, dieser meisterhaften, eines erfahrenen Schauspielers würdigen Vorstellung zu applaudieren. In Wahrheit hätte der Abt seine ganze Familie auf dem nächstbesten Sklavenmarkt verkauft, wenn er dadurch die Möglichkeit bekommen hätte, in den kommenden Jahren erneut eine Heiligung vorzunehmen. Es war nicht himmlische Freude, die seine Augen leuchten ließ, sondern die Verheißung von Gold und Ehre, die ihm aufgrund eines solchen Ereignisses zuteil würde. In seiner Vorstellung sah er sich schon inmitten der angesehensten Persönlichkeiten stolzieren, Post vom kaiserlichen Hof erhalten, Korrespondenzen mit den größten Denkern des Reiches führen und Pilger aus allen Teilen des Landes am Fuße des Hügels empfangen, wo man eine richtige Stadt würde erbauen müssen, um all die Leute beherbergen zu können.

Das glückliche Lächeln auf den Lippen von *Unwandelbarkeit des Heiligen Weges* ließ keinen Zweifel an der Zukunftsvision, die er vor Augen hatte: Rund um den gesamten Felsvorsprung erstreckten sich die Dächer unzähliger Wohnstätten mit rauchenden Kaminen, verschiedene anständige Gasthäuser würden gebaut, eine breite und gut gepflasterte Straße würde zum Eingangstor ihres Heiligtums führen, auf der sich die Gläubigen drängten, begierig, den obersten Richtern ihren Glauben zu demonstrieren, deren herausragendste Verkörperung seine Ordensgemeinschaft darstellen würde. Im Geiste sah er, wie sich eine riesige Menge den Hügel hinauf- und hinunterbewegte. Solcher Art war das strahlende Bild, das einzig und allein in der Lage war, den Einfluss eines berühmten Heiligen zu verdeutlichen. Und zwar eines Heiligen, den sie längst verdient und vor allem ersehnt hatten.

„Wenn nun also ein Feuer im Kloster ausbräche, dann würden Sie Ihren Mönchen empfehlen, sich lebendig verbrennen zu lassen, wenn damit auch nur die geringste Hoffnung auf Ruhm verbunden wäre", folgerte der Richter düster. „Die Auswirkungen ihrer Entscheidung werden wir schon sehr bald zu sehen bekommen."

„Sie verstehen nichts", entgegnete der Abt. „Es gibt hier keine Wahlmöglichkeit. Der Weg ist vorgezeichnet, er führt immer geradeaus, nur Sie sehen das nicht."

Di sagte sich, dass sie bei der erstbesten unerwarteten Kurve wohl alle in den Abgrund stürzen würden.

„Stellen Sie sich vor", fuhr der Richter fort, „wie wenig meine Vorgesetzten darüber erfreut wären zu hören, dass sich mehrere verdächtige Todesfälle vor meiner Nase abgespielt haben, ohne dass ich etwas unternommen hätte, um die Ursachen zu klären. Ich unterstehe nicht den himmlischen Richtern, sondern der Verwaltung von Chang-an, die über alles auf dem Laufenden ist und sich bestimmt nicht mit schönen Predigten zufriedengibt."

„Bemühen Sie sich nur, im Einklang mit dem Himmel zu sein, der Rest ist unerheblich", entgegnete der Abt, der offenbar keinem irdischen Argument zugänglich war.

Di fühlte sich erschöpft; er verlor jede Hoffnung, ihn doch noch zur Vernunft zu bringen.

„Hoffen Sie nur, dass dieser Alptraum nicht Gestalt annimmt", warnte er.

Doch in den Augen des Abtes las er, dass dieser sich im Gegenteil nichts sehnlicher als die Verwirklichung des angekündigten Ereignisses wünschte.

Di verlor die Beherrschung. „Ich sage Ihnen etwas: Falls es in diesem Hause wirklich einen abgeschnittenen Kopf geben sollte, dann deshalb, weil hier irgendein Verrückter mit einer scharfen Klinge unterwegs gewesen sein wird. Diese Art von Verbrechen unterliegt dann meinem Aufgabenbereich, verstehen Sie! Und ich bin darin ebenso routiniert wie Sie, wenn Sie mit Krötengesabber und Staubwedeln gegen Dämonen vorgehen."

Der Abt war erstarrt und bleich wie Marmor. Nur in die Finger seiner rechten Hand kehrte Leben zurück, die einen Fächer entfalteten, um dann beständig darauf zu trommeln, was den Richter sofort unwiderstehlich an die erwähnten Staubwedel denken ließ. Verächtlich pfiff der Leiter des Klosters durch die Zähne.

„Sie täuschen sich hinsichtlich des Klosters. Gehen Sie doch zu den Wahnsinnigen von gegenüber! Hier soll es einen bewaffneten Verrückten geben? Da braucht man aber viel Fantasie, um sich das vorzustellen."

Er wollte wohl sagen, dass es unter ihnen höchstens einen dummen oder gar geisteskranken Richter gab, der imstande war, die Vision eines Mönchs heraufzubeschwören, der mit glühenden Augen und Schaum vor den Lippen in den dunklen Gängen herumlungerte, um einem Opfer aufzulauern, das er dann mit bereits vor Blut triefender Axt niedermetzeln würde.

„Jedenfalls", fuhr der Abt fort, „hat sich das Verhalten unserer Gemeinschaft seit Ihrer Ankunft sehr gebessert. Wann verlassen Sie uns?"

Di hatte nicht die Absicht, sich unter dem Vorwand, dass er Missfallen erregte, vor die Tür setzen zu lassen.

„Seien Sie sicher, ich werde exakt dann gehen, wenn ich diese Angelegenheit aufgeklärt habe."

Die Atmosphäre hätte frostiger nicht sein können. Di begriff nunmehr, dass er mit dem Abt nur seine Zeit vergeudete, und wandte sich zum Gehen.

„Wo wollen Sie hin?", quiekte der Leiter des Klosters in seinem Rücken. „Ich komme mit Ihnen, warten Sie."

Di verließ ohne zu antworten den Raum. Er nahm den Weg zur Bibliothek, wild entschlossen, diesen Archivar des Teufels zum Reden zu bringen, koste es, was es wolle, und so wortkarg er sich auch geben mochte. Er fragte sich, wie weit er in seiner Einschüchterung gehen konnte, ohne die Grenzen der Gastlichkeit zu überschreiten. Zweifellos musste er auf die Bambusschläge verzichten, die er in solchen Fällen in seinem Gericht anzuordnen pflegte.

Schritte ertönten hinter ihm. Er merkte, dass der Abt hinter ihm herlief, um zu verhindern, dass irgendetwas ohne sein Wissen geschah. Seine verblüfften Gehilfen folgten ihm wie Entenküken ihrer Mutter.

„Warten Sie!", rief der Abt, dessen enge bestickte Robe und sein für gewöhnlich langsames Gehabe nicht dafür gemacht waren, mit jemandem um die Wette zu laufen.

Di stellte sich taub und drang in den Tempel der Träume ein.

„Di", schrie jemand in seinem Rücken. „Hören Sie, wir müssen doch einen Kompromiss finden können!"

Der Richter drehte sich um, bevor er sich anschickte, die Treppe hochzusteigen. Der Abt war nur wenige Schritte von ihm entfernt; er wirkte dünn und zerbrechlich wie Glas. Jetzt, da dem Elan des Richters Einhalt geboten worden war, lebte der Geistliche wieder auf.

„Ich berufe mich auf das, was Sie hier in diesen Mauern sehen, um Sie zur Vernunft zu bringen!“, rief er und wies auf die vergoldeten Statuen der heiligen Träumer, die ihrem Wortwechsel mit ratlosen Augen folgten.

„Das, was Sie mir da zeigen wollen“, antwortete Di, „ist der von Ihren Vorgängern mithilfe Ihres Kultes angehäufte Reichtum. Niemand vermag es, den Weg der Justiz mit Gold zu versperren.“

Der Abt hielt es für nötig, erneut heftig mit seinem Fächer herumzuwedeln, wie um unangenehme Gedanken zu verjagen.

„Unser Gold“, keifte er, „ist das Zeichen unseres guten Rechts, die offenkundige Absegnung durch die obersten Richter. Ich verbiete Ihnen, auf unser Gold zu spucken!“

Di hielt die obersten Richter für reichlich materialistisch und nur allzu sehr mit den Reichtümern dieser Welt beschäftigt. Er fragte den Abt, was er unter einem „Kompromiss“ verstehe.

Jener hatte nie irgendeinen Mittelweg in Betracht gezogen, sondern lediglich den erstbesten Satz ausgerufen, um den Richter vom Erklimmen der Treppe abzuhalten. Jetzt rotierte sein Geist mit der Geschwindigkeit eines galoppierenden Pferdes.

„Ich schlage vor, dass Sie in Ihr Yamen nach Puyang zurückzukehren, während ich hier unter Beachtung unserer Regeln die Ermittlungen durchführen werde. Ich gehe davon aus, dass ich vom Archivar die Erlaubnis erhalte, einen flüchtigen Blick in eine unserer Truhen zu werfen; vielleicht ergibt sich dazu die Gelegenheit, während er einen neuen Traum niederschreibt … Ich werde Ihnen davon natürlich einen genauen Bericht zukommen lassen. Auf diese Weise müssten doch alle zufrieden sein. Was halten Sie davon?"

Di fragte sich, ob der Abt ihn für einen derartigen Armleuchter hielt, dass er glaubte, er würde in eine solchermaßen plumpe Falle stolpern. Mit gewaltiger Anstrengung versuchte er, ruhig zu bleiben, und begann zunächst damit, dem Abt für seine Bemühungen, einen Kompromiss zu finden, zu danken.

„Sie werden doch sicher verstehen, dass ich diesen Vorschlag nicht annehmen kann. Es kommt nicht infrage, dass ich diesen Fall aus einer Entfernung von zwanzig Meilen bearbeite. Ich sehe ein, dass Ihnen die Obliegenheiten eines Bezirksvorstehers genauso fremd sind wie mir Ihre Beschwörungsformeln oder die Riten der Dämonenvertreibung. Ich werde also vor Ort bleiben, um mich mit Ihren Verbrechern zu befassen, während Sie sich darauf beschränken werden, ihre unsichtbaren Kräfte anzurufen, derer Sie sich so gern bedienen. So werden unsere jeweiligen Schäfchen gut behütet sein."

Weil er schon immer in einer geschlossenen Gemeinschaft gelebt hatte, in der Gehorsam gegenüber allen Befehlen – also in diesem Falle seinen – unerlässlich und selbstverständlich war, fielt es dem Abt schwer, auf diesen unerwarteten Widerstand mit seiner gewohnten Schlagkraft zu antworten. Während er wie erstarrt zurückblieb und nicht verstehen konnte, wie ihm geschah, begab sich der Richter eilig zur Treppe und erklomm die wenigen Stufen, die zum Archivsaal führten.

Er vernahm kaum noch, wie im unteren Stockwerk eine klagende Stimme entsetzt „Di!" rief.

Der Archivar war jedoch nicht in der Bibliothek anzutreffen.

„Wo steckt dieser Mensch denn nun schon wieder?", fragte sich der Richter ungehalten. Er betrat den Raum des Geschichtsschreibers, der an seinem Schreibtisch saß. Kurz entschlossen packte Di ihn an den Schultern. „Wo ist der Archivar? Antworten Sie!"

Der Gelehrte stotterte, dass er nicht weit gegangen sein könne, angesichts der schwerwiegenden Verpflichtungen, die ihm am heutigen Tage bevorstünden. Di war bereit, das Gebäude vollständig zu durchsuchen, falls nötig. Auf der Treppe stieß er mit dem Abt zusammen, der dies ausnutzte, um ihn erneut zu bitten, sein Angebot zu überdenken. Di wischte das Gerede mit einer ungeduldigen Handbewegung beiseite und stieg höher hinauf.

Der Meditationssaal war immer noch derselbe schöne dunkle Raum mit den reichhaltigen Wandverzierungen. Die Silhouette eines Mannes im Schneidersitz war zu erkennen, der offenbar gerade eine Entspannungsübung machte. Di dachte, dass diese Mönche wirklich besessen waren von ihren Träumen, wenn sie nicht einmal von ihrer Meditation abließen, während sich ihr Haus in hellem Aufruhr befand.

Irgendetwas an diesem Mann glich den Heiligenstatuen. Als sich die Augen des Richters ein wenig an das Halbdunkel gewöhnt hatten, begriff er auch, woran das lag: Seine Kleider glitzerten leicht im schwachen Licht, das durch die Fenster hereindrang. „Jetzt kleiden sie sich schon in Gold", dachte er und schüttelte den Kopf.

Hinter ihm ertönte ein diskretes Pfeifen. Der Abt stand auf der Türschwelle und bedeutete ihm durch ein Zeichen, den Raum zu verlassen.

„Lassen Sie meine Söhne in Ruhe meditieren!", sagte er hauchend. „Haben Sie denn vor gar nichts Respekt, Sie Unglückseliger?"

Di wandte sich dem meditierenden Mönch zu, der noch keinen Laut von sich gegeben hatte. Er fragte sich, was für ein hochklassiger Traum das sein mochte, der ihn derart in Anspruch nahm.

„Entschuldigen Sie, wenn ich Sie stören muss", sagte er. „Haben Sie zufällig Ihren Archivar gesehen? Er hat mir etwas Wichtiges zu sagen."

Der Mann gab keine Antwort. Die weiterhin glitzernde Kutte irritierte den Richter, der nähertrat und in Höhe der Schulter zwei Finger auf den Stoff legte. Das Gewebe fühlte sich seltsam feucht an. Da betrachtete er seine Finger: Sie waren rot. Die Kutte war nicht goldgelb und auch nicht metallisch verziert: Sie war von oben bis unten durchnässt. Triefte vor Blut. War getränkt wie ein Schwamm.

„Sie sind mit der Hölle im Bunde!", zischte der Abt und wiederholte mit Gesten seine Aufforderung an den Richter zu verschwinden. Er überschritt die Schwelle und trat in den Saal, wild entschlossen, mit diesem Besucher ohne jegliches Benehmen eine aufrichtige, aber schmerzhafte Aussprache zu führen.

Di tippte leicht an die Kappe des vor ihm sitzenden Mönchs. Dieser schien mit dem Kinn ein Ja zu signalisieren, aber der Kopf hielt in der Abwärtsbewegung nicht inne – und löste sich vollständig vom Rumpf. Dann rollte er über das Parkett.

Die beiden Männer verharrten einen Moment erstarrt vor diesem abscheulichen Anblick.

„Nun! Was habe ich Ihnen gesagt?“, rief Di, als er sich wieder gefasst hatte. „Wenn Sie auf mich gehört hätten, wäre es nicht so weit gekommen. Wo ist jetzt also dieser Dummkopf von Archivar? Um nichts in der Welt wird er mich nun noch davon abhalten, diese verdammte Truhe zu öffnen! Oder ich lasse ihn in meinem Yamen einkerkern. Und zwar wegen Beihilfe zum Mord!“

Der Abt starrte mit einem Ausdruck unsäglichen Entsetzens auf den abgetrennten Kopf. „Ich glaube nicht, dass er Ihnen antworten wird, edler Herr Richter“, murmelte er.

„Das werden wir ja sehen! Und warum nicht?“

Unwandelbarkeit des Heiligen Weges schluckte mühsam. „Nun, weil das sein Kopf ist, der da auf dem Boden liegt“, antwortete er und wies mit einem zitternden Finger auf das, was jetzt nur noch ein lebloses Objekt war.

XIII

Richter Di rekonstruiert einen Mord;
er besiegelt einen Pakt.

Der bereits steif gewordene kopflose Körper verharrte weiterhin im Lotussitz – wie eine von den Barbaren zerstörte Buddha-Statue.

„Ich habe schon die übelsten Gegenden kennengelernt, in denen Mörder ihre Verbrechen in aller Offenheit begangen haben“, rief der Richter, „aber so was wie hier habe ich noch nie erlebt.“

„Ich muss mich setzen“, murmelte der Abt, der schwankte und sich mit einer Hand am Stuck der Wand abstützte.

Plötzlich waren laute Schreie zu hören. Einige Gehilfen, die neugierig auf der Schwelle erschienen waren, hatten die Szene erblickt und rannten nun heulend die Treppe hinunter.

Di machte sich an die Untersuchung des schönen Saales, der nun zum Schauplatz eines Verbrechens geworden war. Es gab keinen anderen Ausgang. Der Mörder hatte sowohl beim Kommen als auch beim Gehen die Treppe benutzen müssen. Aber in diesem Gebäude, das jeder Einzelne jeden Tag aus Hunderten von Gründen aufsuchte, achtete kein Mensch auf die, die da kamen und gingen, und schon gar nicht während solcher Festlichkeiten.

Bei all den Gläubigen, die kamen, um Kerzen zu Füßen der Heiligenstatuen anzuzünden, und den Träumern, die bemüht waren, ihre Visionen zu jeder Tages- und Nachtzeit niederschreiben zu lassen und schließlich den unterm Dach meditierenden Mönchen, wäre ein weiterer Ankömmling niemals aufgefallen, und hätte er sich auch noch so auffällig verhalten. Dieser Ort war so diskret wie eine Gaststätte inmitten einer Großstadt.

Di packte den Geschichtsschreiber, der sich vorsichtig mit auf die enthauptete Leiche gerichteten Augen und einer Hand vor dem Mund näherte. „Haben Sie hier während der letzten Stunden irgendetwas Beunruhigendes gesehen?", fragte er.

„Nein, edler Herr Richter", murmelte der Mönch. „Niemanden, außer Ihnen."

Es war unbedingt notwendig herauszufinden, zu welchem Zeitpunkt und mit welcher Waffe der Mord verübt worden war. Di wollte einen genaueren Blick auf die Verletzung werfen, aber die im Raum herrschende Dunkelheit verhinderte das. Er befahl deshalb umgehend, nach dem Doktor und dessen Arzneien zu schicken.

„Wie kann ich Eurer Exzellenz zu Diensten sein?", fragte dieser kurze Zeit später. „Plagt Sie etwa ein Leiden?"

„Nicht ich bin es, der untersucht werden muss, sondern er", antwortete der Richter und zeigte auf die beiden Teile des auf dem Boden liegenden Körpers. „Wie Sie sehen, ist es sehr unwahrscheinlich, dass ihn noch irgendein Leiden plagt."

Der Medizinmann zuckte zusammen und wurde blass, als er die reglosen Überreste entdeckte, die einst ihr Archivar gewesen waren.

„In Abwesenheit eines Leichenbeschauers", fuhr der Bezirksvorsteher fort, „wäre ich Ihnen dankbar, wenn Sie mir hierzu ihre Meinung sagen würden."

„Mit dieser Art … Unfall habe ich keine Erfahrung", sagte der Mönch. „So etwas ist nicht üblich hinter unseren Mauern. Ich habe noch nie …"

Sein Blick kreuzte den seines Vorgesetzten, der ihm bedeutete zu gehorchen.

„Nun, ich werde mein Bestes tun", versicherte der Doktor und wurde noch etwas blasser. Er machte sich an eine sorgfältige Untersuchung und gab währenddessen laut entsprechende Kommentare ab: „Der Kopf wurde vom Rumpf getrennt … mit einem scharfen Gegenstand … mit einer Klinge …"

„Wer hätte das gedacht, vielen Dank", sagte der Richter. „Wenn Sie uns dann bestätigt haben, dass er tot und verblutet ist, schließt sich der Kreis. Aber mich bringt das kein Stück weiter."

Der Arzt ließ sich eine Lampe geben, die er nah an die Leiche hielt. „Angesichts der Sauberkeit der Wunde würde ich davon ausgehen, dass der Kopf mit einem einzigen Hieb abgetrennt worden ist. Dafür hätte man entweder einen Säbel oder eine äußerst scharfe Axt benötigt. Diese Art Gegenstände kann aber nicht unbemerkt in ein Heiligtum wie das Unsrige geschafft werden. Ich kann Ihnen versichern, dass es in unserer gesamten Gemeinschaft keinen Einzigen gibt, der eine solche Waffe besitzt. Das gehört nicht zu der vorgeschriebenen Grundausstattung eines Exorzisten."

„Das ist doch mal ein interessanter Punkt", gab der Richter zu. „Haben Sie auch eine Meinung zu der Art und Weise, wie der Mörder vorgegangen ist?"

Der Arzneisachverständige überlegte einen Augenblick. „Der Lage des Körpers nach zu urteilen, würde ich sagen, dass sich unser Archivar für kurze Zeit zurückgezogen hat in dem Bemühen, durch Meditation seinen Frieden wiederzufinden. Diese feierlichen Tage sind für ihn besonders anstrengend. Sie wissen ja sicherlich, wie begierig unsere Besucher auf Traumlektüren des höchsten Niveaus sind."

Di war der Meinung, dies bereits verstanden zu haben, wobei er es für besser hielt, die Gründe nicht genauer zu hinterfragen.

„Der Mörder muss von hinten gekommen sein, von der Treppe aus", fuhr der Arzt fort. „Unser Archivar hatte ihm den Rücken zugewandt, er schaute in Richtung des Fensters. Er trat an ihn heran und tötete ihn mit einem einzigen Hieb, wie ich schon gesagt habe. Der genügte, um dem … um unserem unglücklichen Gelehrten den Kopf abzutrennen. Blut spritzte herum und tränkte die Kutte. Danach hat der Mörder den Kopf genommen und ihn mit der Absicht einer dramatischen Inszenierung wieder an seine ursprüngliche Stelle gesetzt. Das zeugt nicht gerade von gutem Geschmack und deutet, wie mir scheint, auf einen reichlich verwirrten Geist hin. Man sollte unseren Prior befragen, der über diese Dinge besser Bescheid weiß als ich, welcher Dämon ihm bei einer solch exzentrischen Aktion in den Sinn kommt … Vielleicht sollten wir schon mal eine Dämonenvertreibung einplanen."

Zum großen Leidwesen des Bezirksvorstehers kam der Liebhaber des Übernatürlichen in dem Wissenschaftler zum Vorschein.

„Das ist eine hervorragende Idee!", rief der Abt, der plötzlich wieder lebhaft wurde. „Ich werde eine Dämonenvertreibung erster Klasse mit allem Drum und Dran organisieren. Und wir werden nicht am Weihrauch sparen! Das Übel wird ausgetrieben, das versichere ich Ihnen!"

„Ich verbiete Ihnen, in diesem Raum auch nur den geringsten Firlefanz zu veranstalten!", brüllte der Richter. „Es kommt nicht in Frage, dass Sie am Ort des Verbrechens Chaos auslösen."

„Aber wir müssen ja gar nicht einmal vor Ort sein", erwiderte der Abt verärgert. „Der kleine Tempel eignet sich dafür bestens. Unser ‚Firlefanz' wird Ihre Untersuchung überhaupt nicht behindern, edler Herr Richter. Im Übrigen bin ich Ihnen für die Achtung, die Sie uns bisher entgegengebracht haben, dankbar."

Di befand, dass er die Besprechung damit beenden konnte. „Nun, sehr geehrte Brüder, dann danke ich Ihnen für die gute Zusammenarbeit. Aufgrund dieser wissen wir jetzt, dass der Archivar getötet worden ist, ohne dass irgendjemand seinen Angreifer gesehen hat, der im Grunde jeder hätte sein können, und dass er einen Gegenstand dabeigehabt hat, der in diesem Kloster nicht verwendet wird. Jetzt, da meine Untersuchung so weit fortgeschritten ist, glaube ich, sie allein weiter verfolgen zu können."

Er stieg hinunter zur Bibliothek, entschlossen, sich nun an die Auswertung der in den Truhen verwahrten Träume zu machen. Der Abt, der wohl erriet, was er vorhatte, folgte ihm sogleich, und der Geschichtsschreiber schloss sich an, da er ja von nun an für diesen Bereich verantwortlich war.

Die Sammlung des Archivs stapelte sich an drei Wänden vom Boden bis zur Decke. Di sagte sich, dass es genügen müsste, die Truhen der noch lebenden siebenunddreißig Mönche zu öffnen. Als er sich dem nächstgelegenen Regal näherte, um die Etiketten zu entziffern, stellte sich der Leiter des Klosters vor die Truhen wie ein menschliches Bollwerk.

„Niemals! Solange ich lebe!“

So wie die Dinge lagen, dachte Di, konnte dieses Hindernis schon bald beseitigt sein.

„Fordern Sie mich nicht heraus!“, entgegnete er.

Der Abt beschloss, die tausend Götter des taoistischen Pantheons – die Aufnahmekriterien waren offensichtlich nicht besonders streng – anzuflehen. Er hatte gerade einmal die ersten zehn Namen des Götterkatalogs aufgezählt, als es Di bereits endgültig reichte.

„Ich brauche einfach nur den Schlüssel“, sagte der Richter an den Geschichtsschreiber gewandt. „Wo hat ihn der Archivar aufbewahrt?“

„Am Ende einer Kette, die an … an seinem Hals hing“, antwortete der Gelehrte.

„Nun, dann wird es nicht schwer sein, ihn zu beschaffen. Holen Sie ihn bitte.“

„Ich, edler Herr Richter?“, jaulte der Geistliche mit tonloser Stimme.

Di machte ihm mit einer einzigen Geste unmissverständlich klar, dass er der Anordnung unverzüglich Folge zu leisten habe. Der Mönch ging mit unsicheren Schritten zur Treppe. Dann war das Geräusch eines Sturzes zu vernehmen. In den Minen der Angestellten, die noch nicht die Flucht ergriffen hatten, war zu lesen, dass der Geschichtsschreiber wohl in Ohnmacht gefallen war.

Erschrocken griff der Abt auf das letzte ihm noch zur Verfügung stehende Mittel zurück, um den Bezirksvorsteher davon abzubringen, den Anschlag auf seine geliebten Truhen zu verüben.

„Falls nötig, werde ich dem Kultusminister schreiben", quiekte er mit hoher Stimme. „So einfach kommen Sie mir nicht davon!"

Das Kultusministerium war weit weg; bis eine Antwort kam, konnten Wochen vergehen. Di vermutete, dass er genug Zeit haben würde, den Inhalt der Träume bis dahin auswendig zu lernen. Er musste sich allerdings eingestehen, dass es für ihn schwierig sein würde, seine Ermittlungen durchzuführen, wenn die maßgeblichen Zeugen, das heißt, die Mönche, nicht mit ihm kooperierten. Die Vorstellung, eine Glaubenskrise heraufzubeschwören, gefiel ihm auch nicht besonders. Ihm schien die Zeit für einen klugen Handel gekommen zu sein.

Er schlug dem daher Abt vor, die Unversehrtheit der Truhen zu achten, wenn ihm dafür im Gegenzug das Entgegenkommen der ganzen Gemeinschaft zugesichert würde, um das Rätsel zu lösen. Der Abt, durch diesen unerwarteten Umschwung erleichtert, versprach ihm bedingungslose Unterstützung ohne jegliche Hintergedanken.

Bezüglich der Hintergedanken wollte sich Di lieber keinen Illusionen hingeben; aber dieses Versprechen nahm er erst einmal gern an, und er würde nicht zögern, den guten Mann, so oft es nötig sein sollte, daran zu erinnern.

Er verspürte das Verlangen, nach draußen zu gehen, weg von den morbiden Ausdünstungen, die den Tempel verpesteten, und ging deshalb hinaus in den Hof. Die Sonne tat ihm gut. Die Pilger gingen an ihm vorbei, unberührt von der herrschenden Angst, denn sie wussten nichts von dem Drama, das sich soeben ereignet hatte. Di war schon immer fasziniert davon gewesen, wie groß der atmosphärische Kontrast zweier Orte sein konnte, die extrem nahe beisammen lagen und nur durch eine einfache Mauer voneinander getrennt waren. Eine dünne Wand reichte oft aus, den Schauplatz eines Verbrechens hermetisch abzuriegeln. Man konnte jemanden nur zwei Schritte entfernt von einer Menschenmenge auf entsetzliche Weise ermorden, während diese weiterhin ihren Aktivitäten nachging, als ob nichts passiert wäre. Das größte Leid war auch nicht leichter in Worte zu fassen als die kleinen Unannehmlichkeiten des Alltags. Ein Mord in einem geschlossenen Raum konnte genauso geheim gehalten werden wie die Gedanken des Mörders, verborgen hinter dessen Schädel. Man konnte ahnungslos an einem Verbrechen vorbeigehen, genauso wie man sich an eine beliebige Person wenden konnte, ohne auch nur einen Augenblick zu ahnen, dass es sich um einen Mörder handelte. Solange die Dinge sich so verhielten, würde sein Beruf seine Daseinsberechtigung beibehalten. Er war das Fenster zum Verbrechen und auch zum Hirn des Verbrechers.

Er bekam Lust, sobald seine Ermittlungen abgeschlossen waren – was bisher noch problematisch aussah –, eine kleine Reise an irgendeinen ruhigen Ort auf dem Land zu unternehmen. Er spürte, dass dieses Bedürfnis durch die omnipräsenten Mauern ausgelöst wurde und mit diesem abgeschotteten und tödlichen Ambiente zusammenhing. Ihm fehlte die große Weite, die Einsamkeit ebenfalls. Es war sogar schon so weit gekommen, dass er fast hoffte, der verrückte Mörder würde noch eine größere Zahl von Mönchen um ihn herum beseitigen: Das würde Platz schaffen. Letztlich konnte er sich schon vorstellen, wie die Angelegenheit in einem Duell zwischen ihm und dem Mörder entschieden würde, den einzigen beiden interessanten Persönlichkeiten vor Ort, in einem Kloster, das der Tod menschenleer hinterlassen hatte.

Gefolgt von einer Schar verdutzter Gehilfen schritt der Abt an ihm vorbei, um zu seinen Gemächern zurückzukehren. Der Klostervorsteher war der Meinung, dies sei eine gute Gelegenheit, ihm noch mal einige Anweisungen zu geben: „Ich rechne damit, edler Herr Richter, dass Sie über all das Stillschweigen bewahren. Es ist nicht nötig, unsere lieben Gäste zu beunruhigen. Verstehen Sie mich?“

Der Richter begriff nur allzu gut. Der Abt hatte kein Interesse daran, dass seine Pilger panikartig ihr Gepäck zusammenrafften, um von diesem verruchten Ort zu fliehen, um ihm auch im kommenden Jahr sicherlich fernzubleiben. Er wollte nicht den Ruin der kleinen Handelsaktivitäten herbeiführen und stimmte also zu. Di hatte ohnehin nicht vorgehabt, sich ein Sprachrohr zu schnappen, um den Neugierigen zu verkünden, das sich nahezu vor ihren Augen ein entsetzliches Verbrechen abgespielt hatte. Das erinnerte ihn an seine ersten Ermittlungen in der Hauptstadt, als er noch im Ministerium beschäftigt gewesen war. Damals hatte es auch immer irgendeinen Vorgesetzten gegeben, der ihn mit Ratschlägen zur Mäßigung und Diskretion überhäufte, die gleichermaßen kränkend als auch unnötig gewesen waren.

Endlich allein setzte er sich auf den Sockel einer Säule, um ein wenig nachzudenken. Es war an der Zeit, die verschiedenen Erkenntnisse zusammenzufassen, über die er bisher verfügte. Obwohl das Kloster derzeit mit Pilgern überfüllt war, konnte man davon ausgehen, dass der Schuldige einer der Dauergäste war, also einer der Mönche, so seltsam dies auch erscheinen mochte. Einer von ihnen, vom Wahnsinn befallen, hatte sich darangemacht, seine Brüder in Stücke zu zerlegen. Darüber hinaus schien ein dunkles Geheimnis jene, die das Schwert nicht ereilte, in den Selbstmord zu treiben. Andere Fakten waren, dass das Vorhaben des Mörders angekündigt worden war, dass es sich bei ihm um einen skrupellosen Mann handelte und dass sein Motiv bislang völlig unbekannt war. Dies ähnelte keinem gewöhnlichen Kriminalfall, dachte Di, sondern eher einem Rätsel für angehende Bezirksvorsteher, ersonnen von einem strengen Lehrmeister.

Wenn da nicht die entsetzte Reaktion der Mönche gewesen wäre, hätte er fast davon überzeugt sein können, dass es sich hier um eine Verschwörung der ganzen Gemeinschaft handelte, angezettelt mit dem perversen Ziel, Werbung zu machen. Der Abt sah jedoch nicht so aus, als gefiele ihm der Gedanke, dass sein Kloster von nun an in dem Ruf stehen könnte, die gefährlichste Mördergrube der ganzen Gegend zu sein.

Der Gerichtsschreiber, der noch ganz grün im Gesicht war und dem man ansah, dass er erst vor Kurzem seinen Magen entleert hatte, näherte sich verlegen. Er entschuldigte sich, dass er den Richter mitten in seinen Überlegungen störte, und teilte ihm mit, dass der Prior wissen wolle, ob man den Toten diskret in die Andachtskapelle schaffen dürfe, um ihn für die Aufbahrung vorzubereiten.

Di antwortete, dass sie dies tun könnten, bat sie aber, im Inneren des Meditationssaales auf keinen Fall etwas zu verändern. Das Einfachste war im Übrigen, alles zu versiegeln – so wie er es bei einem Mord in seiner Stadt angeordnet hätte.

„Lassen Sie meinen Sekretär holen“, befahl er, „und sagen Sie ihm, dass er mein amtliches Siegel mitbringen soll.“

Tao Gan erschien bereits einige Minuten später mit dem Siegelring aus Karneol, von dem sich sein Herr niemals trennte. Letzterer zog das Symbol seiner Autorität aus seinem Brokatetui hervor. Sein Sekretär strich etwas weiches Wachs auf eine Papierrolle, mit der er den Eingang zum Saal verschloss. Der Bezirksvorsteher brachte seinen Abdruck darauf an, und sogleich konnte jeder die beiden Zeichen lesen, die *Der Gerichtshof von Richter Di* bedeuteten.

Nachdem diese Formalität erledigt war, stiegen die beiden Männer wieder die Treppe hinab. Der Richter fragte sich erneut, wer in diesem Gebäude zu seinem persönlichen Gebrauch über ein großes Schneidewerkzeug verfügen mochte. Da waren zum Beispiel die Brüder, die in der Küche arbeiteten, sicher auch der Gärtner, der Bäume abholzen musste. Oder die Hersteller der Zaubereimittelchen, die ihre Schweinereien zerhacken mussten. Kurz gesagt, auf gewisse Weise kamen alle infrage, und dabei hatte er noch nicht den Bruder Arzt einbezogen, der in seiner Interpretation des Mordes sehr wohl hatte lügen und sein Opfer sorgfältig mit dem Skalpell zerteilen können. Ungeachtet dessen, was dieser Mann gesagt hatte, war es einfacher, all jene auszuschließen, die hingegen keinerlei Zugang zu Waffen dieser Art hatten. Was aber die Gruppe der bewaffneten Kerle betraf, so dachte Di besonders an Bruder Gao, den Bekämpfer des Feuers; der besaß sicher auch ein solides Beil, um etwa wacklige Balken abzureißen oder verschlossene Türen einzuschlagen.

Plötzlich aus seinen Gedanken gerissen, bemerkte Di, dass das Kleid seines Sekretärs am unteren Saumende versengt war. Er sagte sich, dass sein treuer Diener, der gewöhnlich wie aus dem Ei gepellt aussah, ihren Landaufenthalt nutzte, um sich gehen zu lassen. Dann aber erinnerte er sich, dass er ihm aufgetragen hatte, sich im

Brandschutz fortzubilden. Die entsprechenden Übungen hatten anscheinend Spuren hinterlassen. Außerdem glaubte er, einen leichten Geruch von geröstetem Schweinefleisch wahrzunehmen.

„Gibt es heute Abend Schweinefleisch?“, fragte er.

„Ich weiß es nicht, edler Herr Richter“, antwortete Tao Gan. „Ich habe mich am Vormittag von Bruder Gao unterweisen lassen. Dabei habe ich all das gelernt, was man im Kampf mit dem Feuer braucht. Ohne meine ergebene Person zu schonen, um es in aller Bescheidenheit zu sagen.“

Er nahm seine Kappe ab, und Di bemerkte mehrere teilweise angesengte Haarlocken in seinem Haarknoten. Im selben Moment identifizierte er die Quelle des Geruchs nach geröstetem Schweinefleisch, der seine Nasenflügel kitzelte.

Tao Gan nutzte die Gelegenheit, um Bericht zu erstatten. Er war dem geschwätzigen Brandsachverständigen keinen Moment von der Seite gewichen, was dem Mönch ein Alibi verschaffte, es blieben also sechsunddreißig Verdächtige. Aber wenn Bruder Gao unschuldig war, so konnte sein Beil trotzdem mit dem Verbrechen zu tun gehabt haben.

Di interessierte sich daher für das Werkzeug: „Ist es scharf genug, um damit einen Kopf vom Rumpf zu trennen?“

Tao Gan, der über die neuesten Entwicklungen nicht auf dem Laufenden war, runzelte die Brauen: „Diese Frage habe ich mir nicht gestellt, edler Herr Richter, entschuldigen Sie. Ich werde das aber überprüfen, sobald ich es das nächste Mal in der Hand halte.“

„Es ist jedoch nicht notwendig, dies gleich an einem der Mönche zu testen“, sagte der Richter.

Falls Tao Gan diesen Einfall ernst genommen hätte, wären Di schon einige Kandidaten eingefallen, die er für ein solches Experiment vorgeschlagen hätte.

XIV

Richter Di bemerkt, dass die Mönche einander folgen und sehr ähnlich sind; er durchschaut die Entstehung eines Wunders.

Di traf, während er durch das Kloster streifte, auf immer mehr Mönche, die mit bestürzten Gesichtern miteinander flüsterten. Augenfällig verbreitete sich die Nachricht des Mordes. Den Richter ärgerte daran jedoch am meisten, dass diese Männer immer wieder vielsagende Blicke zu ihm warfen. Sie konnten es sich nicht verkneifen, die zwei Ereignisse miteinander in Verbindung zu bringen: den schrecklichen Tod eines der ihrigen und die Anwesenheit eines Fremden, eines nicht-geistlichen Störelements, dem sie keinerlei Gehorsam schuldeten und der, von einer verdächtigen Zentralmacht geschickt, es zufälligerweise gewohnt war, mit dieser Art tragischer und unerklärlicher Ereignisse umzugehen. Von da aus bis zu dem Gedanken, der Richter könne in geheimem Auftrag gesandt worden sein, um ein unabhängiges Kloster zu destabilisieren, dessen Wagemut die obersten amtlichen Stellen wohl störte, war es nur ein kleiner Schritt. Sie fühlten sich wie mutige Philosophen, unterdrückt von einer ungerechten Regierung. Was die Bestürzung der Mönche betraf, so bezog der Richter diese nicht auf das Verbrechen selbst, sondern auf ihre Ungewissheit, was aus all den schönen und glanzvollen Träumen werden sollte, die sich, wenn man ihnen Glauben schenken durfte, nahezu täglich einstellten.

Der Verlust des Archivars war eine Katastrophe für die Gemeinschaft. Obwohl er im Kloster recht bescheiden untergebracht gewesen war, so hatte er doch ein unentbehrliches Glied der Traumkette dargestellt. Ohne ihn gab es keine Eintragungen mehr, keine Erinnerung und keine Hoffnung auf weitere Heilige. Sie waren nichts mehr als leere Schalen, deren Inhalt sich, kaum dass er Form angenommen hatte, wieder auflöste. Der Archivar war das Granitgestein gewesen, in das sie gewöhnlich all ihre bemerkenswerten und aufwühlenden Gefühle eingeritzt hatten, die ihnen in der Nacht gekommen waren.

Erstmals rückten die Feierlichkeiten an die zweite Stelle. Das Kloster wirkte wie ein Dorf, das sich anschickte, das Neujahrsfest zu feiern, dabei aber plötzlich feststellen musste, dass die Getreidespeicher brannten: Knallkörper, Papier- und Luftschlangen lagen bereit, doch die Hälfte der Dorfbewohner hatte nichts anderes im Sinn, als Eimer mit Wasser zu beschaffen, um den Brand zu löschen, und die andere Hälfte fragte sich, was sie im kommenden Winter essen sollten. So gab es nun keine dringlichere Aufgabe, als einen Ersatz für den enthaupteten Archivar zu finden, weniger um die kleinen Fantastereien jeder aufzuschreiben, als um sie alle zu beruhigen. Dies sollte schnellstmöglich stattfinden, das Niederschreiben neuer Träume durfte für keinen einzigen Tag unterbrochen werden.

Ungeachtet der Versprechen, die man ihm gegeben hatte, befand Di sich plötzlich in der Situation, dass er nirgends einen der Verantwortlichen anzutreffen vermochte. Alle waren zu einer Versammlung bei ihrem verehrten obersten Gebieter gerufen worden. Nachdem einige Zeit, die ihm geradezu endlos vorkam, vergangen war, sah er, wie die Prominenz des Klosters in Begleitung einer kleineren Gruppe junger Mönche erschien, die mehr oder weniger verdrießlich aussahen.

Der Prior fasste für den Richter die eben erfolgten Diskussionen zusammen. Der Posten des Archivars war vorläufig dem besten Schüler des Verstorbenen anvertraut worden, die letztendliche Bestätigung würde aber erst später erfolgen, wenn abzusehen war, dass er seinen Dienst zufriedenstellend ausübte, was man sich allgemein erhoffte.

Di ließ sich den glücklich Auserwählten zeigen. Er kam ihm schwächlich vor, aufgrund seiner Studien hatte er bereits einen krummen Rücken; er war in keinster Weise eindrucksvoll. Eine Stimme – zweifellos von irgendeinem fiesen Geist, der einem Exorzismus entkommen war – flüsterte ihm zu, diesen neuen Hüter der Träume umgehend aufzusuchen, um zu schauen, ob er nicht doch einen Blick in seine Truhen werfen konnte, natürlich „unter Wahrung des allergrößten Respekts gegenüber den Regeln der Gemeinschaft". Er beeilte sich, diesbezüglich Klarheit zu gewinnen.

Der Nachfolger des Archivars befand sich allein in der Bibliothek, seinem neuen Königreich, und war gerade dabei, ein kurzes Zeremoniell für den Verstorbenen zu veranstalten, dessen Platz er eingenommen hatte. Di beobachtete, wie er Weihrauch verbrannte und kleine Glocken läutete, wobei er unentwegt Sühnegebete summte. Dieser junge Mann schien ihm auf dem Weg zu den Pergamentrollen kein unüberwindbares Hindernis zu sein. Er beäugte ihn mit dem lauernden Blick des Wolfes, der ein verlorenes Lamm taxiert.

Der Richter stürzte sich in dem Moment auf seine Beute, in dem diese ihre Andacht beendet hatte; er begann damit, dass er dem Mönch die üblichen Komplimente zu seiner Ernennung machte. Als er spürte, dass er ausreichend weich gekocht war, ließ Di seine Tirade über die Klosterregeln ab, die doch sicherlich nicht unvereinbar waren mit einer schnellen und respektvollen Konsultation der in den wertvollen Truhen enthaltenen Träume. Der junge Gelehrte zuckte nicht einmal mit der Wimper.

„Gewiss, edler Herr Richter", antwortete er dann mit ausgesucht höflichem Lächeln. „Sobald ich tot bin, können Eure Exzellenz alle Prüfungen durchführen, die Sie nur wollen. Ich fürchte nur, dass dies, solange auch nur ein Hauch Leben in mir ist, unmöglich sein wird."

Als Di begriff, dass dieser lächelnde Dummkopf ihm soeben eine deutliche und endgültige Abfuhr erteilt hatte, war er sich bei Weitem nicht mehr so sicher, dass er von dem Personenwechsel profitieren würde. Er rief dem Widerspenstigen in Erinnerung, dass der Abt seinen Untergebenen aufgetragen hatte, ihm jede mögliche Hilfe zu gewähren.

„Diese Entscheidung hat *Unwandelbarkeit des Heiligen Weges* uns tatsächlich mitgeteilt, edler Herr Richter. Ich glaube mich jedoch dessen zu entsinnen, dass die Gegenleistung unserer Vereinbarung in der Unversehrtheit der Truhen bestand. Wäre es denkbar, dass mir da irgendeine Einzelheit entgangen ist?"

Di hätte ihn am liebsten eigenhändig erwürgt und war kurz davor, das Verbrechen anschließend dem Mörder anzuhängen, der innerhalb dieser Mauern sein Unwesen trieb. Diese Lösung verdrängte er aber wieder. Es blieb ihm nur noch zu hoffen, dass der Mörder den jungen Mann als sein nächstes Opfer auserwählte und seine Vorgesetzten sich endlich gezwungen sähen, Vernunft anzunehmen.

Der Richter schickte sich an, die Treppe hinabzusteigen, immer noch voller Mordgelüste. Da hörte er, wie ihn jemand halblaut anrief. „Pst!", machte es hinter seinem Rücken. Er drehte sich um und sah den Geschichtsschreiber, der ihm durch ein Zeichen bedeutete, ihm in seinen Arbeitsraum zu folgen.

„Kann ich Eure Exzellenz kurz sprechen?", flüsterte der Gelehrte und verschloss sachte die Tür hinter ihnen.

Der Archivar habe ihm ein paar Dinge erzählt, bevor er sich auf den Weg zum Meditationssaal machte, von dem er nie mehr zurückgekehrt war. Er sei ihm reichlich verwirrt vorgekommen. Di ermahnte den Mann, ihm jede Einzelheit genau zu schildern. Laut dem Geschichtsschreiber hatte sich der Gelehrte in letzter Zeit mit jedem der kleinen Wunder immer besorgter gezeigt. Bei dem ersten sei er noch völlig überrascht gewesen. Die beiden folgenden habe er dann scheinbar schon als eine Art fatalistische Demonstration betrachtet. Beim Tod von Bruder Mo, dem Selbstmörder auf der Klostermauer, habe es ihm vor Verzweiflung die Sprache verschlagen. Bis schließlich das Dahinscheiden des Chorleiters ihm den Rest gegeben habe. Und an diesem Morgen habe er es an seinem Platz dann nicht mehr ausgehalten. Dabei sei er doch ein Mann mit starken Nerven gewesen, der zudem gewöhnt war, sich die unsinnigsten Wahnvorstellungen anzuhören, die seinen Brüdern durch die Köpfe gingen. Er habe sich nie leicht aus der Fassung bringen lassen.

Von seinem Raum aus hatte der Geschichtsschreiber unzählige Male Gelegenheit gehabt, den Lektionen zu lauschen, mit denen sein Kamerad die jungen Mönche überhäufte, die er für seine Nachfolge ausbildete. Gegen seine Glaubenspflichten verstoßend kam es manchmal vor, dass der Gelehrte vertrauliche Mitteilungen hinsichtlich der Träume einiger Mönche fallen ließ, wenn diese denn keinerlei Folgen nach sich zu ziehen schienen und davon auszugehen war, dass sie auch nicht zur Heiligkeit des jeweiligen Träumers führen würden.

„Unser bedauernswerter Verstorbener glaubte an die Ausbildung mittels Beispielen. Er sprach mit ihnen wie er es mit einigen unserer Brüder tat, wenn sie mit Träumen ankamen, die gegen die Moral verstießen, die er als Archivar aber gezwungen war aufzuschreiben. Das Gewissen macht die Hälfte des Problems aus, das sich in diesem Amt stellt, edler Herr Richter. Unser Freund hatte mitunter das Gefühl, genauso sehr dafür zu sein, dass unsere Mönche ihren Geist entlasten konnten, wie zur Niederschrift ihrer Träume. Das hat er jedenfalls oft gesagt."

Zufrieden stellte Di fest, dass er der Einzige gewesen war, dem man hartnäckig den Zugang zu den wohl doch nicht so gut behüteten Geheimnissen verwehrt hatte. Daher fragte er seinen Gesprächspartner, den ersten Zeugen, der sich ein klein wenig kooperativ zeigte, was sich seiner Meinung nach am Tatort zugetragen haben konnte.

„Ich denke, dass ein Dämon in unserem Kloster haust und regelmäßig im Raum nebenan Beichte ablegt", wisperte der Mönch. „Und heute hat er seinen Beichtvater mit in die Hölle genommen. Meinen armen Bruder! Was für ein tragisches Schicksal!"

Das war eine Erklärung, die der Richter nicht in Betracht gezogen hatte. Wenn all die Verbrecher, deren Untaten er aufgeklärt hatte, dem Schoß der Erde entsprungene Dämonen gewesen wären, hätte er weit weniger Urteile verhängen müssen.

„Deshalb müssten diese Vorgänge jetzt eigentlich von selbst aufhören", folgerte der Geschichtsschreiber mit naiver Erleichterung. „Kein Dämon mehr, keine Qualen mehr."

„Glauben Sie?", fragte der Richter, indem er dem Beispiel seines Zeugen folgend die Stimme dämpfte. „Und wenn Ihr Dämon einzig und allein den Archivar zur Hölle geschickt hat? Wenn er hiergeblieben ist, um mit seinen Gewalttaten fortzufahren?"

„Dann wären wir verloren, edler Herr Richter", sagte der Mönch und zuckte entsetzt zusammen.

Di legte teilnahmsvoll eine Hand auf die Schulter des armen Verstörten, dessen Hoffnung auf Sicherheit er soeben zerstört hatte, dann zog er sich zurück. Er musste aus diesem Wust an schockierendem Aberglauben doch auch irgendetwas Nützliches ziehen können. Die Überzeugungen, zu denen Di bereits gelangt war, hielt er für unumstößlich: Der Archivar, dem die Ereignisse zuvor angekündigt worden waren, hatte die jeweiligen Wunder zunächst als Zeichen aufsehenerregender Heiligkeit betrachtet und sich darüber gefreut. Da sie aber von Mal zu Mal dramatischere Formen annahmen, hatte er schließlich eine andere Art Ursache befürchtet, vielleicht dämonischer, jedenfalls aber unheilvoller Art. Di war davon überzeugt, dass der Mörder mit dem Unglücklichen Katz und Maus gespielt hatte, aus einem Grund, den er bislang noch nicht kannte. Er hatte schon manches Mal bemerkt, wie ein Verbrechen so schwer auf der Seele eines Verbrechers lastete, dass dieser eine andere Person ins Vertrauen zog, wen auch immer, einen Angehörigen, einen Unbekannten, seine Ehefrau oder den eigenen Hund. Das Prinzip der klösterlichen Beichte hatte ihn auf ganz logischem Wege dazu veranlasst, den Archivar zu wählen, um diesen Zweck zu erfüllen. Dem Richter war andererseits noch nie ein Fall untergekommen, bei dem ein Mörder seine Taten gebeichtet hatte, noch bevor er sie beging! Dieser Fall wäre es wert – sollte er ihn lösen –, in die Annalen des Ministeriums einzugehen.

Di befand sich erneut im Hof, als eine merkwürdige Prozession vorbeikam. Der Abt marschierte am Kopf einer Gruppe von Mönchen, die prunkvolle Festtagskleidung trugen, die Arme voller unterschiedlichster Utensilien. Der Leiter des Klosters hatte seine eigenen Methoden, die schlechten Triebe zu bekämpfen, die die Menschheit ruinierten. So war ihm die Idee gekommen, eine spiritistische Séance zu veranstalten, um sich direkt an den toten Archivar zu wenden, damit dieser ihm den Namen seines Mörders mitteilte.

Di fand, dass dieser Einfall von ausgezeichneter Einfachheit war. Wieso war er ihm nicht schon früher gekommen? Das war doch ein hervorragender Gedanke! Nicht, dass er sich von der Zeugenaussage des Verstorbenen etwas Großartiges erwartete – eine verschwindend geringe Anzahl Toter hatte sich bis jetzt an seinem Gericht eingefunden, um ihm die Arbeit zu erleichtern –, diese Sitzung aber würde den guten Mann eine Zeitlang beschäftigen und Di ermöglichen, sich frei zu bewegen, um die Ermittlungen auf seine Art durchzuführen.

„Fragen Sie ihn doch bitte, welche Truhe die richtige ist, wenn Sie schon einmal dabei sind. Sie wären mir damit sehr zu Diensten“, rief Di dem Verfechter jenseitiger Gespräche zu.

Der Abt war versucht, diesen Ungläubigen, der ihre Möglichkeiten untergrub, eine ergiebige Verbindung zum Jenseits herzustellen, aus seinem Kloster hinauszuwerfen. Trotzdem beschränkte er sich darauf, seinen Weg fortzusetzen, zurückgezogen auf den seiner Stellung gebührenden Stolz, mit verkniffenerem Gesicht als je zuvor.

Di sah zu, wie die kleine Gruppe mit all ihrem Zubehör aus Statuetten, Kerzen und unterschiedlichsten Instrumenten im Pavillon der Träume verschwand. Der Abt erinnerte ihn an einen Scharlatan, der das Pech hatte, an seine eigenen faulen Tricks zu glauben. Gerade als er dachte, er sei ihn für einen Moment losgeworden, sprang *Unwandelbarkeit des Heiligen Weges* aus dem Gebäude wie ein Kobold aus seiner Höhle und packte ihn am Arm.

„Ich weiß, wer der Schuldige ist! Ich habe ordentlich nachgedacht und die Lösung ist mir in all ihrem Glanz erschienen. Dazu brauchte es nicht einmal einen Traum.“

„Kann ich Eure Heiligkeit in aller Bewunderung nach dem Namen des Mörders fragen, den ich mit solcher Ungeschicklichkeit bis zur Erschöpfung herauszukriegen versuche?“, fragte der Richter.

„Es waren ganz sicher die Nonnen von gegenüber. Sie haben sich etwas Neues einfallen lassen, wie sie uns quälen können. Sie haben sich bei uns eingeschlichen, als Novizen verkleidet, und murksen meine Männer mit ihren perversen weiblichen Methoden ab!“

Di wies ihn bescheiden darauf hin, dass besagte Methoden den Kampf mit bloßen Fäusten oder Stöcken und nicht die Handhabung des Säbels beträfen. Andernfalls hätten sich seine Mönche nicht über Unterleibsschmerzen beschwert, sondern wären schon längst zu Eunuchen geworden. Er war sich im Übrigen nicht sicher, ob eine Frau, so wild sie auch sein mochte, über die notwendige Kraft verfügt hätte, einen knochigen Archivar mit einem einzigen Schlag zu enthaupten.

„Sie kennen sie ja nicht!", schrie der Abt. „Sie werden von dunklen Mächten unterstützt! Sie sind zu allem fähig! Wenn die Nacht hereinbricht, verwandeln sie sich in Füchsinnen und terrorisieren die Umgebung, in der Hoffnung, meine armen Söhne in ihre Fallen zu locken."

„Und wozu sollte das gut sein, bei allen Göttern?"

Der Abt warf ihm einen Blick zu wie einem Kind, dessen naive Fragen den Eindruck vermitteln, dass es vielleicht noch etwas zu früh ist, ihm die ganze Wahrheit über die Dinge des Lebens zu enthüllen. „Sie wissen doch sehr gut, edler Herr Richter", raunte er mit beschwörenden Gesten, „dass sie sie mit ihren dämonischen weiblichen Reizen vom Weg der Heiligkeit abbringen wollen …"

Di sagte sich, dass es am logischsten, wenngleich am grausamsten wäre, diesen armen Menschen in dem Heim für Geisteskranke einzusperren, das jene Damen unterhielten. Dort wäre er mindestens so gut aufgehoben wie an der Spitze dieser Gemeinschaft von komischen Käuzen, die von der Verdammnis und Verderbtheit anderer besessen waren.

Er begriff sehr schnell, dass ihm der Abt fast ebenso misstraute wie den Füchsinnen, die sich angeblich in der Umgebung herumtrieben. Er vernahm von Zeit zu Zeit das diskrete Rutschen von Filzschuhen auf den Steinböden. Als er sich umdrehte, nahm er gerade noch wahr, wie einige safrangelbe Rockschöße hinter den Säulen verschwanden. „Das hat gerade noch gefehlt!“, dachte er. Ein neuer glänzender Einfall des Abts war es gewesen, ihn von Spionen überwachen zu lassen, zweifellos aus Angst, dass er weitere heilige Regeln verletzen könnte, womit er riskierte, das offensichtlich ach so delikate Gleichgewicht der Gemeinschaft zu gefährden. Er würde seine Schutzengel bei der erstbesten Gelegenheit abschütteln, dachte sich Di, sobald es notwendig sein sollte. Dies war derzeit nur noch ein Haus des Gemurmels und der verstohlenen Blicke. Er hatte nicht mehr das Gefühl, an einer heiligen Stätte zu verweilen, sondern ein Praktikum an einer von der kaiserlichen Verwaltung geführten Polizeischule abzuleisten. Der Richter hatte ihnen gegenüber zum Glück den Vorteil seiner Berufserfahrung.

Der Abt kam offensichtlich enttäuscht von seiner Unterredung mit den Geistern wieder heraus. Aus den Manen des Archivars war nichts herauszuholen gewesen: Wie es auch der Medizinmann schon erklärt hatte, konnte der Unglückliche seinen Angreifer nicht sehen, da dieser in seinem Rücken aufgetaucht war. Was die Dämonen betraf, die die Wahrheit über alles und jeden wussten – sie wollten keine Partei ergreifen.

„Da sind wir nun!“, sagte Di. „Wir haben kein Glück! Und wir können sie noch nicht mal mit der Peitsche zum Sprechen bewegen, wie ich das für gewöhnlich vor meinem Gericht zu tun pflege. Die Welt der finsteren Mächte ist weniger wohl geraten als unser Gerichtswesen.“

Der Leiter des Klosters stieß einen tiefen Seufzer aus, ohne dass Di hätte bestimmen können, ob er damit sein Bedauern über die so schwierige Verständigung mit den okkulten Kräften ausdrückte oder die Verärgerung über die Ironie seines immer weniger willkommenen Gastes.

Der Richter wurde sich der Tatsache bewusst, dass er hier eine Prozedur vernachlässigt hatte, auf die er bei Ermittlungen in gewohnter Umgebung niemals verzichtet hätte. Er musste unbedingt die persönlichen Dinge von Bruder Mo untersuchen, des Selbstmörders vom ersten Tag. Di erkundigte sich also, was damit geschehen sei. Die Familie war noch nicht erschienen, um sie abzuholen, daher lagen sie noch immer in einem Koffer, verborgen in einem Schrank in der Garderobe der Mönche. Er begab sich sogleich dorthin, gefolgt von seinem Sekretär.

Während der Richter aufmerksam dessen Bewegungen beobachtete, zog Tao Gan überrascht eine zur Hälfte abgebrannte Fackel und ein Fläschchen Alkohol aus besagtem Koffer, zwei Gegenstände, die viel eher zu einem Pyromanen als zu einem friedliebenden Mönch gepasst hätten. Dann entdeckten sie die Reste eines unvollendeten Briefes, in dem der Selbstmörder versuchte, einem Verwandten seinen verzweifelten Zustand mitzuteilen. Es ging darin um eine gewisse Person, die ihn unter Druck gesetzt und bedroht habe, um ihn dazu zu bringen, strafbare Handlungen zu begehen.

Di dachte darüber nach, dass die meisten Brüder die kleinen Geheimnisse des armen Mo vermutlich gekannt hatten, insbesondere seine starke Leidenschaft für einige seiner Kameraden. Die Geheimnisse, Drohungen und das Fläschchen Alkohol hatten geradewegs zum Brand der Statue des Gottes Cori geführt. So hatte wenigstens eines der Wunder keinerlei göttlichen Eingreifens bedurft.Di drehte sich zu Tao Gan um, der die Gegenstände wieder im Koffer verstaute.

„Die Kommunikation in diesem Kloster funktioniert derart gut, dass ein Mönch mit einem Problem es vorzieht, sich umzubringen, statt sich an seinen obersten Vorgesetzten zu wenden."

XV

Richter Di vernimmt die Worte einer Gottheit;
er hört einem Heiligen zu.

Getrieben von einer plötzlichen Eingebung stieg Di die Treppe zum Pavillon wieder hoch, statt hinab. Da er sich dringend in Ruhe auf die bisher so verstreuten Fakten seiner Ermittlung konzentrieren musste, war es da nicht am besten, sich an den Ort zu begeben, der zu diesem Zwecke geschaffen war? Er zerriss die Papiersiegel, die er selbst erst vor einigen Stunden an der Tür angebracht hatte, und betrat erneut den schönen, dunklen Raum, in dem die Mönche jene Tagträume hervorzubringen versuchten, die ihnen während der Nacht verwehrt geblieben waren. Das Blut auf dem Parkettboden war inzwischen eingetrocknet. Die Fensterläden ließen nur kleine Lichtflecke durch. Die Augen des Richters brauchten einige Zeit, um sich an das Zwielicht zu gewöhnen, bevor sie einzelne Konturen im Raum ausmachen konnten.

Auf den Sofas lagen mehrere Kissen, auf denen man es sich bequem machen konnte. Di baute sich einen gemütlichen Sessel, indem er zwei davon unter sein Gesäß schob sowie ein drittes zwischen seinen Rücken und die Lehne. Die an diesem Ort herrschende Stille behagte ihm sehr, doch plötzlich riss ihn ein Geräusch aus seinen Gedanken. Er hatte den Eindruck, als hätte jemand zu ihm gesprochen. Er spitzte die Ohren.

„Di!“, hörte er es beinahe deutlich.

„Na, was ist das denn?“, dachte er. „Jetzt höre ich schon Stimmen! Entweder bin ich eingeschlafen oder ich träume bereits in wachem Zustand“

„Di“, war erneut ein wie aus einer Höhle kommendes Gemurmel zu vernehmen, wie ein an Steinen reibender Lufthauch, kaum ein echtes Wort. Man hätte glauben können, dass der durch einen Kamin pfeifende Wind diese Illusion eines Wortes erzeugt hatte. Doch dem Richter kam das eher merkwürdig vor, denn einen Kamin gab es hier nicht, stattdessen stand in einer Ecke ein von Ruß bedecktes, leeres Kohlenbecken, das auf den ersten Raureif wartete.

„Welch seltsames akustisches Phänomen“, dachte der Richter. Er fuhr zusammen, als sich der Ton wieder vernehmen ließ, diesmal in resoluterem Ton.

„Dies ist der dritte oberste Richter, der sich an dich wendet, du miserabler Beamter!“, sprach die Stimme, und jetzt ließen die Worte keinen Raum mehr für Zweideutigkeit.

„Das soll wohl ein schlechter Scherz sein“, antwortete der Richter möglichst leise, um seine Verwirrung zu überbrücken. „Wo sind Sie denn? Wissen Sie, dass Sie sich mit der Beleidigung eines Richters strafbar machen?“

Er erhob sich und durchquerte den Raum, um nach dem unverschämten Sprecher zu suchen. Er brauchte nicht lange, um festzustellen, dass er allein war, es sei denn, irgendein Spaßvogel hatte sich in einem kleinen Wandschrank versteckt.

„Ich sehe dich“, versetzte die Stimme. „Ich beobachte dich von den neun göttlichen Kreisen des Himmels aus.

Versuch erst gar nicht, mir zu entkommen! Ich schaue dir zu, auch wenn du glaubst, absolut allein zu sein, armer Sterblicher!"

„Nun, das ist Ihrerseits sehr unanständig", entgegnete der Richter und klopfte sachte an die Wände, um zu überprüfen, ob sich dahinter jemand verborgen hatte. „Ich bin sicher, dass Eure Himmlische Exzellenz Besseres zu tun haben, als sich für meine Gedankenspielereien zu interessieren."

Er fragte sich, ob der dritte obere Richter leicht schwerhörig war oder ob es irgendeine Art Verzug bei der Übertragung des Gesagten gab, denn Seine Himmlische Exzellenz schien ihn nicht gehört zu haben.

„Infamer Di!", fuhr der Unsichtbare dann fort. „Glaubst du, dass du allein dieser Mission würdig bist, für die du dir selbst die Verantwortung übertragen hast? Bist du derart aufgeblasen, du erbärmlicher Narr?"

Der Richter fand es ziemlich unerhört, von der Gottheit einer Religion beleidigt zu werden, der er nicht einmal angehörte. Wenn es sich um den Geist des Konfuzius gehandelt hätte, hätte er zur Not nachvollziehen können, dass ihm der Meister gewisse Vorwürfe machte wegen seiner Art und Weise, mit altüberlieferten Weisheiten mächtiges Ausmaßes umzugehen. Dass er hier aber von einer Gottheit, die sich auf die Ausnutzung der Leichtgläubigkeit des Volkes spezialisiert hatte, wie ein fünfjähriges Kind zurechtgewiesen wurde, das empfand er doch als Frechheit.

„Hören Sie, lieber Freund", entgegnete er schließlich, „kümmern Sie sich um Ihre Mönche, ich beschäftige mich dafür mit meinen Mördern. Vermeiden wir doch, Yin und Yang miteinander zu vermischen."

Was ihn am meisten irritierte war, dass es in dem Raum keine Nische gab, in die sich jemand hätte verkriechen können. Er konnte überhaupt nicht begreifen, woher diese Stimme kam, die direkt aus den Mauern hervorzuquellen schien, und zwar gleichzeitig von allen Seiten. Di hatte den Eindruck, in eine andere Welt abgeglitten zu sein, in der sich die Götter lärmend an einen wandten, ohne dass man sie gerufen hätte.

„Ich fürchte, dass Sie sich bei Ihrem Gesprächspartner geirrt haben“, entgegnete er, um Zeit zu gewinnen. „Sie sollten sich besser an den Leiter dieser Einrichtung wenden. Er wird für Ihre Ansichten weit empfänglicher sein als ich, er ist außerdem dazu ermächtigt …“

Der Geist – entweder ungeduldig oder vollständig taub – schnitt ihm das Wort ab: „Di, du elendes Schwein, warte gefälligst, bis ich fertig gesprochen habe, bevor du deinen dreckigen Mund öffnest!“

Der Himmelsrichter regte sich in seiner ätherischen Welt offenbar auf. Konnte er hinter einer Art falscher Decke verborgen sein? Oder wandte er sich vom Dach aus an ihn? Di kletterte auf das Kohlebecken, um sich das Gewissheit darüber zu verschaffen.

„Deine Anwesenheit in diesem Kloster verhindert das Strahlen meines göttlichen Lichtes“, brüllte der Überirdische, der zweifellos sehr verärgert war.

Zumindest in diesem Punkt waren sie sich vollständig einig, dachte Di: Er hatte jedenfalls nicht vor, sich mit irgendeinem Scheinwunder aufzuhalten, in dessen Namen man es sich erlaubte, seine Arbeit zu behindern.

Die Stimme erklang erneut, rauer als zuvor: „Ich befehle dir, diesen Ort unverzüglich zu verlassen und in deine erbärmliche Stadt zurückzukehren, in der du für gewöhnlich deinen bedauernswerten Tätigkeiten nachgehst. Andernfalls werde ich mich gezwungen sehen, dich mit meinen Blitz zu strafen, damit du lernst, die höchsten Orakel zu respektieren. Hast du mich verstanden, du niederträchtiger Wurm?“

Di hatte ihn sehr wohl verstanden, war aber der Meinung, einer Person, selbst wenn es sich um eine mystische handelte, die derart respektlos mit ihm sprach, nicht antworten zu müssen. Die Decke wies übrigens keinerlei Spalte auf, durch die eine donnernde Stimme hätte dringen können. Der Richter wäre um ein Haar von dem Kohlenbecken gefallen, fand jedoch im letzten Augenblick sein Gleichgewicht und gelangte mühsam wieder auf den Boden. Er blieb für einen Augenblick in der Mitte des Raumes stehen, kraulte mit seinen Fingern zerstreut seinen Bart und fragte sich, ob die geheimnisvolle Stimme ihre Beleidigungen fortsetzen würde.

„Nun“, sagte er sich, „wenn ich ein leichtgläubiges Mönchlein wäre, überhäuft von billigem übernatürlichem Kram, dann würde ich wohl diese Treppe hinabfliehen in dem Glauben, mich verfolgten sämtliche Dämonen der Hölle.“ In Anbetracht der Tatsache, dass die Bewohner dieses Etablissements in einer geheimnisvollen Atmosphäre lebten, konnte er ihnen ihre Handlungsweise schwerlich vorwerfen. Di selbst verdankte es nur seiner langjährigen Erfahrung als pragmatischer Staatsbeamter, dass er es schaffte, eine Panikattacke zu unterdrücken, die ansonsten gedroht hätte, ihn aus der Fassung zu bringen.

Es gelang ihm jedoch nicht ganz, einen Schauder der Angst zu verhindern. Die unsichtbaren Mächte forderten ihn heraus: Er konnte seine Untersuchung entweder gegen ihren Willen fortsetzen oder aber mit eingezogenem

Schwanz nach Hause zurückkehren und die Flagge auf Halbmast setzen. Es war die Art von Herausforderung, die er sich gezwungen sah anzunehmen. Er konstatierte, dass er sich hier zum ersten Mal in seiner Karriere einer Gottheit widersetzte. In dieser mönchischen Umgebung war diese Art der Gefahr zweifellos unvermeidbar.

Trotzdem stieg er die Treppenstufen hinab wie ein Benommener, der einen Hieb auf den Schädel bekommen hat. Diesen Schock hatte auch seine dicke Kappe nicht abmindern können.

Nahezu überall waren die Mönche bemüht, die Spuren der soeben zu Ende gegangenen Festlichkeiten zu beseitigen. Sie wollten möglichst keine Zeit verlieren, um so schnell wie möglich die Eröffnungszeremonie der Truhe ihres Archivars abzuhalten, und schlugen den letzten Pilgern vor, dem Ereignis gleichfalls beizuwohnen, das sie als die Krönung der Feste der Heiligkeit darstellten; die anderen drängten sie in Richtung des Ausgangs.

„Falls der Archivar nicht heiliggesprochen werden sollte", dachte der Richter, „wird es sich eher um ein Fest der enttäuschten Wünsche und der organisierten Bitterkeit handeln."

Von seinem Platz auf der Ehrentribüne aus sah er den Abt und dessen wichtigste Gehilfen hereinkommen. Sie trugen Brokatkleidung und Hüte mit Quasten, und traten in einer Reihenfolge auf, die er inzwischen gut kannte. Wenn diese Anhäufung von Todesfällen weiter anhielt, würden sich bald mehr Mönche auf dem Friedhof befinden als in diesem Hof, um Särge zu tragen und sich vor alten Papieren zu verneigen. Man würde dringend für Nachwuchs sorgen müssen.

Der Abt hielt eine kurze Rede auf das Herz* des Archivars, das sich wie eine Blume öffnen würde, um zarten und wunderbaren Duft zu verbreiten. Einer der Mönche leitete in einer leidenschaftlichen Lobrede auf die Heiligkeit über: Ein Tod während einer Meditationsübung kam sozusagen einem direkten Aufstieg in die himmlischen Sphären gleich, die nur Auserwählten offen standen. Der Archivar hatte seinen Traum gewissermaßen nie wieder verlassen. Die Chancen standen also gut für ihn, in ihr hauseigenes Pantheon einzugehen.

„Bei denen, die im Schlaf sterben, kommt der Tod genauso endgültig wie bei unserem Kandidaten, dessen Leben durch eine scharfe Waffe ein Ende nahm", bemerkte der Advocatus Diaboli.

Die Verteidigung trug in selbstverständlichem Ton vor, dass man von einem so großen Gelehrten nicht weniger erwarten durfte, als dass er die höchste Stufe überhaupt erklimmen würde. Das entsprach einem Verfahren, in dem man das Urteil fällte, ohne sich die Mühe gemacht zu haben, eines Prozess durchzuführen, was für die Partei des Verstorbenen sicherlich von Vorteil war. Da der Archivar den Großteil seines Lebens hinter diesen Mauern zugebracht hatte, begann die Vorlesung mit einer langen Reihe typischer Jugendträume, aus denen die Angst vor dem Erwachsenwerden sowie die übliche jugendliche Verärgerung sprach.

Der Ton änderte sich sofort, kurz nach seiner Ernennung auf jenen Posten, den er bis zu der verhängnisvollen Meditation innehaben sollte. Die Träume wurden von Mal zu Mal verworrener, bis sie zuletzt völlig unverständ-

---

* Das Herz wurde traditionell als Sitz der Gedanken betrachtet, nicht das Gehirn.

lich waren. Di fragte sich, was dieser Wirrwarr an Worten, der weder Hand noch Fuß hatte, bedeuten mochte. Er vermutete, dass der Träumer mit dieser unklaren Abhandlung, bei der an die tausend verschiedenen Auslegungen möglich waren, beabsichtigt hatte, seine zukünftigen Richter zu verwirren. Diese Idee war gewiss klug. Leider aber war der Abt noch nicht derart verzweifelt, dass er auf eine solche List hereingefallen wäre.

Als diese Serie beendet war, änderte sich das Prinzip. Der Archivar, der offensichtlich verschiedene Theorien bei seinem Traumsystem angewandt hatte, schien seine Träume – oder zumindest die Anmerkungen dazu, die er selbst niedergeschrieben hatte – erzwungen zu haben. Er hatte sie dann leicht modifiziert, um ihnen eine mehr oder weniger prophetische Wendung zu verleihen. So gab er beispielsweise vor, geträumt zu haben, dass der Abt von seinesgleichen auf den Posten gewählt worden war, den er gegenwärtig bekleidete. Dies hätte ein gutes Beispiel für eine Vorahnung abgeben können. Dieser Traum, oder was gern dafür gehalten worden wäre, hätte aber mehr Gewicht gehabt, wenn er sich mehrere Jahre und nicht nur zwei Wochen vor besagter Wahl eingestellt hätte.

Ein kurzes Nachschlagen in dem Buch, das der Geschichtsschreiber nutzte, um die internen Ereignisse des Klosters festzuhalten, verriet ihnen, dass am Abend vor dieser Vision durch einen merkwürdigen Zufall eine Debatte stattgefunden hatte, in deren Verlauf die großen Verdienste des künftigen Abtes ausführlich dargelegt worden waren. Seine Wahl war infolgedessen ziemlich vorhersehbar gewesen. Der Archivar hatte nichts anderes getan, als auf den Favoriten zu wetten.

Ein weiterer Traum beinhaltete die Ankündigung einer großen Volksumsiedelung. Aber die gleichzeitige Lektüre eines anderen Buches, jenes der Ereignisse außerhalb der Gemeinschaft, teilte die Nachricht eines besonders dramatischen Hochwassers mit. Musste man von den geheimen Mächten heimgesucht werden, um schlussfolgern zu können, dass das Risiko einer verheerenden Überschwemmung bestand, gefolgt von einer Bevölkerungswanderung aus sanitären Gründen?

Der Vergleich mit dem Buch der erwiesenen Tatsachen widersprach auf schmerzliche Weise den Anstrengungen des Archivars, die Leser von seinem Talent als Medium zu überzeugen. Er hätte sich etwas besser über die Aktivitäten seines Kollegen im Zimmer nebenan informieren sollen, bevor er seine Visionen produzierte. Die einzige Folgerung, die man mit bestem Willen daraus ableiten konnte, war, dass er sich durch die großen oder kleinen Ereignisse, von denen er erfuhr, außerordentlich hatte beeinflussen lassen.

All dem fehlte es aber leider an Wunderbarem. Je mehr man las, umso mehr entstand der Eindruck, dass alles von purem Materialismus, sogar von Berechnung geprägt war. Die Meinung, die man sich von dem Verstorbenen bildete, wurde dadurch nicht gerade gehoben. Die Enttäuschung der Mitbrüder war unbeschreiblich. Dass er unablässig mit den Träumen anderer in Berührung gekommen war, hatte ihren Archivar nur zu hohlen Traumvorlagen inspiriert, die er dann kaltblütig ausgearbeitet hatte. Das ließ an einen Kunstliebhaber denken, der dem Werk anderer sehr kritisch gegenübersteht, selbst aber völlig unfähig ist, ein bemerkenswertes Stück zustande zu bringen. Die Intellektualisierung der Träume hatte ihnen jegliche Frische, jegliche Poesie entzogen. Es brachte ungefähr so viel Freude sie zu lesen, wie einen Auszug aus dem Programm für die öffentliche Verwaltung. Sogar die Brüder Mo und Pa waren besser weggekommen als er; für sie sprach immerhin ihre Offenherzigkeit und Natürlichkeit.

Nun, das Prüfsystem war äußerst gut ausgearbeitet, Winkelzüge waren unmöglich. Di begriff, dass man kleine Schlitzohren unweigerlich entlarvte, während diese nicht einmal mehr anwesend waren, um mitzuerleben, wie ihre Versuche zunichtegemacht wurden. Auch wenn die Lust der Gemeinschaft, neue Heilige zu feiern, noch so groß war, die Richter zeigten sich unbeugsam und anspruchsvoll. Sie wollten eine eherne Heiligkeit, nicht etwa eine aus Watte. Über die Qualität der Träume beliebte man nicht zu scherzen – sie waren schließlich nichts weniger als ihr Grund zu leben. Der Ritus war so durchdacht, dass dieser auch nicht entwürdigt werden konnte. Das erinnerte den Richter an seine Literaturprüfungen, die er unter den strengen Augen der Akademiker in Chang-an abgelegt hatte. Der Prior versuchte, die Dinge aus einem positiven Blickwinkel zu betrachten.

„Hier geht es nicht zu wie bei den Buddhisten von gegenüber, wo man die Erleuchtung in rauen Mengen verkauft", raunte er Di ins Ohr. „Die Strenge unserer Regeln verursacht zwar Leid, macht uns aber auch Ehre."

„Und die kostet euch einen wahnsinnigen Preis bei euren Bemühungen um Opferbereitschaft", vervollständigte der Zuschauer bei sich. Er fragte sich, wie lange der Abt noch zögern würde, bis er die Regeln zur unermesslichen Wertschätzung der Truhen ein wenig lockern würde. Es musste sehr verführerisch sein, die Kriterien ein wenig nach unten zu senken, um einen oder zwei neue Heilige krönen zu können, deren unerwartetes, günstiges Auftreten den Glanz ihrer Einrichtung alle zehn Jahre beträchtlich anheben könnte.

Bis hierher war der Richter mit seinen Überlegungen gekommen, als sich die Atmosphäre plötzlich veränderte. Das Niveau der Träume stieg zum Ende hin wieder an, der Archivar hatte immer entsetzlichere Alpträume gehabt. So träumte er jede Nacht von einem gehörnten Dämon, der den Mund voller Rauch hatte und sich ihm anvertraute, was ihm die größten Schmerzen verursachte. Je mehr sich die Truhe leerte, umso mehr litt der Mönch unter einem veritablen Dilemma, beherrscht von den gegensätzlichsten Gedanken und zwischen Aufregung und Angst hin- und hergerissen. Es gelang ihm nicht mehr, ruhig zu schlafen. Di bedauerte ihn sehr. Er hätte nicht gedacht, dass dieser Mann derart schreckliche Nächte gekannt hatte.

Schließlich stellte sich eine merkwürdige Tatsache heraus. Der Archivar hatte von den drei Wundern geträumt, die die Gemeinschaft tief erschütterten. Für einige Augenblicke lebte die Hoffnung auf. Zeit genug für den Geschichtsschreiber, um festzustellen, dass diese Träume kurz nach den Vorfällen (dem Wunder vom blühenden Busch, der unerklärlichen Musik und dem Brand der Statue) stattgefunden hatten. „Verdammt!", schien der Abt zu denken, der sichtlich enttäuscht war.

Di sah darin die Bestätigung dessen, was er bereits vermutet hatte: Der Täter hatte dem Archivar in der Tat gebeichtet, bevor er seine Verbrechen beging. Zum Schweigen verurteilt, durchlebte der gute Mann dann im Traum erneut das, worüber er pflichtgemäß im Alltag nicht sprechen durfte. Seine Träume begingen auf gewisse Weise jene Indiskretionen, die er sich nicht erlauben durfte. Sie waren eine Art Ventil für ihn.

Für diejenigen, die wie der Richter den Schlüssel zu der Intrige besaßen, waren die Alpträume lediglich die ausgemalte Nachahmung der vertraulichen Mitteilungen, denen er zuvor im Archivsaal gelauscht hatte. Von dort bis zur Vorahnung war es nur ein kleiner Schritt, den er denn auch schleunigst tat. Der Gelehrte hatte im Traum gesehen, wie zwei seiner Brüder Selbstmord verübten. Der Kalender des Geschichtsschreibers bestätigte, dass es sich in diesen Fällen nicht um Erinnerungen, sondern um Vorahnungen gehandelt hatte. Zweimal hatte der Archivar gesehen, wie sein vertrauter Dämon Mönche dazu getrieben hatte, sich zu töten. Seine Träume enthielten zwar keine Beschreibungen der genauen Todesart, aber er hatte unbestritten darauf hingewiesen, dass sie eines gewaltsamen Todes sterben würden, und zwar jedes Mal exakt einen Tag vor dem Eintritt des tatsächlichen Ereignisses. Die Zuhörer waren sprachlos.

„Wir haben es hier zweifellos mit einem Fall von Hellseherei zu tun“, stammelte sein Anwalt, der selbst noch nicht ganz an den glücklichen Zufall glaubte, der ihm soeben widerfuhr.

Die Mönche hätte wohl kaum noch genauere und eindeutigere Vorhersagen bekommen können. Hier handelte es sich nicht mehr um Neuinterpretationen der Ereignisse vom Vortag.

Di kam es einen Augenblick lang so vor, als würde die Geständnisse des Mörders selbst vorgelesen. Aber der brutale Tod des Verfassers der Texte sprach ihn frei: Er hatte sich wohl kaum den Hals durchschneiden und seinen Kopf dann selbst wieder auf die Schultern setzen können. Di vermutete, dass der gute Mann unter Mithilfe eines Dritten die höchste Stufe erklimmen würde, aber er war der Einzige, der zu dieser Schlussfolgerung gelangt war.

Verunsichert zögerte der Abt, etwas zu sagen. Er wirkte völlig verloren und konnte sich nicht an den Gedanken gewöhnen, dass die Schwierigkeiten, die über sein Kloster hereingebrochen waren, ihm nun einen neuen Heiligen einbringen konnten.

Der Richter zog eine Visitenkarte aus seinem Ärmel, ließ sich einen Pinsel bringen und schrieb ein paar Worte darauf, die er ihm diskret überbringen ließ. Er bat um eine dringende Unterredung und gebot, das Urteil einstweilen aufzuschieben.

Der Abt schaute von der kleinen Nachricht hoch, sein Blick kreuzte den des Richters. Dann schüttelte er den Kopf von links nach rechts. Er hielt es für unmöglich, ein solch außerordentliches Ereignis zu vertagen. Ohne ein Wort zu sagen, stand er aus seinem Sessel auf und nahm das Bambusstäbchen, doch anders als Di es die letzten beiden Male mitangesehen hatte, zerbrach er es nicht, sondern küsste es, legte es sanft auf den Sarg und verbeugte sich tief davor. Ein gewaltiger Aufschrei ging durch die Menge. Die Mönche warfen sich flach auf den Bauch vor der sterblichen Hülle ihres neuen Heiligen.

Einen Augenblick später hörte man nur noch das Prasseln der Fackeln in der Stille der hereinbrechenden Nacht, und von der Zuhörerschaft war ein letztes kollektives Ausatmen zu vernehmen. Der Geist des Archivars war zum Himmel hinaufgefahren, seine Träume aber würden seinen Brüdern so lange Gesellschaft leisten, wie das Kloster existierte.

XVI

*Die Erste Dame lernt Kampfsport;
sie führt einen Aufstand an.*

Während der Richter bedrückt an der Krönung eines von Alpträumen geplagten Bücherwurms teilnahm, die ihm schließlich einen Heiligenschein verliehen, lernte seine Gemahlin die buddhistische Kampfkunst kennen. Dabei trug sie das einfache Kleid einer Frau vom Lande, dass sie sorglos zerknittern konnte, und bewegte ihre Arme in sämtliche Richtungen. Die langen Ärmel hieben in die Luft; man hatte sie mit Bleikugeln beschwert, deren tödliche Schläge jeden möglichen Angreifer des starken Geschlechtes in Angst und Schrecken versetzen konnten. Es handelte sich um eine Selbstverteidigungstechnik für Frauen, von deren Ruf sie bereits gehört, die sie jedoch bisher noch nie zu Augen bekommen hatte. Inzwischen war sie überzeugt, eine Abhandlung zu diesem Thema verfassen zu können.

Ihrem Stil mangelte es jedoch noch an Standfestigkeit. Mühsam peilte sie eine Strohpuppe an, die von den Ärmeln ihres Gewandes mit viel mehr Wucht hätte getroffen werden müssen; sie verfehlten ihr Ziel nahezu jedes zweite Mal. Ihre Zuschauerinnen sahen ihr ratlos dabei zu, wie sie sich für nichts und wieder nichts verausgabte.

„Ich glaube, ich weiß, warum es nicht klappt“, sagte eine der anderen Frauen und machte Dis Gemahlin ein Zeichen, dass sie ihre Anstrengungen unterbrechen sollte. „Sie sind doch die Frau eines Richters?“

Die Erste Dame nickte, während sie zu atmen versuchte.

Die Nonne setzte der Puppe eine schwarze Kappe auf, deren Form vage an die Kopfbedeckung hoher Beamter erinnerte. Über die Schultern wand sie einen grünen Schal in der Farbe der Roben, die die Richter während ihrer Sitzungen trugen. Mithilfe eines Kohlestückchens zeichnete sie auf Gesicht und Brust einen langen Bart, der für diesen Berufszweig typisch war.

„Versuchen Sie es erneut“, sagte sie.

Die Erste Dame verpasste der Puppe gleich beim ersten Versuch einen Schlag von solcher Heftigkeit und Präzision, dass diese umkippte und wie ein Ballon zerplatzte.

„Ich glaube, ich mache Fortschritte!“, rief sie und warf einen erstaunten Blick auf ihr Werk.

„Wie Sie sehen“, erklärte die andere, „ist alles eine Frage der persönlichen Motivation.“

Immerwährender Segen, jene Nonne, die sie bei ihrer Ankunft empfangen hatte, tat gleichfalls ihre Meinung über diesen blitzschnellen Erfolg kund: „Ich denke, dass Sie bei Ihrer Rückkehr mit Ihrem Gatten einige Punkte zu klären haben werden, was höchst gewinnbringend sein dürfte. Ich ahne, dass es bei Ihnen ein paar leichte Meinungsverschiedenheiten gibt.“

Die Erste Dame betrachtete die auf dem Boden liegende verrenkte Puppenhülle. Seit einigen Augenblicken erschienen ihr ihre Vorhaltungen gegenüber ihrem Ehemann aus unerklärlichem Grund plötzlich weniger belastend. Übrigens hatte sie vergessen, der Oberin das kleine

Geschenk zu übergeben, das sie für sie vorgesehen hatte, um sich für die erhaltene Gastfreundschaft zu bedanken. Sie bat daher *Himmlische Erleuchtung* um ein Gespräch, um ihr die Stickerei mit den fliegenden Tauben zu übergeben, die sie eigenhändig angefertigt hatte.

„Sie sticken wunderbar“, urteilte die Äbtissin, weniger, um sich höflich zu bedanken, als vielmehr in Form einer pragmatischen Feststellung. Sorgfältig prüfte sie das Stück Stoff im Licht des Fensters. „Es wäre von großem Vorteil für unsere Gemeinschaft, wenn Sie Ihren Aufenthalt bei uns verlängern würden“, fügte sie im Ton einer Chefin hinzu, die soeben eine neue Arbeiterin in ihrer Werkstatt angestellt hatte.

Dis Erste Dame versuchte sich zu erinnern, für welchen Zeitraum ihr Aufenthalt im Kloster eigentlich geplant gewesen war, ihr wollte aber einfach nicht einfallen, ob dieses Detail vor ihrer Abreise besprochen worden war. Anscheinend hatte es da ein sehr bedauerliches Versäumnis gegeben. Sie nahm sich vor, ihrem Mann möglichst bald zu schreiben, damit der nicht vergäße, sie abzuholen, für den Fall, dass sich eine Abreise aus eigenem Willen als problematisch erweisen würde.

Die Äbtissin fragte sie liebenswürdig, ob sie mit ihrem bisherigen Aufenthalt zufrieden sei. Da die Erste Dame antwortete, dass sie regelrecht entzückt sei, erlaubte sie ihr, Spaziergänge zu unternehmen, wo immer sie wollte, riet ihr aber, die hinterste Ecke des Parks zu meiden, in der es ein Birkenwäldchen gab, das ihrer Ansicht nach kein geeigneter Ort für sie war.

Aber natürlich begab sich die Gemahlin des Richters genau dorthin, als sie die Gelegenheit dazu hatte. Noch am gleichen Abend verlief sie sich in den hinteren Bereich der Anlage. Durch einen merkwürdigen und fatalen Zufall hatten ihre Füße beschlossen, sie genau dorthin, in die verbotene Zone zu führen. Zunächst sah sie nichts, jedenfalls weder etwas Schreckliches noch etwas Bemerkenswertes, was den warnenden Hinweis oder die darauffolgende Neugier gerechtfertigt hätte. Der Weg führte durch den Wald und endete schließlich vor einer Reihe kleiner Holzpavillons, deren Rückseite sie nun betrachtete. Nachdem sie sie umrundet hatte, stellte sie fest, dass das jeweils einzige Fenster jedes Häuschens stark vergittert und die Türen sorgfältig verschlossen waren.

Sie vernahm unartikulierte Schreie, und als sie sich näherte, sah sie mehr oder weniger zerlumpte Frauen hinter den Gittern, aber auch Männer, die meisten davon tobsüchtig. Hier war es also, wo man sie eingesperrt hatte. Manche von ihnen redeten Wirrwarr, andere weinten. Dis Gattin begriff, dass dies das Heim mit den widerspenstigen Kranken sein musste, denen man nicht helfen konnte. Ihre Anwesenheit schien die Leute anzustacheln. Mehrere riefen ihr erregt etwas zu. Zwei oder drei baten sie, ihnen zur Freiheit zu verhelfen. Was sie bis jetzt im Kloster gesehen hatte, war das Paradies gewesen, jetzt aber hatte sie die Hölle entdeckt. Als ihr dieser Anblick unerträglich wurde, floh sie so schnell sie konnte, ohne dabei auf die Richtung zu achten, mit der Folge, dass sie sich schließlich endgültig verirrte.

Die Erste Dame sagte sich, dass ihr spiritueller Aufenthalt eine seltsame Wendung genommen hatte. Sie war gekommen, um sich Buddha zu nähern, stattdessen hatte sie nun den Eindruck, mit dem Bataillon der Hölle zu verkehren. Da sie aus einer Familie von hohen Beamten stammte, verdankte sie dem Konfuzianismus, mit dem sie aufgewachsen war, dass sie solchen Demonstrationen des Wahnsinns gegenüber auf Distanz gehen konnte. Konfuzius sprach vom Geist, vom Verstand und der Intelligenz und forderte, alle Ereignisse stets konkret zu überprüfen. Dis Gattin klammerte sich nun an den Gedanken, dass es an jenem Ort lediglich kranke Personen gab, nicht etwa Besessene. Der beste Beweis dafür war, dass die ganze himmlische Weisheit des Erleuchteten es nicht vermocht hatte, sie zu heilen. Es waren arme Leidende, die von ihren eigenen Eltern aus der Gesellschaft ausgeschlossen worden waren. Sie dachte nicht ohne Bitterkeit, dass man sie auf einen menschlichen Müllabladeplatz in der Provinz abgeschoben hatte. Dennoch überwogen Mitleid und eine gewisse Neugier ihren Groll. Ihr Gatte, der gegenüber anderen so wenig echte Anteilnahme zeigte, hätte durchaus noch etwas dazulernen können, wenn er sie zu diesem Aufenthalt an einem Ort jenseits der Grenzen der Vernunft und Schmerzen begleitet hätte.

Als sie aus ihren Gedanken aufschreckte, wurde sie der Tatsache gewahr, dass sie den Weg nicht mehr wiederfinden konnte. „Nun gut“, sagte sie sich, „ich muss einfach nur der Umfassungsmauer in der einen oder anderen Richtung folgen; irgendwann werde ich schon wieder auf etwas treffen.“

Ein Schatten, ein Rascheln der Blätter ließen sie stutzen. Sie versteckte sich hinter einem Baum, gerade noch rechtzeitig, um zu sehen, wie die kleine Novizin *Milder April* des Weges kam. Dis Gattin bemerkte sofort, dass die junge Frau sich sehr zurechtgemacht hatte. Sie hatte ihre Kopfbedeckung durch einen bunten Schal ersetzt, unter dem ihr fehlendes Haar verborgen war. Unter ihrer sonst strengen Kopfbedeckung war sie tatsächlich recht hübsch. Die Erste Dame bereitete sich gerade darauf vor, ihr Versteck zu verlassen, um nach dem Weg zu fragen, als sie sah, wie die Novizin durch einen Schlitz in der Mauer glitt, der gerade groß genug war, sie durchzulassen. Einen kurzen Augenblick lang glaubte sie, dass die junge Frau soeben vor ihren Augen aus dem Kloster geflohen war. Dann aber kam ihr schnell ein plausiblerer Gedanke, den ein Blick durch den Mauerschlitz bestätigte: Die Novizin hatte sich zu einem amourösen Stelldichein mit einem jungen Mann ihres Alters begeben, der sie zärtlich unter dem Laub in die Arme geschlossen hatte. Die Farbe seiner Kleidung war Dis Gemahlin nicht unbekannt.

Daraus folgerte sie dreierlei. Erstens: *Milder April* belog ihre Gemeinschaft. Zweitens: Sie traf sich mit einem jungen Mann. Drittens: Letzterer war ein taoistischer Mönch aus dem Tempel gegenüber, der jener Höllenbrut angehörte, die ihre Kameradinnen so gedemütigt hatten. Die Erste Dame spürte instinktiv, dass dies eine Auseinandersetzung zwischen ihren Mitschwestern und ihr nach sich ziehen würde.

Als sie sich zurückzog, um die beiden in Ruhe turteln zu lassen, wo sie es schon nicht legal, ehrenvoll und tugendhaft machen konnten, entdeckte sie in der Ferne, zwischen den Bäumen, eine mit Stöcken versehene Gruppe von Nonnen, die nicht aussahen, als unternähmen sie einen Spaziergang. Dis Gattin zweifelte nicht daran, dass sie vorhatten, dem Eindringling das Vergnügen, mit jungen Buddhistinnen zu schäkern, auszutreiben. Die Erste Dame hasste Gewalt zu sehr, als dass sie gegen dieses Vorhaben nichts zu unternehmen gedachte. Sie kehrte daher so schnell wie nur möglich um und spähte durch den Mauerschlitz.

Das verliebte Paar war mehr denn je dabei, die Lehren Taos mit der Suche nach dem Nirwana auszusöhnen, als Dis Gattin sich keusch eine Hand über die Augen hielt und durch die Bresche in der Mauer, die sie aufgrund ihrer Leibesfülle nicht ganz durchschreiten konnte, ein deutliches „Psssst!“ schickte. Zunächst nur erschrocken, weil sie entdeckt worden waren, steigerte sich ihr Entsetzen umgehend, als die Erste Dame ihnen ankündigte, dass eine bewaffnete Truppe im Anmarsch sei, die ihnen Übles wolle.

„Uns bleibt nichts anderes übrig, als sofort zu fliehen!“, folgerte *Milder April*, die nicht den Eindruck erweckte, als täte es ihr besonders leid, das Kloster zu verlassen.

„Und wohin wollt ihr gehen, meine armen Kinder?“, fragte die Gattin des Richters.

Die Novizin hatte schon einen Plan. „Wir gehen zu meinen Eltern“, sagte sie, „und bitten sie um Hilfe. Das sind sie mir schuldig! Und wenn sie ablehnen, werde ich das ganze Viertel gegen sie aufhetzen!“

Die Erste Dame dachte bei sich, dass ihre Eltern sicherlich entzückt sein würden. *Milder April* bedankte sich bei ihr für ihren Großmut und nannte sie beim Namen.

„Sie sind Frau Di?“, fragte da der Mönch überrascht. „Dann habe ich hier einen Brief für Sie. Ich habe mich nämlich als Kurier verdingt, um einen Vorwand zu haben, hierherzukommen.“

Er übergab ihr einen Brief, der das Siegel ihres Mannes trug, und sie verstaute ihn in ihrem Gürtel. Sie dachte, dass nicht viel gefehlt hätte und der junge Mann wäre mit der Post, die für sie bestimmt war, Gott weiß wohin geflohen. Nur ein paar Schritte weiter kreuzte ihr Weg jenen des Trupps der wütenden Nonnen, die ihr zuriefen, dass man in diesem Bereich verdächtige Personen vermute. Sie zeigten ihr den Weg zurück zum Kloster und rieten ihr, sich unverzüglich in ihre Gemächer zu begeben und diese nicht mehr zu verlassen.

Auf ihrem Weg wurde der Ersten Dame bewusst, dass *Milder April* letztendlich doch dabei war, die Vorhersage des Orakels zu erfüllen. Sie würde tatsächlich die Ursache eines Skandals werden, der die Ehre ihrer Familie beschmutzte, trotz aller Anstrengungen derselben, das zu verhindern. Was konnte es Schlimmeres geben als eine Nonne, die sich verführen ließ, aus dem Orden auszutreten, um einen Mönch zu heiraten, der einer anderen Religion angehörte? Ihre Eltern hatten den Skandal, den sie vermeiden wollten, selbst verursacht, indem sie ihre Tochter in der erstbesten Religionsgemeinschaft einsperrten. Jetzt war es an ihnen, das Problem zu lösen. Sie waren ja offensichtlich schon immer recht angetan gewesen von taoistischen Priestern: Wie würden sie es wohl finden, wenn ihre Jüngste dem Familienverbund nun einen von ihnen durch die Hintertür zuführte?

Im ersten Klosterhof traf sie die Äbtissin an, die begierig darauf lauerte, etwas von den Ereignissen zu erfahren, die sie ausgelöst hatte, indem sie ihre Untergebenen mit der Verfolgung des unerwünschten Eindringlings beauftragt hatte.

„Wissen Sie, ob man den … Herumtreiber erwischt hat?“, fragte die Äbtissin, als Dis Erste Dame bei ihr ankam.

Dis Gemahlin fühlte, wie Wut in ihr aufkam, und antwortete daher trocken, dass man sich nicht zu wundern bräuchte, wenn die Novizinnen rebellierten. Dies sei ein vorhersehbares Ereignis, wenn man sich gestattete, Frauen aufzunehmen, die durch Täuschung hierhergebracht worden waren, um sie dann mit Gewalt festzuhalten.

„Seit wann interessiert sich irgendwer für die Wünsche von Frauen?", wunderte sich die Äbtissin.

„Sie nach ihrer Meinung zu fragen und sie all ihrer Interessen zu berauben – diese zwei Dinge liegen sehr weit auseinander. Dazwischen sollte es doch Raum für Diskussion geben!", entgegnete die Frau des Richters.

„Glauben Sie, Sie leben in einer idealen Welt?", erwiderte die Äbtissin. „Das Kloster, in dem sich Ihr Gatte zurzeit aufhält – ja, wir wissen Bescheid –, nutzt die Besucherinnen, die dorthin kommen, auf viel schlimmere Art aus! Nur dass Sie's wissen, sie treiben einen schändlichen Handel mit Frauen, die schwanger werden wollen. Dieser angeblich so heilige Ort ist ein ganz verkommenes Haus der übelsten Sorte. Fragen Sie doch mal Ihren Gatten, wie er darüber denkt, und dann sehen wir, wer am Ende lacht."

Dis Erste Dame verstand kein Wort von diesen Anspielungen, nahm sich aber vor, ihren Mann um Aufklärung zu bitten. Nachdem sie in ihr Zimmer zurückgekehrt war, holte sie den Brief hervor und las ihn aufmerksam. Die Lektüre veranlasste sie, sich unverzüglich zu *Blaue Jade* zu begeben, um ihr den Inhalt mitzuteilen.

Die Frau des Bankiers stand an ihrem Fenster und betrachtete lustlos die Landschaft.

„Wachen Sie auf!", rief die Gattin des Richters. „Sie sind frei! Nichts hält Sie mehr hier. Kehren Sie nach Puyang zurück!"

Blaue Jade schien plötzlich aus einem fernen Traum zu erwachen. „Ich?", fragte sie. „Und wie soll ich das anstellen? Sie wissen doch, dass ich verrückt bin!"

Dis Erste Dame fing langsam an, sich darüber zu ärgern, dass offenbar jeder sie für zurückgeblieben hielt.

„Wir wissen beide, dass Sie das nicht sind! Sie sind es erst, wenn Sie selbst daran glauben. Ihre angebliche Verrücktheit spielt viel zu vielen Leuten in die Hände, um nicht verdächtig zu sein: Ihrem Mann, den Nonnen, Ihrer Familie! Und Sie, wo stehen Sie dabei?"

Blaue Jade schien betroffen zu sein. „Hat Konfuzius in dieser Hinsicht irgendetwas gesagt?", fragte sie dann.

„Natürlich! Er hat gesagt: ‚Weise ist der, der die Ruhe bewahrt, wenn man ihn geschlagen hat, aber noch weiser ist der, der es vermeidet, ein zweites Mal geschlagen zu werden!' Oder jedenfalls so ähnlich."

„Das hat Konfuzius gesagt?"

„Wenn er es nicht getan hat, hätte er es tun müssen."

Di, von seiner Frau alarmiert, hatte einen Brief in die Stadt geschickt, um sich über *Blaue Jade*s Fall zu informieren. Sein Erster Schreiber hatte sich inzwischen nach der Familie des Bankiers erkundigt, und es hatte sich herausgestellt, dass die Nonnen sie als verrückt darstellten, um weiterhin den Unterhalt zu kassieren, den ihr reicher Gatte ihr zukommen ließ. Der war ansonsten mit der Situation ausreichend zufrieden, um nicht nach genaueren Erklärungen zu fragen.

Blaue Jade hatte sich schon viel zu lang in ihr Schicksal ergeben, als dass die Enthüllung des bösen Streiches, den man ihr gespielt hatte, einen zu erwartenden Wutausbruch nach sich gezogen hätte. Es war eindeutig, dass sie niemals etwas unternehmen würde, wenn man sie nicht dazu drängte. Die Angst vor einer Veränderung ließ sie all ihren üblichen Mut verlieren.

„Unsere Erziehung verbietet uns, uns gegen die von den Männern begründete Ordnung aufzulehnen", quäkte sie jämmerlich.

„Welcher Männer?", erwiderte Dis Gattin. „Hier gibt es doch nur Frauen! Sie müssen sich gegen sich selbst auflehnen! Sie sind die einzig wahre Hüterin dieses Gefängnisses. Reißen Sie sich zusammen! Sie werden sehen, dass Sie sich sogleich besser fühlen werden. Fangen wir doch damit an, uns die Äbtissin vorzunehmen."

Dis Erste Dame konnte es kaum fassen, sich selbst so sprechen zu hören: Dieser spirituelle Aufenthalt übte eine erstaunliche Wirkung auf ihren Charakter aus. Sie durfte vor allem nicht aufhören zu handeln; jedes Hinterfragen ihres Verhaltens hätte sie womöglich paralysiert. Sie entschied sich daher, den Aufstand der jungen Frauen gegenüber ihren Kerkermeisterinnen anzuführen.

Mit *Blaue Jade* im Schlepptau suchte sie die Novizinnen, die sich alle mehr oder weniger in derselben Situation befanden, und ganz nebenbei scharte sie noch eine kleine Gruppe Verrückter um sich, die von der Aufregung schlichtweg begeistert waren. Nachdem Dis Gattin kurz auf sie eingeredet hatte, führte sie alle vor die Wohnung der Äbtissin, um dort zu demonstrieren. Sie wollte diese dazu bringen, an die Familien zu schreiben und jenen Frauen behilflich zu sein, die die Religionsgemeinschaft verlassen wollten. Mit den tatsächlich Kranken, die gleichfalls voller Energie teilnahmen, bot ihr Protest ein recht merkwürdiges Schauspiel.

Kurz darauf stellte sich eine Einheit der Kämpferinnen zwischen das Gebäude und die Gruppe; ihre Schlag stöcke hielten sie bereit. Man hätte meinen können, eine Garnison beschütze ihr Yamen. Die Erste Dame fragte sich gerade, ob es nun zu einem Kampf zwischen den Frauen kommen würde, als sich die Äbtissin auf der Veranda zeigte. Sie wirkte heiter und überzeugt, dass sie die erhitzten Gemüter würde beruhigen können.

Dis Gemahlin nutzte die Gelegenheit, um der Vorsteherin ihre Theorien von individueller Freiheit darzulegen sowie die praktischen Konsequenzen, die sich daraus ergäben. Die Äbtissin war aber offensichtlich ganz anderer Meinung. Sie verfügte über ein ganzes Arsenal an passenden Sprüchen und Floskeln, um auch die geringste Versuchung abzuschwören im Keim zu ersticken.

„Buddha lehrt uns vor allem Sanftheit und Resignation", entgegnete sie. „Denken Sie daran, dass Ihre gegenwärtigen Leiden durch eine weit günstigere Reinkarnation wieder ausgeglichen werden, und klammern Sie sich an diese Ansicht."

Dis Erste Dame stand dem Buddhismus nicht nah genug, um sich damit über ihre gegenwärtigen Widrigkeiten hinwegzutrösten, dass ihre Seele im nächsten Leben etwa in Gestalt einer Fliege oder eines sorglosen Schmetterlings mehr Glück haben würde. Die menschliche Existenz schien ihrer Ansicht nach legitime Ansprüche an das Glück, zum Beispiel aufgrund des Gewissens, das sie immerhin weit interessanter machte als die Existenz eines Insekts.

Das war aber nicht die Meinung der Verrückten, die, als die Erste Dame ihre Ansichten geäußert hatte, damit begannen, den Flug und das Summen von Fliegen nachzuahmen, um so schon im Voraus das in Aussicht gestellte Glück zu erproben.

Nach etwa einer Viertelstunde intensiven Summens unter ihren Fenstern fühlte sich die Äbtissin zu einem

Kompromiss geneigt. Sie beschloss daher, die Rädelsführerin zu einer privaten Unterredung zu empfangen.

Dis Gemahlin begab sich mit *Blaue Jade* zu ihr. Gleich zu Beginn verlangte sie, dass dem Bankier geschrieben werden solle, um ihn zu benachrichtigen, dass seine Gattin vollständig und definitiv geheilt sei.

Die beiden Frauen wandten sich der Betroffenen zu, um deren Einverständnis zu erhalten. *Blaue Jade* aber blieb stumm, als wäre sie an ihrem Schicksal überhaupt nicht interessiert. Die Ereignisse hatten sich förmlich überschlagen, und sie war sichtlich überfordert. Der Hinweis auf die Reinkarnation hatte sie außerdem zum Nachdenken veranlasst. Sie beschäftige sich intensiv damit, Fliegen zu fangen, die sie dann verschluckte; sie hatte im Laufe ihrer Gefangenschaft und der damit verbundenen Langeweile eine große Fingerfertigkeit erlangt.

Die Äbtissin hob die Augen zum Himmel. „Meine Bescheinigung ihrer Gesundheit wird ein großer Trost für die Familie sein, wenn sie ihr dabei zusehen, wie sie im Wohnzimmer Fliegen verspeist."

Dis Erste Dame wollte optimistisch bleiben. Schließlich hatte sie nicht Himmel und Erde in Bewegung gesetzt, um jetzt aufzugeben. Es war jedenfalls besser, eine Halbverrückte in Freiheit, als eine Halbgesunde hinter Gittern zu sehen.

„Sobald sie einige alte, in der Einsamkeit angenommene Gewohnheiten abgelegt hat", erwiderte sie, „wird sie wieder vollkommen salonfähig sein."

Sie verlangte auch, dass *Milder April* von ihrem Gelübde entbunden würde, so wie all die anderen Schwestern, die das Kloster verlassen wollten. Dabei kam heraus, dass das junge Mädchen ein Verbrechen begangen hatte, dessen Tragweite die Vorstellungen der Nonnen bei Weitem überschritt. Nicht, weil es ein Verhältnis zu einem Mann eingegangen war – die Nonnen waren nicht fanatisch im Praktizieren sexueller Enthaltsamkeit –, sondern weil es die schlimmste Kreatur dazu auserwählt hatte, die man in dieser Gegend finden konnte, um ihr Verlangen nach Leidenschaft zu stillen. Angesichts der Art und Weise, wie die Äbtissin darüber sprach, erschauderte Dis Gemahlin noch im Nachhinein, als sie an das Schicksal dachte, das den jungen Mönch erwartet hätte, hätten die Nonnen ihn erwischt.

„Gern bin ich damit einverstanden, diese Person von ihren Verpflichtungen uns gegenüber zu entbinden, denn in unseren Augen ist sie gestorben", erwiderte *Himmlische Erleuchtung*, fast ohne ihre zusammengekniffenen Lippen zu bewegen.

Als die Gattin des Richters sich an diesem Abend schlafen legte, sagte sie sich, dass sie den Tag gut genutzt hatte. Die Krone des Ganzen wäre freilich gewesen, wenn sie etwas gefunden hätte, das ihren Mann in Ratlosigkeit gebracht hätte, eine ermüdende und verzwickte Untersuchung beispielsweise, der er sich hätte widmen müssen.

Sie nahm sich vor, ihn zur frühesten Stunde des nächsten Tages durch einen Kurier über den Handel mit schwangeren Frauen zu informieren, den die Nonnen den Mönchen vorwarfen. Es wäre gewiss lustig zu sehen, wie sich ihr Mann im Sumpf einer schmutzigen Ermittlung verfing, inmitten des Klosters, das ihn beherbergte, was naturgemäß die Feindseligkeit seiner Gastgeber nach sich ziehen musste.

Mit diesen Gedanken schlief sie ein, erheitert von dem Ausmaß ihrer Absurdität.

XVII

Richter Di verkleidet sich, um in Ruhe ermitteln zu können; er erlebt den überraschenden Besuch eines Engels mit.

Di wurde Zeuge der mystischen Verzückung der führenden Ordensbrüder. Als die erste Erregung abgeklungen war, beglückwünschten sie einander in geradezu berauschter Seligkeit. Sie hätten in keiner besseren Stimmung sein können, wenn Laotse leibhaftig vor ihren Augen gestanden hätte. Der Abt, bestürmt von Kundgebungen der Freude, spazierte unter seinen Mönchen umher wie eine junge Mutter, der man zum Wochenbett gratulierte.

Der Richter, der den Kern der Sache kannte, hatte nicht die Absicht, sich einzumischen, um den Spielverderber in diesem euphorischen Kreis zu sein.

„Dieses unerwartete Wunder ist das Zeichen eines wiedererlangten Segens für unsere Gemeinschaft“, freute sich der Prior.

„Glauben Sie das wirklich?“, fragte der Richter mit der Miene eines Leichenbestatters, der einem Klienten, der noch nicht ganz aus dem Schneider war, die sofortige Genesung wünschte.

Der Abt schien sich plötzlich daran zu erinnern, dass eine Wolke den strahlenden Himmel seiner Selbstgefälligkeit trüben wollte. Er schreckte jäh aus seiner Ekstase auf und fragte sich, ob dieser schreckliche Beamte es sich herausnehmen würde, ihnen ihre schöne und brandneue Begeisterung zu verderben. Er wechselte mit dem Prior einen vertrauensvollen Blick. Jetzt, da die Mönche endlich ihren so begehrten neuen Heiligen hatten, waren sie weniger denn je daran interessiert, dass sich der Richter von Puyang seine fettigen Hände an ihrer unbefleckten Fahne abwischte. Der Blick, den sie ihrem Gast zuwarfen, war eindeutig.

„Das Glück, das uns jetzt zuteilwird, ist ein sicheres Zeichen dafür, dass alles wieder in Ordnung kommt", sagte der Abt. „Eure Exzellenz können beruhigt in die Stadt zurückkehren. Und ich werde nicht versäumen, Ihre Vorgesetzten über den beispiellosen Eifer zu informieren, den Sie gezeigt haben, um unserer Gemeinschaft behilflich zu sein, ein paar Probleme zu überwinden."

Di fragte sich, was er von der Drohung halten sollte, dass der Abt an seine Vorgesetzten schreiben wollte. Wenn er sich die Mühe machte, den Pinsel in die Hand zu nehmen, dann geschah das gewiss nicht, um sich bei der Verwaltung zu bedanken, dass man ihn, den Richter, geschickt hatte, um sie davon abzuhalten, in aller Ruhe Heiligungen durchzuführen. Was ihn betraf, so erschien ihm die Verherrlichung eines Archivars aufgrund fragwürdiger Motive nicht Grund genug, um eine amtliche Untersuchung von großem Interesse vorzeitig abzubrechen. Er hatte nicht vor, so schnell darauf zu verzichten, unter den Mönchen mit seinen ganz behutsamen und sensiblen Methoden Aufregung auszulösen.

„Eure Heiligkeit sorgen sich zu sehr um meine Ruhe und Entspannung", erwiderte er daher. „Wenn Sie gestatten, wäre es mir lieber, den Genuss der allgemeinen Hochstimmung noch einige Tage mit Ihnen zu teilen.

Es kommt sehr selten vor, dass man sich an einem Ort erfreuen kann, an dem Gleichgewicht und Harmonie herrschen.“

Der Abt verneigte sich, um für das Kompliment zu danken. Seine Gedanken aber kreisten eher um die Vision eines vor seinem Kloster aufgespießten und ausgestellten Kopfes, bedeckt mit einer schwarzen Flügelhaube.

Ein Mönch legte Richter Di ein großes Blatt Papier vor, gefaltet und versiegelt, das soeben vom Nachbarkloster für ihn zugestellt worden war. Abt und Prior taten so, als hätten sie nichts davon mitgekriegt, obgleich ihre Augen unwiderstehlich von dem gotteslästerlichen Gegenstand angezogen wurden, den der Schlund der Hölle ausgespuckt zu haben schien. Sie konnten nicht es verhindern, dem Papier einen wütenden Blick zuzuwerfen. Di bedankte sich bei dem Kurier und schob den Brief in seinen Ärmel.

In seinem Zimmer erbrach er das Wachssiegel in Form eines Frosches, das seine Erste Dame verwendete, um ihre Post zu verschließen. Sie erzählte ihm kurz von den letzten Entwicklungen in Bezug auf *Blaue Jade*. Inmitten einer Reihe indirekter Vorwürfe sowie Anspielungen auf die Art und Weise, mit der er sie unter die Verrückten geschickt hatte, entdeckte er auch die merkwürdige Äußerung der Mutter Oberin, laut der die taostischen Mönche einen seltsamen Handel mit Damen trieben, die zu ihnen kamen, um Fruchtbarkeit zu erlangen.

Dies kam ihm höchst eigenartig vor, denn während seines bisherigen Aufenthalts hatte er kein einziges Mal davon gehört, dass dieses Heiligtum dem Zweck der Wallfahrt von kinderlosen Ehefrauen diente. Er konnte sich nicht vorstellen, dass die Mönche ihm in ihrer Verlogenheit einen ganzen Teilbereich ihrer Aktivitäten verheimlicht haben sollten … Aber je mehr er darüber nachdachte, für umso wahrscheinlicher hielt er es dann doch.

Di öffnete das Fenster und lehnte sich in den Hof hinaus. Dabei kam er nicht umhin festzustellen, dass man hinter jeder einzelnen Säule Mönche postiert hatte. Deren Bereitschaft, als improvisierte Spitzel einzuspringen, verhalf ihnen allerdings nicht zur Unsichtbarkeit. „Das ist nun mal das Problem, wenn man Laien das Beschatten überlässt", dachte der Richter und schloss das Fenster wieder. Der Abt, den sein unabhängiger Geist gehörig störte, hatte wohl beschlossen, ihn noch stärker überwachen zu lassen. Das war ja reizend. Wenn er den Richter in seine Gemächer hätte verbannen können, hätte er mit großer Freude den Zimmerschlüssel in die Tiefe eines Brunnens geworfen. Aber Di war nicht weiter beunruhigt, er hatte noch einige gute Tricks parat. Er öffnete seinen Koffer, zog aus seinen Sachen ein Fläschchen hervor und ließ dessen Inhalt, ein weißes Pulver, in eine Schüssel gleiten. Dann stellte er eine mit kochendem Wasser gefüllte Teekanne auf ein Stövchen. Die Flüssigkeit schüttete er in den Behälter und verrührte sie, um das Pulver aufzulösen.

Ein paar Minuten später betrat Tao Gan sein Zimmer, ein Bündel unter dem Arm.

„Darf ich Eure Exzellenz darüber informieren, dass Novizen in den Korridoren lauern, die zu Ihren Räumlichkeiten führen? Ich weiß nicht, was Eure Exzellenz ihnen getan haben, aber sie könnten nicht alarmbereiter sein, wenn es hieße, ein Tiger sei im Innern des Gebäudes gesichtet worden."

Di erwartete schon fast, einen von ihnen unter der Bettdecke zu finden. Unter den verwirrten Blicken seines Sekretärs zog er sein Schwert aus der Scheide, schnappte sich ein Kissen und schlitzte es auf, um das Polster herauszureißen.

„Hast du mir gebracht, worum ich dich gebeten habe?", fragte er.

Tao Gan nickte und legte sein Bündel auf den Tisch. Er zog daraus eine große Mönchskutte, die er aus dem Waschhaus entwendet hatte, hervor, einen Hut mit Quasten und die Leinensandalen, die er sich geliehen hatte, um im Chor mitzusingen. Di drapierte das Kleidungsstück über Tao Gans Schultern und schien zufrieden. Die Verkleidung musste perfekt sein, wenn er eine Chance haben wollte, unbemerkt zu bleiben.

Er fing an, den Füllstoff des Kissens so zu kneten, dass er eine längliche Form annahm, dann vermischte er das Ganze mit dem Kleber, den er durch die Auflösung des Pulvers im Teewasser hergestellt hatte. Nun galt es, das Kunstwerk nur noch am geeigneten Ort zu befestigen. Tao Gan war nicht sonderlich begeistert von der Idee, sich das Kinn mit dem starken Kleber vollzuschmieren.

„Nun mach schon", sagte sein Herr, „das geschieht schließlich alles zum Ruhm unseres Staates und der Justiz."

Die Nacht war hereingebrochen. Als der Bart an seinem Platz war, zündete Di die Lampen an und arrangierte sie so, dass die Silhouette seines Sekretärs auf das Papierrechteck des Fensters projiziert wurde. Tao Gan, nunmehr Bartträger und mit der Kappe des Richters auf dem Kopf, hantierte mit Pinsel und Pergament und gab in diesem Schattentheater eine sehr gute Figur ab.

„Immerhin", dachte der Richter, „sind diese Mönche davon überzeugt, dass ihre Götter spontan entstehende Brände erzeugen können. Da müsste es doch mit dem Teufel zugehen, wenn sie mein Schauspiel für fünfjährige Kinder nicht für echt halten."

Di zog die Safranrobe und die Sandalen an, bedeckte seinen Kopf mit dem Quastenhut, dessen breite Krempe zwar den Vorteil hatte, sein Gesicht teilweise zu verbergen, ihm aber kein besonders intelligentes Aussehen verlieh. Er ließ seinen eigenen langen und schönen Bart in den Kragen des Gewands gleiten, um ihn soweit wie möglich verschwinden zu lassen. Dann, während Tao Gan vor den Papierfenstern seine Rolle als hysterischer Richter spielte, bildhaft und auffallend, öffnete Di die Tür einen Spalt breit und glitt mit der Unauffälligkeit eines Mönchs, der Seiner Exzellenz soeben den Abendreis gebracht hatte, auf den Gang hinaus.

Das Gebäude war in der Tat mit Spionen gespickt; die Mönche drängten sich in allen Winkeln. Aber da man munkelte, dass der ungestüme Richter gerade dabei sei, in der Mitte seines Zimmers ein Pas de deux einzustudieren, interessierte man sich kaum für den Domestiken, der da mit gesenktem Kopf unter seinem Hut durch die Gänge schlich, um sich zweifellos zu einer der zahlreichen Zeremonien zu begeben, die tagtäglich in den heiligen Mauern stattfanden.

Unerkannt gelang es Di, ohne Umwege in jenen Teil des Klosters zu gelangen, den man ihm bisher wohlwissentlich vorenthalten hatte. Er fühlte sich immer unwiderstehlich von Dingen angezogen, die man vor ihm zu verbergen versuchte.

Er gelangte in einen Innenhof, in dem eine Pagode aus dunklem Holz stand, der die Dunkelheit ein geradezu geisterhaftes Aussehen verlieh. Über der Tür hing eine Widmung an die Fruchtbarkeit. Im Inneren prangte ein Bildnis, das zweifellos eine Frau darstellte, denn sie wies mehrere Paare von Brustwarzen auf, um die sie selbst das bestausgestattete kaiserliche Kindermädchen gewiss beneidet hätte. Gegenüber ragte die Statue des Dämons auf, den man für die Qualen der Unfruchtbarkeit verantwortlich machte. Sein schiefer Mund, die rote Gesichtsfarbe und die blutunterlaufenen Augen ähnelten dem Aussehen des Abts an jenem Tag, an dem Di ihm angekündigt hatte, Ermittlungen gegen seine Mönche durchführen und die Truhen mit den Träumen öffnen lassen zu wollen.

Der Richter konnte sich denken, wie die Logik der Mönche funktionierte: Um den Mutterschaftswilligen, die hier ihre Andacht leisteten, die bestmöglichen Chancen einzuräumen, opferte man nicht nur der Göttin der Fruchtbarkeit, sondern spendete auch etwas dem Verantwortlichen für ihr Unglück, damit dieser von seinem Opfer ablasse.

Diese Pagode war übrigens nicht ausschließlich Fragen der Niederkunft vorbehalten, wie er schon bald bemerkte. Auch Spuren eines anderen Ritus fanden sich vor der Darstellung des wütenden Dämons: Auf dem Boden lag eine kleine männliche Puppe, gespickt mit Haarnadeln. Als er sie genauer betrachtete, bemerkte Di an ihrem Aussehen einige Einzelheiten, die er mit gemischten Gefühlen aufnahm. War es die schwarze Kappe, die ihn beunruhigte? Oder der Spitzbart aus Ziegenhaar? Oder die grüne Robe, in der Farbe der Justiz? Man konnte einigermaßen sicher sein, dass der Ritus, der auf dem Altar praktiziert wurde, keineswegs eine Danksagung zugunsten eines Richters war, dem man das Wohlwollen des Himmels wünschte. Di rechnete kaum damit, dass der Prior ihm mitteilen würde, man habe für ihn den Schutz der Götter erfleht, ohne ihn vorab zu informieren. Das grimmige Auge des Dämons nahm er nicht als positives Anzeichen für dessen Bereitschaft, jenen Güte zu erweisen, deren Puppe man vor ihm niederlegte. „Glücklicherweise bin ich nicht abergläubisch", dachte Di. Auch wenn er diese Verfluchungsrituale nicht einen Augenblick lang ernst nahm, so trug er doch Sorge, das lächerliche kleine Abbild in das nächstgelegene Kohlenbecken zu werfen, für den Fall, dass der konfuzianische Pragmatismus, auf dem seine Gemütsruhe basierte, überschätzt worden war.

Da hörte er Schritte. Eine Gruppe von mehreren Personen näherte sich. Weil es in der Pagode keinen anderen Ausgang gab und seine Kleidung ihm vermutlich nicht gestattete, unentdeckt am Prior vorbeizuspazieren, rutschte Di hinter die Dämonenstatue, deren Korpulenz, Tigerfell und ausgebreitete Arme eines Lastenträgers ihn vollständig verbargen.

Er sah, wie ein bürgerlich wirkendes Paar vom Prior zu der Göttin geleitet wurde. Ein kurzes Gebet wurde gesprochen, danach legte die Frau eine Börse auf den Altar, die bei der Berührung mit dem Stein ein metallisches Geräusch höchster Reinheit erzeugte.

Nach einem kurzen Aufenthalt vor dem karmesinroten Bildnis führte der Prior seine Gäste nach draußen, wohin Di ihnen folgte, sich bemüht, sich so unauffällig wie möglich zu verhalten.

„Ihre Gattin wird die Nacht in diesem Gebäude verbringen, das extra für weibliche Gäste reserviert ist", sagte der Prior und wies auf einen eleganten Pavillon auf der anderen Seite des Hofes. „Sie wird sich dort sehr wohl fühlen. Der Aufenthalt hinter diesen Mauern ist bekannt dafür, dass er die Empfängnis männlicher Kinder begünstigt. Frau Lou wird im Traum die Antwort auf ihre innersten Wünsche bekommen."

„Und was genau geschieht da?", erkundigte sich der dicke Kaufmann, der so sehnsüchtig darauf wartete, dass ihm seine Frau einen Erben schenkte. Der Prior erklärte ihm den scheinbar sehr ausgeklügelten Ablauf: „Wir führen jetzt gleich eine kleine Zeremonie zur Dämonenvertreibung durch. Nicht, dass ich glaube, dass Frau Lou von einer dunklen Macht besessen ist, aber wir wollen ja sicher gehen, verstehen Sie? Es handelt sich vor allem um eine Reinigung, damit wir uns vergewissern können, dass die Wirksamkeit der magischen Behandlung nicht beeinträchtigt wird."

„Man hat mir gesagt", entgegnete der Mann, dem es bisher versagt gewesen war, Vater zu werden, „dass diese Methode absolut unfehlbar sein soll."

„Sagen wir, es funktioniert bei einer von dreien, das wäre zutreffender. Aber es ist doch so oder so eine wunderbare Gelegenheit zu erleben, wie in einem Hausstand ein Kind geboren wird, das dort bisher so schmerzlich vermisst wurde. Wenn das Schicksal es so will, dass ein Mädchen zur Welt kommt, ist es möglich, die Beschwörung der Niederkunft erneut durchzuführen. In diesem Fall werden fünfzig Prozent Ermäßigung auf den ursprünglichen Preis gewährt. Das ist der Großzügigkeit unseres Abtes, *Unwandelbarkeit des Heiligen Weges*, zu verdanken."

„Seine Heiligkeit ist ein zu guter Mensch!“, sagte der Kaufmann andächtig.

Der Prior verneigte sich. „Unser Gebieter legt Wert darauf, vor allem die Allerbesten unter unseren Anhängern zu begünstigen. Er macht aber keine Frage des Geldes daraus, ihm sind nur die Ehre Taos wichtig und das Glück, das er empfindet, wenn er den Nutzen unserer Religion unter den treuen Gläubigen verbreiten kann.“

Der Gläubige verstand die Botschaft. Besorgt darum, auch als einer jener Treuen betrachtet zu werden, ließ er seinem Gesprächspartner eine weitere Spende zukommen.

„Ihre Gattin“, fuhr der Prior fort, „wird im Traum die Offenbarung ihrer künftigen Schwangerschaft erleben, falls es zu einer solchen kommen sollte. Das ist ein angenehmer Effekt unseres Traumkultes. Aus diesem Grund ist es äußerst wichtig, dass sie in diesem Pavillon schläft, und zwar allein. Denn wir haben alles so eingerichtet, dass sie eine Nacht verbringen kann, die günstig für Visionen mit guten Vorzeichen ist.“

Als er dies alles hörte, begann Di ein Licht aufzugehen. Er ahnte, dass hier mit ganz faulen Tricks gespielt wurde. Die Versuchung musste ja auch zu groß sein, diesen motivierten, verzweifelten und abergläubischen Frauen eine Art Vorahnungstraum vorzugaukeln, in dem ihnen ein freudiges Ereignis angekündigt wurde. Zu gern hätte er gewusst, welcher irreführenden Auslegung des Traumkultes sich diese Mönche bedienten, um ihr schändliches Ziel, die Sicherung zusätzlicher Einkünfte, zu erreichen. Die einzige Art und Weise, sich darüber Gewissheit zu verschaffen, bestand darin, den Gästepavillon zu überwachen, um mit eigenen Augen zu sehen, was geschah, sobald der Gatte gegangen war.

Er wusste, dass die taostischen Mönche Exorzismen praktizierten, vor allem bei jungen Frauen, die angeblich von Füchsinnen besessen waren. Diese Art gemeiner Geister brachte sie meist dazu, die korrekten Benimmregeln mit Füßen zu treten, indem sie etwa Männer bezirzten. Nun, da es sich in diesem Fall offensichtlich um ein anderes Problem handelte, fragte er sich, was ihn wohl erwarten mochte.

Nach einer Stunde des Wartens ließ sich ein immer lauter werdender Radau vernehmen. Eine Reihe von Mönchen in bunten Kutten näherte sich im Gänsemarsch mit Trompeten, Trommeln und Weihrauchgefäßen. Die kleine Gruppe betrat den Pavillon, in dem die Dame sich bereits eingerichtet hatte. Man hätte die Mönche für eines dieser komischen Orchester halten können, die am Abend der Hochzeit für das Brautpaar ein Spektakel veranstalten. Di beobachtete diese herausgeputzten Marionetten aus der Ferne, wie sie zum Klang ihrer Instrumente das Bett umkreisten. Auch wenn das Ganze immer noch relativ harmlos anmutete, so hätte sich manche Dame bei einer derart lärmenden Vorführung mächtig gefürchtet, noch dazu an einem Ort, den sie nicht kannte und an dem sie sich vielleicht zum ersten Mal in ihrem Leben wirklich verlassen vorkommen musste. Diese Frau aber schien einfach nur nicht zu wissen, was davon zu halten war. Sie blieb reglos auf ihrem Stuhl sitzen, während man das Zimmer mithilfe von ziemlich viel Weihrauch einnebelte. Der Krach ebbte ab, als der Exorzist erschien. Der Mann ergriff das Wort mit dem Ernst desjenigen, der in direkter Verbindung zu den Göttern steht:

„Ich weiß, dass Sie eine treue und liebende Gattin sind, die es verdient, aufgrund dieser Eigenschaften ihren so heiß ersehnten Kinderwunsch endlich erfüllt zu bekommen", begann er. Dann vollführte er einige magische Schritte, murmelte zwei oder drei Gebete, und alle zogen sich zurück. Die Frau blieb allein im Dunkel zurück, betäubt von all dem Lärm und der Hektik, die sich noch einen Moment zuvor umgeben hatten. Da ihr nichts anderes mehr zu tun übrig blieb, legte sie sich vor Dis Augen auf das Bett.

Nach längerer Zeit begann der Richter zu gähnen. Es sah so aus, als würde nichts weiter geschehen. Di sagte sich, dass er wohl unrecht gehabt hatte, hinter dem Ganzen mehr als eine kleine Manipulation zu vermuten, die auf der Naivität und Charakterschwäche der Gläubigen basierte. Er verließ daher gerade seinen Beobachtungsposten, als im selben Augenblick ein seltsames Rascheln seine Aufmerksamkeit erregte. Eine flüchtige Silhouette huschte über den Hof, eine Fackel in der Hand haltend. Als der Schatten fast neben ihm vorbeischlich, sah der Richter, dass es sich um einen ziemlich hübschen jungen Mann handelte, der nahezu nackt war. Seine Lenden waren mit einem Tigerfell umgürtet, das ihm das Aussehen einer der Statuen der taoistischen Tempel verlieh. Er war kräftig geschminkt. Mit seinen schwarz umrandeten Augen, den gelb bemalten Wangen und der mit vergoldeten Pailletten verzierten Haut sah er aus wie ein durch Magie zum Leben erweckter Glückseliger, eines der Bildnisse gar jener Heiliger im Pavillon der Träume.

Di glaubte, seinen Augen nicht zu trauen. Das Phantom mit der Fackel betrat den Pavillon, in dem die Frau ruhte. Der Richter presste seine Augen ans Fenster, um alles sehen zu können. Die Besucherin schlief nicht; sie saß auf dem Bett und betrachtete heftig erschrocken den

Neuankömmling. Der halbnackte Engel begann sehr lasziv um sie herumzutanzen. Dann löschte er wortlos seine Fackel und kroch zu ihr ins Bett. Er hatte eindeutig nicht die Absicht, ihr einen gewöhnlichen Segen zu erteilen.

Einige Worte der Dame ließen Richter Di aufhorchen. Vielleicht ließ sie sich von der List doch nicht so sehr täuschen, und sie schien auch nicht sonderlich überzeugt davon, dass sie im Begriff stand, mit einem Engel zu schlafen. „Ach, wenn mein Mann das wüsste!", hörte er sie stammeln.

Sicher passierte es öfter, dass bestimmte Frauen, die scharfsinniger waren als andere, den Schwindel erkannten und aus freien Stücken nachgaben. Das war dann eine kleine Rache für das Leben, das ihnen einen Gatten beschert hatte, den sie gar nicht selbst gewählt hatten, der zudem oft viel älter war als sie und dessen obligatorische Zärtlichkeiten meist einen gewissen Reiz vermissen ließen.

Der Richter, von Haus aus stets argwöhnisch, fand, dass sie, wenn sie nicht Betrogene waren, in solchen Fällen Komplizinnen darstellten. Falls sie darüber hinaus Bedauern verspürten, würden diejenigen, denen sie ihre Beziehungen zu einem Engel beichteten, vermutlich glauben, dass sie erleuchtet, verrückt oder besessen waren.

Das Kloster war reich und hatte seine Unterstützer. Die Eheleute, die auf diesem Umweg zu Eltern wurden, zeigten sich bestimmt großzügig in Form von Geldspenden oder Einflussnahme. Zweifellos würde der Prior dem Ehemann am nächsten Morgen verkünden, dass alles erfolgreich verlaufen sei, was seine Gattin bestätigen würde, indem sie versicherte, dass sie den versprochenen Vorahnungstraum gehabt habe. Und in der Tat: Welcher nächtliche Besuch wäre besser geeignet gewesen, ein freudiges Ereignis erwarten zu lassen?

Di dachte entsetzt daran, dass auch er seine Erste Dame zu einer solch skandalösen Heilung hätte schicken können, wenn sie das gewünscht hätte. Dieses Kloster hatte definitiv mehrere Eisen im Feuer, wenn es darum ging, aus Träumen Kapital zu schlagen. Die Mönche waren dabei, die Gegend mit ihren Sprösslingen zu bevölkern, die dann ihrerseits … Er zog es vor, diese Vision einer Kaste von Zuchtbullen, die Ehepaare von Generation zu Generation mit Nachwuchs versorgten, nicht weiter zu vertiefen.

Jetzt verstand er die Abneigung der Nonnen den Mönchen gegenüber jedenfalls besser. Sie waren weit von Askese und Verzicht – den Idealen Buddhas – entfernt, und was ihn betraf, so war es seine Aufgabe, die juristischen Möglichkeiten auszuloten, mit denen diesem abscheulichen Handel, der offenbar alle Welt zufriedenzustellen schien, ein Ende bereitet werden konnte.

Schlussendlich war das Ganze ein kostspieliges Hörneraufsetzen; denn jedes Pfund des kleinen Bastards würde den Hahnrei teuer zu stehen kommen. Dies war zweifellos die einzige Möglichkeit, einen Ehebruch mit Folgen – um es höflich auszudrücken – zu begehen und ihm sogar einen Anschein von Moral zu verleihen. Bis zu welchem Punkt glaubten die Ehemänner an den Trug? Er ermöglichte ihnen jedenfalls – bei einem von drei Versuchen? –, die Geburt eines Kindes zu erleben, ohne sich vorstellen zu müssen, dass die Unfruchtbarkeit in der Ehe vielleicht nicht allein der Gemahlin zuzuschreiben ist. Außerdem lag hier keine Gaunerei im eigentlichen Sinne vor, denn manchmal wurde ja ein Kind geboren. Dies war eine sehr hohe Erfolgsquote für einen Ritus, der freilich nicht ausschließlich auf Magie zurückzuführen war. Was den Aspekt der Prostitution in diesem Fall betraf, so war es auch nicht viel teuer, als die Dienstleistungen gewisser Kurtisanen erster Kategorie in Anspruch zu nehmen, von denen man dem Richter schon berichtet hatte.

„Gut", sagte er sich, „kehren wir wieder etwas zu unseren Ermittlungen zurück. Diese klösterlichen Schandtaten haben uns zu lange von unserem eigentlichen Ziel abgelenkt." Er legte sich schlafen, ohne jegliche Hoffnung, dass ein weiblicher Engel erscheinen würde, um sein großes, kaltes Bett mit ihm zu teilen.

XVIII

Richter Di zeigt, dass auch er einige Zaubertricks kennt; ein Murmelspiel erweist sich als äußerst lehrhaft.

Bei Anbruch des Morgens hatte Richter Di ausgeschlafen. Er hatte sich nicht geirrt: Ihn hatte kein Engel besucht. Er nahm sich vor, beim nächsten Mal im Nonnenkloster zu ermitteln, wo die nächtlichen Besuche seinem persönlichen Geschmack wahrscheinlich mehr entsprechen würden.

Da er sich nun über alles im Klaren war, stand er auf und kleidete sich an. Die Gänge waren verwaist, als hätten sich sämtliche Klosterinsassen zurückgezogen, um sich nächtlichen Feierlichkeiten zu erholen. Dann fiel Di wieder ein, dass man hier den Traumkult pflegte, der logischerweise auch Schlaf voraussetzte. Deshalb zögerte man vermutlich, die Mönche jäh zu wecken, falls sie gerade von Dingen größter mystischer Bedeutung träumten. Er befand sich im Land des faulen Vormittags. Der Richter fand, dass dieser Ort doch gar nicht so übel war: Man aß gut und schlief noch besser, und er stellte fest, dass es darüber hinaus einige interessante Nebeneffekte gab. Falls einer seiner Söhne den Wunsch äußern sollte, dieser Gemeinschaft beizutreten, hätte er Schwierigkeiten, ihn davon abzubringen und mehr noch, ihn deswegen zu tadeln.

Di nutzte die Stille, um aufs Geratewohl im Kloster umherzuschweifen. Dabei gelangte er an eine große, rot lackierte Tür. Da die Neugier sein ständiger Begleiter war, beschloss er nachzusehen, was sich dahinter verbarg. Er schob den Riegel aus Bronze zurück und trat ein. Im schummrigen Licht einiger hoher Dachfenster erkannte er die Umrisse eines abscheulichen gehörnten Mannes, der drohte, ihn mit einem Blitz aus seinen geröteten und hervorstehenden Augen zu treffen. Einige vollständig nackte Dämonen wanden sich vor Schmerzen und schienen in teilweise qualvoller Ekstase regelrecht ineinander zu zerfließen. Di hatte gehört, dass die taoistischen Klöster häufig eine Galerie des Schreckens bargen, in der man Initiationsriten vollführte, bei denen die Novizen sich mit den Gräueln des Jenseits auseinandersetzen mussten.

Di hielt das Ganze für abstoßend, mehr noch, es war beschämend und äußerst geschmacklos. „Ich sollte alle hier festnehmen lassen“, murmelte er. „Leider ist das Delikt eines Einzelnen ohne Weiteres strafbar, nicht aber Verbrechen gegen die Moral, die von vierzig Perversen verübt worden sind, die noch dazu über politische Unterstützung verfügen.“ Die Handlung eines Einzelnen konnte als Straftat beurteilt werden. Wurde sie von einer ganzen Menschenmenge begangen, sprach man nur noch von Exzentrik, fast schon von einer allgemeingültigen Regel.

„Eure Exzellenz haben sich verirrt, nehme ich an“, sagte eine Stimme hinter ihm.

Di erschrak. Es war der Prior, und er machte keineswegs den Eindruck, das, was er gesagt hatte, zu glauben. Man hätte meinen können, er hätte soeben in flagranti einen Voyeur ertappt.

Di errötete bis über beide Ohren.

„Sie kommen gerade rechtzeitig“, antwortete der Richter und meinte eigentlich, dass sein Auftauchen nicht ungünstiger hätte fallen können. Er bat den Prior um Unterstützung, während er jeden einzelnen der mehr als dreißig noch lebenden Mönche befragen würde.

Bald darauf bildete sich eine Warteschlange vor seinem Zimmer. Die Mönche traten der Reihe nach ein und wurden eine einzige Sache gefragt: Hatten sie während ihrer Meditationen im Pavillon der Träume Stimmen vernommen?

„Was haben Sie gesagt?“, fragte der erste von ihnen sehr laut, ein recht betagter alter Mönch, den der Richter sogleich von seiner Liste strich.

Di hatte sich ihre Namen aufschreiben lassen und ging nun alle durch. Viele schien seine Frage zu beunruhigen. Aus denen, die sich weigerten, die Wahrheit zu sagen – aus Angst, für verrückt gehalten zu werden –, und denjenigen, die befürchteten, die Schrecken wiederholen zu müssen, die ihnen jene Stimme wahrscheinlich beschert hatte, ergab sich ein Haufen stummer Zeugen, die lediglich ihre verunsicherte Haltung verriet. Ihre Körper sprachen an ihrer Statt Bände.

„Glauben Eure Exzellenz wirklich, dass sich Ihnen dank dieser ermüdenden Verhöre die Wahrheit offenbart?“, fragte der Prior hinterhältig.

Di hatte ein ganz anderes Ziel: Dieser ganze Wind, den er da machte, löste beim Mörder vielleicht Panik aus, sodass er einen verhängnisvollen Fehler beging. Und nebenbei stellte sich noch eine andere Tatsache heraus: Jene Stimme, die er selbst vernommen hatte, war keine Einbildung gewesen, dieses *Wunder* hatte offenbar das gesamte

Kloster betroffen. Darin musste des Rätsels Lösung zu finden sein.

Plötzlich erschien der Abt inmitten seiner Mönche. Der Richter machte Anstalten, sich zu erheben. Das unerwartete Auftauchen des geistigen Führers war äußerst ärgerlich. *Unwandelbarkeit des Heiligen Weges* bedeutete ihm, sitzenzubleiben und tat so, als wäre er niemand weiter als ein simpler, namenloser Botschafter.

„Ich bin gekommen, um Ihre Fragen zu beantworten, da Sie ja jeden von uns zu verhören gedenken."

„Eure Heiligkeit hätten sich die Mühe doch nicht machen müssen. Ich wäre auch in Eure Gemächer gekommen, um Sie zu befragen. Dabei ist Ihre Zeugenaussage gar nicht notwendig."

„Ich denke, dass meine Zeugenaussage genauso viel wert ist wie die meiner Schüler, meinen Sie nicht?", antwortete der Klosterleiter mit eisiger Stimme. „Wir alle sind hier, um Eurer Exzellenz behilflich zu sein, und es ist mir ein seltenes Vergnügen, mich Eurer Autorität zu beugen."

Falls er vorgehabt haben sollte, Di in eine unangenehme Situation zu bringen, hätte er nichts anderes getan. Einer nichtexistierenden Vorladung nachzukommen, war ein hervorragendes Mittel, den Richter spüren zu lassen, dass dieser seine Rechte weit überschritt und den Anstand mit Füßen trat.

„Ich bin erfreut, dass keine einzige wichtige Aktivität Eure Heiligkeit davon abgehalten hat, an meiner kleinen Befragung teilzunehmen", antwortete Richter Di, zufrieden, dass er eine spitze Bemerkung gefunden hatte, die er dem Abt zuwerfen konnte. „Zweifellos sind die Bürden dieses Klosters nicht so schwer, als dass Ihnen mein Anliegen nicht ein wenig willkommene Abwechslung bietet."

Die bleichen Lippen des obersten Gebieters pressten sich derart zusammen, dass nur noch eine dünne Linie zu sehen war, die sich anschickte, auch noch vollständig zu verschwinden.

„Worauf man nicht alles verzichten würde, wenn es darum geht, den Wünschen der Justiz zu entsprechen", sagte er dann, beinahe ohne den Schlitz zu öffnen, der ihm als Mund diente.

Als der letzte Mönch den Raum verlassen hatte, bewaffnete sich der Richter mit einer großen Laterne und kehrte an den Tatort zurück, um diesen mithilfe von ausreichend Beleuchtung erneut zu untersuchen. Während Tao Gan die Laterne hielt, hoffte Di, dass sein berühmter Kollege, der oberste Richter, ihn in Ruhe herumschnüffeln ließe. Er entdeckte nichts Besonderes bei diesem fast schon grellen Licht, außer dass der Blumenschmuck an den Wänden viel stärker hervortrat, als er gedacht hatte. Die falschen Bambusstangen klangen hohl, der Stuck, aus dem sie gefertigt waren, war aufgrund von altersbedingtem Verschleiß an bestimmten Stellen durchgebrochen. Di flüsterte Tao Gan ein paar Worte ins Ohr, der seine Laterne dem Geschichtsschreiber anvertraute und dann zur Treppe eilte.

Nachdem Di einen Augenblick nachgedacht hatte, wandte er sich an den Gelehrten und bat ihn, ihm ein paar wertlose Perlen zu beschaffen, und zwar so kleine wie möglich. Der übergab ihm bald darauf eine Menge alter Gebetsketten, deren Kügelchen aus Holz, Glas oder Kupfer waren. In diesem Kloster mangelte es nun wirklich nicht an Schnickschnack, dachte der Richter, wo doch die Mönche die Angewohnheit besaßen, es in einen Trödelmarkt zu verwandeln. Er durchtrennte die Ketten und löste die Kügelchen ab. Dann ließ er die Perlen einzeln in die Röhrchen gleiten, deren Öffnungen teilweise gerade groß genug für sein Vorhaben waren.

„Vorwärts, vorwärts, meine Kleinen, wollen wir doch mal sehen, was wir sehen werden. Ich weiß auch, wie man Wände zum Sprechen bringt."

Sie warteten einige Zeit. Der Richter rührte sich nicht vom Fleck, sondern betrachtete den Stuck, während der Geschichtsschreiber sich fragte, wie es um seine Sicherheit bestellt war, solang er sich allein mit dieser seltsamen Person in diesem düsteren Saal befand, in dem ein abscheulicher Mord begangen worden war. Hatten nicht die Morde und auch die anderen verdächtigen Todesfälle erst mit der Ankunft dieses unheimlichen Menschen begonnen? Er musste es wissen, schließlich oblagen ihm das Notieren der täglichen Nachrichten. Er stand gerade im Begriff, sich unauffällig in Richtung Ausgang zu bewegen, als er von der Treppe her ein Laufgeräusch vernahm.

Tao Gan erschien wieder, ganz außer Atem, und öffnete seine Hand. Di und der Mönch konnten sehen, dass sich die drei Arten von Perlen darin befanden.

„Nun gut, die Hälfte des Falles ist damit gelöst, und mit etwas Glück vielleicht sogar noch mehr", sagte der Richter und rieb sich die Hände. „Sorge dafür, dass jeder erfährt, dass ich hier bin, um die Ergebnisse der Untersuchung zu besprechen. Lass es, falls erforderlich, im ganzen Kloster verkünden."

Der Geschichtsschreiber fand diese Szene noch undurchschaubarer als die Dämonenvertreibungen, die im Erdgeschoss abgehalten worden waren. In welchem Alter musste man sein, um sich daran zu erfreuen, erfolgreich Kügelchen durch einen Schacht gefallen lassen zu haben? Er fragte sich auch, welchen Sinn er diesen Hirngespinsten verleihen sollte, wenn er sie in seine geliebten Aufzeichnungen aufnahm.

Di bat ihn, Bruder Gao zu holen, den zuständigen Mönch für den Brandschutz. Der Geschichtsschreiber beeilte sich zu gehorchen. Er war nicht unglücklich darüber, an einen harmonischeren Ort zurückkehren zu dürfen, an dem kein vernünftiger Erwachsener auf die Idee kam, mit Murmeln zu spielen. Im Hof schwenkten Mönche mit den Quastenhüten ihre Fliegenklatschen vor der Frontseite des Pavillons. Hinter seinem halb geöffneten Fenster fragte sich der Richter, ob diese Vorstellung etwas mit seiner Anwesenheit im Gebäude zu tun haben mochte.

Als der dicke Feuerwehrsmönch zu ihnen gestoßen war, führte Tao Gan sie in einen geräumigen Keller, in den man durch eine kleine Tür auf der Rückseite gelangte. Bruder Gao erklärte ihnen, dass es sich dabei um eine Art alte Zisterne zur Sammlung von Regenwasser handle, die zur selben Zeit angelegt worden sei wie die Klosteranlage über ihr.

Da er mit Genauigkeiten nie geizte, fügte er hinzu, dass ein neues, wirksameres System schon längst umgesetzt worden sei. Offensichtlich hatte man dabei die alten Leitungen im Inneren der Wände so belassen wie sie waren. Nachdem der Gründer des Ordens jene Vision gehabt habe, die ihm auftrug, die heilige Stätte auf dieser

Höhe zu errichten, verschwendete er keinen Gedanken an primitive materielle Fragen. Aufgrund der steilen Lage des Klosters sei aber schon bald ein Problem mit der Wasserversorgung aufgetreten; deshalb habe man von Anfang an sorgfältig das Regenwasser gespeichert. „Zum Glück wacht der Himmel darüber, dass es eine ausreichende Zahl von Regentagen gibt, um unsere Bedürfnisse das ganze Jahr über zu decken“, schloss Bruder Gao mit der Befriedigung, die ihm sein unerschütterliches Vertrauen in die göttliche Vorsehung gab.

Di war überglücklich. Tao Gan zeigte ihm die Stellen, an denen die Kügelchen herausgefallen waren. An allen Seiten verliefen Leitungen entlang der Wände, die in sehr schlechtem Zustand waren, um in eine Art Wasserhähne zu münden, aus denen das von den Dächern kommende kostbare Nass in früheren Zeiten in die Zisterne geflossen war. Ihre Anzahl war beeindruckend. Die Leitungen mussten sich nicht nur in das Bauwerk über ihren Köpfen schlängeln, sondern auch in alle anderen, deren Dachrinnen ebenfalls ihren Beitrag leisteten.

Aber ein Versuch fehlte noch, um das Studium der wundersamen akustischen Phänomene abzuschließen. Der Richter zog aus seinem Ärmel eine Flöte, die er extra für diesen Zweck mitgenommen hatte, und vertraute sie seinem Sekretär an. Gefolgt von einem ständig vor sich hinplappernden Bruder Gao, der die Vorgänge und Bewegungen, die unmittelbar vor seinen Augen stattgefunden hatten, in keiner Weise beachtet hatte, stieg Di in den Meditationssaal hoch. Nach einer Weile bezeichnete er dem Mönch zu schweigen. Ein gedämpfter Ton, der immer lauter wurde, erfüllte den Raum, bis er plötzlich wieder abebbte. Di hatte Tao Gan aufgetragen, im Keller umherzugehen und dabei unentwegt auf der Flöte zu spielen. Die Musik musste an allen möglichen Orten zu hören sein, je nachdem, ob Tao Gan vor dem einen oder anderen Rohr stand.

„Was für ein raffiniertes System“, dachte der Richter. „Wenn es in meinem Yamen eine solche Einrichtung gäbe, müsste ich mich nicht mehr heiser schreien, um meine Domestiken, Frauen oder Gehilfen zu erreichen, die sich für gewöhnlich immer am anderen Ende des Palastes befinden.“

Di stellte mit Befriedigung fest, dass er soeben das Wunder der allgegenwärtigen Musik wiederholt hatte. Blieb nur noch zu klären, welcher Bewohner des Klosters Zugang zu den Mitteln hatte, mit denen er nicht nur diese Wunder, sondern auch die Verbrechen hatte begehen können.

Ein Klappern von Sandalen war zu vernehmen, das von draußen in den Pavillon drang, und Di trat ans Fenster. Wie er erwartet hatte, sah er den Abt äußerst beunruhigt auf seinen Seidenschuhen daherschlittern, gefolgt von einer Schar, die verzweifelter wirkte denn je. Auch deren beschlagene Sandalen klapperten auf dem Boden. Die kleine Gruppe überquerte eilig den Hof und stürzte in das Gebäude. Bald darauf entstand ein enormer Radau auf der Treppe. Nachdem ihn dieses neue akustische Phänomen heimgesucht hatte, überlegte der Leiter des Klosters nicht lange, wen er zur Rechenschaft ziehen musste.

„Haben Sie das gehört?“, schrie er und sprang in das Zimmer. „Jetzt fängt das wieder an! Was gedenkt der bewaffnete Arm der Justiz zu unternehmen, um dieser Schmähung ein Ende zu setzen?“

Jetzt bemerkte der Abt, dass der Richter heiter, nahezu spöttisch schien. Misstrauisch besann er sich plötzlich anders.

„Ich wage nicht, mir vorzustellen, dass Sie mit diesem Störfall irgendetwas zu tun haben könnten", sagte er in einem Ton, der keinen Zweifel mehr an seiner Ansicht ließ. Und auch sein Gesichtsausdruck machte deutlich, dass er glaubte, den Urheber des ganzen Chaos identifiziert zu haben – den er im Übrigen von Anfang an in Verdacht gehabt hatte.

Di klopfte mehrmals auf die Wanddekorationen.

„Dürfte ich um die Aufmerksamkeit Eurer Exzellenz bitten?", fragte der Abt, der wenig erfreut war, dass sein Gegenüber sich mit Trommeln beschäftigte, statt sich auf dieses äußerst wichtige Gespräch zu konzentrieren.

„Eure Heiligkeit werden sehr bald die Erklärungen erhalten, die Ihr zustehen", antwortete der Richter mit betonter Höflichkeit. Kaum waren diese Worte ausgesprochen, als eine Art Grabesstimme im Meditationssaal erklang.

„*Unwandelbarkeit des Heiligen Weges*!", rief das Phantom. „Du hast aus meinem Heiligtum ein schändliches Bordell gemacht!"

Die Gestalt des Abtes fiel in sich zusammen. „Bei den drei himmlischen Richtern", wimmerte er. „Wer erlaubt sich das?"

„Schweig still, du unverschämter Priester, der du mit heiligen Gegenständen Handel betreibst! Du bist nicht würdig, mit deiner Kutte den Schmutz abzuwischen, den die Tauben auf meinen Heiligenbildern hinterlassen!"

„Wer spricht hier zu mir?", murmelte der Abt nach oben blickend. „Hat man den Mut, sich zu zeigen, oder muss ich die Beleidigungen einer körperlosen Stimme erdulden?"

Die entsetzten Mönche drängten sich in einer einzigen Traube in der Nähe der Treppe. Ihr Gebieter durchquerte den Saal mit kleinen Schritten und versuchte herauszubekommen, in welchem Winkel sich der üble Spaß verbarg. Mit jeder Minute schwand die Hoffnung auf eine rationale Erklärung ein bisschen mehr und wich einer weitaus beunruhigenderen und vor allen Dingen nicht wunderbaren. Der oberste Richter brach in hämisches Gelächter aus, die Hände des Klostervorstehers aber zitterten, ob vor Empörung oder aus Furcht, war nicht zu erkennen. Er griff nach denen des Richters, der den Eindruck hatte, wie ein Kaninchen von den Fängen eines Adlers umklammert zu werden.

„Ich bitte Sie inständig, tun Sie was, damit das aufhört!"

„Aber dieses Phänomen scheint mir doch viel eher zu Euren Kompetenzen zu gehören als zu meinen", entgegnete der Richter. „Ist dies das erste Mal, dass Sie davon hören? Sie haben doch erst vor Kurzem in diesem Raum eine Dämonenvertreibung durchgeführt, nicht wahr?"

Der Abt schien durcheinander zu sein. „Dieser Ort widersetzt sich meiner Macht", entgegnete er. „Ja, ich gestehe, dass man mich auf diese Stimmen angesprochen hat … aber ich hätte nie geglaubt …"

„Dass sie auch Sie angreifen würden?", vermutete der Richter. „Zum Glück hat auch die Justiz Macht über die unsichtbaren Kräfte."

Di klopfte erneut gegen die Stuckverkleidung, und die Stimme brach mitten im Satz ab, genauso abrupt, wie sie eingesetzt hatte. Der Abt blieb mit offenem Mund stehen.

„Ich schulde Ihnen eine Erklärung", sagte der Ermittler.

„Das denke ich auch“, entgegnete der Leiter des Klosters und ließ sich auf einen Stuhl sinken, den ihm einer seiner Gehilfen geistesgegenwärtig und in aller Eile bereitgestellt hatte.

„Sehen Sie“, fuhr Di fort, „die Blumendekoration in diesem Meditationssaal diente ja ursprünglich dazu, die Leitungen zu verbergen, die entlang der Wände verlaufen und in denen das Regenwasser gesammelt wurde. Ich habe Tao Gan hinuntergeschickt, dorthin, wo die Leitungen enden, und ihn gebeten, den Keller zu untersuchen. Wir haben entdeckt, dass diese Rohre in ein stillgelegtes Wasserbecken münden, das sich genau unter dem Klostergebäude befindet. Dank ihnen ist es möglich, einen Ton bis hierher in diesen Saal oder, wie wir mittels einer Flöte bewiesen haben, sogar in das ganze Kloster zu leiten, je nachdem, ob man dieses oder jenes Leitungsnetz verwendet. Ist das nicht fabelhaft?“, schloss er mit der Genugtuung eines Schülers, der überzeugt war, eine ausgezeichnete Leistung erbracht zu haben.

Der Abt fand das Ganze aber absolut nicht fabelhaft.

„Benötigen Eure Heiligkeit vielleicht eine erneute Demonstration?“, schlug der Richter vor.

Seine Heiligkeit wünschte keine weitere Vorführung; er war sowohl für das laufende als auch für das kommende Jahr bedient.

XIX

Der Richter zeichnet das Bild eines Mörders;
er bekommt Entschuldigungen zu hören.

Der Abt erholte sich langsam wieder von seinem aufgewühlten Zustand, während ihm zwei seiner Gehilfen vor seinem bleichen Gesicht unentwegt Luft zufächelten.

„Kann ich daraus schließen, dass Sie den Mörder, der unsere liebe Gemeinschaft so gequält hat, gefunden haben?", stieß er schließlich mühsam hervor.

„Absolut!", erwiderte der Richter. „Ich habe ihn restlos identifiziert. Sie sind es."

Der Abt fiel beinahe von seinem Stuhl. Noch bevor er seiner Sinne wieder mächtig war, begründete Di schon seine Behauptung:

„Der eigentliche Mörder, der hinter diesen Mauern Verwirrung und Unordnung verursacht hat, sind Sie. Es waren Ihr unersättlicher Stolz und Ihr Durst nach Heiligkeit, die Sie dazu brachten, den Menschen Ihrer Umgebung gegenüber jegliche Achtung zu verlieren. Was Ihre Schüler getötet hat, ist dieser Kult, den Sie über alle Gefühle gestellt haben. Es ist diese Verehrung toter Träumer, die die Mordgelüste ausgelöst hat. Es ist die Bevorzugung des Todes gegenüber dem Leben, die Sie in Ihr Unglück gestürzt hat. Die Logik ist völlig klar. Der Geist des Todes hat hier das Kommando über die Kräfte des Lebens übernommen. Sie selbst und die Äbte vor Ihnen haben die Katastrophe vorbereiten, in die sie mit dem Kopf voran hineingeschlittert sind, unfähig, die Folgen Ihrer eigenen Prinzipien zu begreifen. In diesem Kloster sind Mörder und Opfer zum Verwechseln gleich, alle glauben dasselbe. Ich würde sogar sagen, dass der Mörder in gewissem Sinne der Beste all Ihrer Mönche ist, denn er glaubt noch stärker an Ihr Dogma als seine Kameraden. Feiern Sie ihn! Er ist die Seele Ihrer Gemeinschaft. Es ist diese Seele, die Sie ermordet. Ich überlasse es Ihnen, den moralischen Aspekt dieses Falles zu beurteilen, das kommt Ihnen zu. Urteilen Sie über sich selbst."

„Wenn es möglich ist, würde ich trotzdem gern seinen Namen zu erfahren", murmelte der Abt, als er wieder Atem geschöpft hatte.

„Machen Sie sich keine Sorgen", antwortete der Richter. „Die Benennung der Schuldigen ist Teil meiner Arbeit, genauso wie das Anrufen der Dämonen der Hölle zu Ihrer gehört."

Di machte eine kurze Pause, um zu entscheiden, womit er beginnen sollte.

„Das Schwierigste war", sagte er dann, „herauszufinden, welches Motiv all diesen offenbar unzusammenhängenden Vorgängen zugrunde liegt. Nie zuvor habe ich es mit einem Mörder zu tun gehabt, der seine Untaten nicht als Lebender genießen wollte, sondern erst nach seinem Tod! Es bedurfte der magischen Atmosphäre Ihrer Gemeinschaft, um diese Vorstellung zu akzeptieren. Was man zumindest über Ihre Schüler sagen kann, ist, dass sie anders denken als die Menschen da draußen. Wenn man also zutiefst an die Existenz eines immateriellen Lebens glaubt, das weit über dem Wert des unsrigen liegt, warum sollte dann diese Überzeugung nicht auch zum Motiv für einen Mord werden können? Einer Ihrer Mönche hat der Versuchung nachgegeben, das Schicksal selbst in die Hand zu nehmen. Getrieben von seiner besessenen Lust, zur Heiligkeit zu gelangen, hat er danach getrachtet, falsche Vorahnungen mit der Wirklichkeit in Einklang zu bringen, koste es, was es wolle. Er hat also die Lüge einer ewigen Mittelmäßigkeit vorgezogen. Und für diesen Zweck reichte es aus, alles so einzurichten, dass die Träume, die er in den Truhen verwahren ließ, sich verwirklichten. Er wollte sich für das Jenseits absichern."

Völlig sprachlos machte der Klosterleiter nicht den Eindruck, als hätte er auch nur ein einziges Wort des Gesagten begriffen. Dessen ungeachtet setzte Di seine Darlegungen fort.

„Alles geht auf die Entdeckung dieses von allen vergessenen akustischen Phänomens zurück. Anfangs hat sich unser Mann damit begnügt, in der Zisterne Flöte zu spielen. Der Ton wurde durch die Wasserrohre weitergeleitet. Ich glaube, mit meiner Wiederholung bewiesen zu haben, dass dieser Vorgang absolut nichts Wunderbares an sich hatte."

„Ja, ja, Danke", sagte der Abt. „Das haben wir gesehen."

„Da es sich um einen intelligenten und motivierten Menschen handelt, hat er im Laufe der Zeit sein System verfeinert. Er hat die Mönche beeinflusst und sie dazu gebracht, seine Wunder zu bewirken: die brennende Statue etwa und den blühenden Busch."

„Um wen handelt es sich, im Namen des Himmels?", schrie der Abt, der es nicht länger aushielt.

Di lächelte grausam. „Was die Identifizierung des Schuldigen betrifft", sagte er, „so wäre die Öffnung aller Truhen sehr nützlich gewesen. Wir hätten viel Zeit gewonnen, wenn Sie mir erlaubt hätten, ihren Inhalt zu überprüfen."

„Halten wir uns an die Fakten", entgegnete der Abt, dem dieser verschleierte Vorwurf nicht sehr angenehm war.

Während er sprach, strich Di unentwegt über seinen langen Bart. „Ich denke, dass unser Mörder niemals zum Mörder geworden wäre, wenn er weiterhin geglaubt hätte, dass die Prophezeiung dieser Wunder ihm den Rang eines Heiligen einbringen würde. Unglücklicherweise haben Sie in dem nachvollziehbaren Bemühen, in Ihrer Gemeinschaft für Ruhe zu sorgen, beschlossen, die Vorfälle zu verharmlosen. Sie haben zu verstehen gegeben, dass diese merkwürdigen Ereignisse kaum von Interesse seien. Unser Mann musste den Eindruck bekommen haben, dass Sie all seine Anstrengungen geringschätzten. Überzeugt davon, dass seine Taschenspielerkunststücke nicht genügen würden, um ihm zur Heiligkeit zu verhelfen, wandte er sich frappierenderen Phänomenen zu. Und so wurde er zum Mörder. Was konnte wohl einen durchschlagenderen Erfolg haben, als ein Drama vorherzusagen, das die ganze Gemeinschaft erschüttern würde? Zum Beispiel den Tod eines ihrer Mitglieder? Zunächst kündigte er einen Selbstmord an und tat dann alles in seiner Macht stehende, um den armen Bruder Mo dazu zu bringen, sich umzubringen. Eine große Zahl Ihrer Schüler wusste um die geheimen Neigungen, die diesen Mönch gequält hatten, die etwas zu lebhaften Freundschaften mit einigen seiner Kameraden, wofür zum Teil die Indiskretion des Archivars verantwortlich war. Unser Übeltäter hat Bruder Mo während seiner Meditationssitzungen so lange bedrängt, bis dieser unglückliche Mensch jene unwiderrufliche Handlung beging, auf die sein Mörder gezählt hatte, um einen Bonus für die Nachwelt zu erhalten. Ist Ihr Traumweissagungssystem nicht wunderbar? Es hat drei Tode verursacht! Aber weiter: Die alten Rohrleitungen wandeln die Töne um. Es dürfte ihm nicht schwergefallen sein, seine Stimme so zu verstellen, dass sie unkenntlich wurde und wie aus einem Grab klang, so wie es mein Sekretär soeben tat."

„Ach", sagte der Abt, „dann war also Ihr Sekretär der Rüpel, der sich erlaubt hat ..." Er ließ den Satz unvollendet, denn er hatte wenig Lust, noch Erinnerung wiederaufleben zu lassen, die noch so schmerzhaft frisch war.

„Wenn man die richtige Leitung verwendet", fuhr der Richter ungerührt fort, „hört nur eine Person, die sich in diesem Saal befindet, die Worte. Der Mörder konnte sein Opfer also genauso zielsicher anpeilen wie mit Pfeil und Bogen. Eine Stimme zu vernehmen, die scheinbar aus dem Nichts kommt, wenn man allein ist, eine Stimme, die einem Dinge enthüllt, von denen niemand wissen darf, die die eigenen geheimsten Gedanken kennt, die Sie beleidigt und Ihnen unmissverständlich Befehle erteilt – das genügt, um jeden Menschen zu erschüttern. Selbst ich, der ich dem solidesten Konfuzianismus anhänge, war nicht stolz auf meine Reaktion, als er versucht hat, mich davon abzubringen, die Untersuchung weiter durchzuführen. Doch hatte er keine Waffe, die er gegen mich einsetzen konnte. Um seine Gefährten zu töten, genügte es ihm, deren Obsessionen und Schwächen zu kennen. Die eigenen Träume auf Papier festzuhalten, liefert anderen den Schlüssel zur eigenen Persönlichkeit."

„Genau deshalb ist ja auch die Strafe so schwerwiegend, wenn jemand das Verbot, die Truhen zu öffnen, miss achtet", sagte der Abt. „Unser Träume sind heilig und unantastbar."

„Nicht wirklich", sagte der Richter. „Ich bin mir sicher, dass Ihre Schüler zuweilen einander von ihren Träumen erzählen, und sei es nur, um mit diesen zu prahlen, ungeachtet der Regel. Ich habe festgestellt, dass sehr viele verbotene Dinge hinter diesen Mauern passieren", fügte er hinzu und warf dem Abt in der Ecke einen Blick zu, bei dem dieser leicht errötete. „Sie können mir gern denjenigen Ihrer Mönche präsentieren, der sich niemals den geringsten Verstoß gegen Ihre Gesetze, geschweige denn gegen die guten Sitten erlaubt hat. Eigentlich gibt es offenbar niemanden außer mir, der Ihre Regel respektiert hat! Sogar Ihr lieber Archivar hatte die Neigung, vertrauliche Mitteilungen weiterzugeben, was er für die Ausbildung seines Stellvertreters für nötig hielt. Der Schuldige hätte die beiden gut und gern über das Leitungssystem belauschen können. In jeder Gemeinschaft, die sich von allem anderen abschottet, existiert kein größeres Vergnügen, als über die Schwächen seiner Nächsten zu schwatzen. Diese kleinen Indiskretionen machten dann im ganzen Kloster die Runde, und kamen so auch dem Mörder zu Ohren, der genau wusste, wie er sie für seine Zwecke nutzen konnte. Jedes Mal, wenn er zuschlagen wollte, steckte er die Spitze eines Trichters in das Leitungssystem, was es ihm ermöglichte, seine entstellte Stimme bis in den Meditationssaal dringen zu lassen. Wahrscheinlich werden wir niemals erfahren, wie viele Ihrer Mönche ihm zugeflüstert haben, was im Grunde ihres Herzens verborgen liegt. Bruder Pa, Ihr Orchesterleiter, war sein zweites Opfer. Der Mörder verhielt sich ihm gegenüber so niederträchtig, dass sich der Unglückliche selbst tötete, indem er sich die Venen aufschnitt."

Der Abt war dermaßen bedrückt, als stünde er vor den Ruinen seines Klosters.

„Beim Archivar", fuhr der Richter fort, „ist unser Mann dann einen Schritt weitergegangen. Der Gelehrte wusste zu viel, er konnte ihm gefährlich werden, denn er kannte die Identität des Träumers, der jede einzelne Katastrophe vorhergesagt hatte."

„Aber woher denn?", fragte der Abt.

„Es handelt sich um einen Menschen, dem das Schreiben Unbehagen bereitet, von denen es in Ihrer Gemeinschaft einige gibt. Er hat beim Archivar Hilfe gesucht, um seine prophetischen Träume abzufassen. Dieser wusste also, dass einer der Mönche jedes Mal die Katastrophen und die Wunder angekündigt hatte. Bestand nicht das Risiko, dass er es ausplappern würde? Unser Mörder hat eine Art Heißhunger bei der Jagd nach Außergewöhnlichem entwickelt. Er wollte, dass jedes Ereignis, das er vorhersagte, atemberaubender als das vorausgegangene war. Anfangs hat er gehandelt, um ein Heiliger zu werden. Ich bin mir sicher, dass er es nach einiger Zeit nur noch getan hat, weil es ihm Vergnügen bereitet hat, seine Macht auszuüben, ohne dafür bestraft zu werden. Er hat sich regelrecht daran berauscht und wird schließlich geglaubt haben, dass er tatsächlich jener oberste Richter geworden ist, den er so gern verkörperte."

„All das muss einem brillanten Geist entsprungen sein", sagte der Abt. „Jedoch kann ich Ihnen garantieren, dass weder ich noch meine wichtigsten Mitarbeiter in diese Untaten verwickelt sind."

„Ich stimme mit Ihnen überein, dass dies von einem außergewöhnlichen Geist zeugt, aber seien Sie versichert: Zu keiner Zeit habe ich Sie selbst hinter all dem vermutet, weder Sie noch Ihre ehrenwerten Gehilfen."

Der Abt fragte sich, wie er das verstehen musste.

„Sie sollten vor allem wissen", fügte der Richter hinzu, „dass Ihr Schuldiger auf der untersten Stufe Ihrer Klosterhierarchie arbeitet. Während die anderen Mönche, die zu Höherem bestimmt sind, in den oberen Etagen meditieren. Aus dieser Diskrepanz zwischen seinem Streben nach geistigem Aufstieg und der trivialen Wirklichkeit seiner Existenz ist sein mörderischer Wahn entstanden."

„Ich verlange, dass Sie mir nun sofort den Namen dieses Mörders nennen, für den Sie, wie es scheint, eine so lebhafte Bewunderung empfinden", schrie der Abt, der nicht mehr ruhig sitzen konnte.

Di wischte die Unterbrechung mit einer Handbewegung beiseite. „Er ist auch nicht frei von groben Irrtürmern", entgegnete er. „Der Mord am Archivar zum Beispiel, der die Krönung seiner Operationen sein sollte, war sein größter Fehler. Er hatte eine unvorhergesehene und katastrophale Auswirkung für seine Interessen zur Folge. Entschuldigen Sie, wenn ich nebenbei die Heiligkeit Ihres zuletzt Auserwählten trüben muss. Die Heiligung Ihres Gelehrten hat die Pläne des Mörders sämtlich durchkreuzt. Wie hätte er ahnen sollen, dass sein Vertrauter von seinen Geständnissen derart gequält wurde, dass er dadurch Alpträume bekam? Und dass sich infolgedessen die Vorhersage der Morde schon im Traumbericht des anderen wiederfinden würde? Wie unendlich musste seine Verzweiflung gewesen sein, als er mit ansah, wie ein Toter ihm den Rang der Heiligkeit sozusagen vor der Nase wegschnappte!“

„Das ist mir völlig egal!“, schrie der Abt. „Sagen Sie mir nur endlich den Namen dieses Schurken!“

„Wenn ich die Dinge im jetzigen Zustand beließe“, fuhr der Richter unbeirrt fort, „würden Sie eines Tages – nach dem Tod eines Ihrer Mönche – eine große Überraschung erleben. Bei der Öffnung seiner Truhe fänden Sie die prächtigsten voraussagenden Träume, die es jemals in diesem Kloster gegeben hat. Aber es ist kein Heiliger, den diese Träume offenbaren würden, sondern ein Mörder.“

Tao Gan erschien und flüsterte ihm etwas ins Ohr, Di schien zufrieden zu sein. „Ich habe ein paar Männer am Ausgang der Zisterne postiert“, erklärte er. „Während wir uns unterhalten haben, hat mein Sekretär die Festnahme eines Ihrer Mönche veranlasst, der uns, seitdem wir im Keller waren, hinterherspioniert hat. Bring ihn herein“, wandte er sich an Tao Gan. „Ich präsentiere Ihnen den besten Ihrer Schüler. Er ist derjenige, der das Prinzip der voraussagenden Träume bis zum Extremen getrieben hat. Er ist gewiss der Heiligste unter Ihnen, aber auch der Monströseste. Ehren Sie ihn, er ist Ihrer aller Meister.“

Einige Mönche schoben einen der ihren in den Raum, dessen Hände auf den Rücken gebunden waren. Es war nicht der böse Geist, den man erwartet hatte. Er hatte keine Hörner auf der Stirn, er hatte keinen rötlichen Teint und auch keine großen, buschigen Augenbrauen. Seine Haut war leicht sonnengebräunt.

„Den!“, schrie der Abt und starrte seinen Gärtner an.

Di strahlte.

„Sie, der Sie die schriftlichen Zeugnisse vergöttern, Sie sind einem Analphabeten aufgesessen! Sie, der Sie die

Vorzüge der Hierarchie preisen, Sie waren dem Bescheidensten von allen ausgeliefert! Ist das nicht eine interessante Wendung der Geschichte?"

„Bleib doch nicht stumm!", rief der Abt und stellte sich vor seinen Gärtner. „Gestehe oder verteidige dich! Warum sagt er nichts?", fragte er den Richter.

„Gestehen? Ich verstehe, dass er dazu keine Lust hat", entgegnete Di. „Und das Leugnen macht keinen Sinn. Am Tage seines Todes werden Sie oder Ihr Nachfolger seine Truhe öffnen und die Bestätigung seiner Schuld vorfinden. Er ist so offensichtlich überführt wie nur möglich. Er war übrigens prädestiniert dafür, das Geheimnis der Zisterne zu entdecken, wo er doch seine Zeit damit verbrachte, den Unrat zu beseitigen und die Abwässer zu klären."

„Ich bin entsetzt", sagte der Abt und ließ sich auf seinen Stuhl fallen.

Di vermutete, dass er es weniger war, weil er feststellen musste, dass ihr Traumkult zu solchen Grausamkeiten geführt hatte, sondern weil er sich eingestehen musste, dass ein Klärgrubenreiniger ihn – einen hervorragenden Geistlichen, der alle Texte Taos auswendig kannte – an der Nase herumgeführt hatte. Er war fassungslos und verärgert zugleich, weil nun klar war, dass der Mörder, der sein Kloster völlig auf den Kopf gestellt hatte, auf der untersten Stufe des Orders stand.

„Während Sie im Angesicht all des Goldes Ihrer Säle und Pavillons mit der Heiligkeit beschäftigt waren", sagte der Richter, „ließ er sich von einem ganz ähnlichen Wahnsinn mitreißen, und zwar inmitten des Moders und Miefs der Zisterne unter Ihrem Kloster. Diese zwei gegensätzlichen Welten sind aufeinandergetroffen, daraus ist das Drama entstanden. Ihr untertänigster Mönch hatte in seinem schmutzigen Schlamm im Grunde die gleichen Ziele wie Sie. Um sie zu realisieren, hat er sich der Mittel bedient, die ihm zur Verfügung standen, und von denen Sie nicht einmal etwas ahnten. Sein Beruf verschaffte ihm Zugang zu vielen scharfen Gegenständen, die sogar dafür geeignet waren, einen Archivar zu enthaupten. Es war ihm auch ein Leichtes, das Wunder vom blühenden Busch zu bewirken, indem er Blumen auf einen Strauch klebte, die er dann, als das Wunder stattgefunden hatte, nur noch wieder verschwinden lassen musste. Nicht wahr, Den?"

Der Gärtner antwortete nicht, aber sein ruhiger Gesichtsausdruck sprach Bände.

„Sie wussten, dass er der Mörder war?", quiekte der Abt und sah Di mit einer Mischung aus Entsetzen und Bewunderung an. „Sie wussten, dass es dieser Mann war, den Sie am Ausgang der Zisterne festnehmen lassen würden?"

„Selbstverständlich", antwortete der Richter, überzeugt, dass es besser war, sich eines Verdiensts zu rühmen, der ihm gar nicht zustand, als für einen Narren gehalten zu werden.

„In diesem Fall muss ich mich bei Ihnen entschuldigen", sagte der Klostervorsteher zerknirscht. „Ich habe Ihre Fähigkeiten eindeutig unterschätzt. Sie sind in Ihrem Feld wirklich herausragend."

Der Richter verbeugte sich in aller Bescheidenheit.

XX

Ein künftiger Heiliger begräbt alle seine Hoffnungen; Richter Di begegnet seiner lieben und zärtlichen Gattin wieder.

Der Abt erteilte ein paar kurze Anordnungen. Man schaffte den Mörder schonungslos fort. Letzterer schien seltsam heiter zu sein, und der Richter fragte sich, aus welchem Grund. Der Abt hingegen war es umso weniger.

„Ich möchte gern ein privates Gespräch mit Ihnen führen, edler Herr Richter", sagte er. „Wenn Sie gestatten, gehen wir dazu doch in mein Arbeitszimmer. Das ist meines Wissens ein Ort, der vor indiskreten Ohren im Keller geschützt ist."

Als sie sich dort eingefunden hatten und eine wohlverdiente Tasse Tee vor ihnen stand, erfuhr der Richter, was seinen Gastgeber beunruhigte. *Unwandelbarkeit des Heiligen Weges* wollte nichts von einem Prozess hören, der dem Ruf seiner Gemeinschaft zwangsweise schaden würde.

„Alles in allem", begann er, „hat dieser Mönch unseres Ordens nichts anderes getan, als andere Mönche desselben Ordens zu ermorden. Das ist also eine Familienangelegenheit. Seine Bestrafung ist allein unsere Sache. Jede Verbreitung dieses Falles in der Öffentlichkeit wäre von größtem Übel für uns."

Di brauchte nicht lange zu überlegen, um zu begreifen, dass es für ihn schwierig sein würde, den Fall gegen den Willen des Abtes zu verhandeln. Er würde dazu die Unterstützung seiner Vorgesetzten benötigen und müsste bis zum Justizministerium vordringen. Der Gedanke an einen Skandal ließ ihn schaudern: Die taoistische Kirche würde ihre eigenen Anhänger am Kaiserlichen Hof einsetzen. Der Fall würde sich zu einer Staatsangelegenheit ausweiten, bei dem eine unglaubliche Anzahl von Menschen aufgewiegelt würde, die sich alle einmischen würden, und währenddessen würde nichts passieren. Er selbst würde nichts als Kritik ernten, und zwar von beiden Seiten. Es wäre einfacher, bereitwillig auf einen schändlichen Prozess zu verzichten, aus dem offiziellen Grund, das Kloster nicht vor den Kopf stoßen zu wollen. Der Abt würde jedoch seine Fantasie bemühen müssen, um diese Morde erfolgreich zu vertuschen.

„Und wie wollen Sie den Tod Ihres Archivars erklären?“, fragte der Richter skeptisch.

Beruhigt war der Klosterleiter wieder ganz in seinem Element. „Habe ich nicht gesagt, dass der Mord das Werk eines Dämons war? Nun, unser Mörder stand offensichtlich unter dämonischem Einfluss. Es war also ein Dämon, der getötet hat. Diese Erklärung wird jeden zufriedenstellen, der sich über diesen Todesfall wundert, wenn überhaupt.“

„Das ist ja alles schön und gut. Aber wie wollen Sie mit dem Mörder verfahren? Sie werden ihn ja wohl kaum zwischen zwei Matratzen ersticken. Auch wenn dieses Schicksal im Grunde milder wäre als das Zerschneiden in dünne Streifen durch das Messer meines Henkers auf einem öffentlichen Platz, wie es das Gesetz vorsieht.“

Der Abt hatte im Prinzip nichts gegen das Zerschneiden in dünne Streifen einzuwenden, aber die Notwendigkeit, den ganzen Skandal zu vermeiden, veranlasste ihn dann doch zu Mitleid: „Dieser Unglückliche hat den Verstand verloren, das ist sicher. Bereits in diesem Moment muss er eine umfassende Reinigungsbehandlung durch das Tao über sich ergehen lassen. Danach werden wir ihn bei den Geisteskranken im Kloster gegenüber einsperren. Es gibt keine bessere Möglichkeit, um das Yin und das Yang wieder auf ihre jeweiligen Plätze zurückzuführen."

Diese Lösung würde zwei erhebliche Vorteile für den Abt mit sich bringen, vermutete Di. Zunächst konnte er sich keine schlimmere Strafe vorstellen, als diesen Dämoninnen bis ans Lebensende ausgeliefert zu sein. Darüber hinaus war dadurch garantiert, dass fortan niemand mehr je von dem Mann hörte. Di wusste gut genug, das nichts von dem, was hinter den Klostermauern vor sich ging, nach draußen drang. Die jungen Frauen wurden dort lebendig begraben; es würde nicht schwer sein, einen für dement erklärten Mönch dort wegzusperren, nach dem überdies kein Mensch jemals fragen würde. Die Ordensbrüder hätten leichtes Spiel, gegenüber eventuellen Verwandten konnten sie einfach behaupten, der Mann sei einem Fieber erlegen und ruhe mittlerweile auf seinem eigenen Friedhof. Wenn er erst mal durch die Türen des Klosters gegangen war, konnte man ihn so sicher als tot betrachten, als hätte man ihm den Hals durchgeschnitten. Bei einem Gedanken musste der Richter tatsächlich schmunzeln. Die heitere Miene des Mörders ließ ihm keine Ruhe.

„Ist Eurer Heiligkeit nicht eventuell ein leichter Widerspruch bei diesem Vorhaben entgangen? Wenn Bruder Den am Ende seiner Haft bei den Geisteskranken stirbt, wird man trotzdem seine Truhe öffnen und seine Träume mit den Ereignissen der letzten Tage hier vergleichen müssen. Gemäß Ihrer Logik müsste er dann aufgrund seiner Träume zum Heiligen erklärt werden, ohne Rücksicht auf die Verbrechen, die er begangen hat. Es ist dieses System, das mir verrückt erscheint, mehr noch als der Mann. Ich glaube, dass er sich dessen bewusst ist und sich freut, eingesperrt oder nicht, sein Ziel erreicht zu haben."

„Ich kann Sie versichern, das ist mir nicht entgangen", antwortete der Abt. „Es wäre mir unangenehm, einen Mörder in die Reihen meiner heiligen Träumer aufzunehmen. Ich glaube, ich habe eine Lösung gefunden, die uns ermöglicht, dies zu vermeiden. Sie werden zu gegebener Zeit darüber informiert werden."

Als das Gespräch beendet war, begann Di, seine Rückkehr nach Puyang vorzubereiten. Nichts hielt ihn mehr in diesem Kloster; es gab keinen Grund, sich dieser giftigen Atmosphäre noch länger auszusetzen.

Den Prior, der ihn zurückbegleitete, fragte er noch, wie er es schaffen wollte, dass diese Selbstmordepidemie, die die Gemeinschaft erschüttert habe, hingenommen werde, ohne die geringste Erklärung dafür zu liefern.

„Welche Epidemie?", entgegnete der Mönch. „Im Fall von Bruder Mo werden wir verkünden, dass es sich um einen Unfall gehandelt hat; er ist von der Brüstung gefallen."

„Obwohl die Hälfte seiner Brüder als Zeugen zugegen waren?", wunderte sich der Richter.

„Unsere Mönche sehen das, was sie sehen sollen. Dies ist einer der wichtigsten Vorteile der Frömmigkeit. Was den Selbstmord unseres Orchesterleiters betrifft, so sehe ich nicht, wo das Problem ist, außer dass er dadurch sich selbst, aber auch seine Familie, seine Vorfahren und seine entfernten Verwandten bis in die vierte Generation entehrt hat", schloss er.

Di bat ihn, seiner Ersten Dame unverzüglich eine Nachricht übermitteln zu lassen, die sie dazu veranlasste, das Kloster so schnell wie möglich zu verlassen. Als er in sein Zimmer trat, hatte Tao Gan bereits die Pakete geschnürt. Auch er hatte nicht genügend angenehme Erfahrungen gemacht, als dass er eine Verlängerung ihres Aufenthaltes gewünscht hätte. Sie begaben sich alsbald in den Haupthof. Wie Di feststellen konnte, war den Mönchen nicht daran gelegen, ihre Abreise zu verzögern. Sie hatten im Gegenteil bereits die Pferde eingespannt.

Auf der anderen Seite des Innenhofes entdeckte Di den Gärtner, der auf einen Wagen gefesselt war, mit dem man ihn zum Kloster der Geisteskranken bringen würde. Er schien gar nicht besonders verärgert zu sein; im Prinzip wechselte er ja bloß das Gefängnis und kam dabei auch nicht schlechter weg.

Der Klosterleiter erschien auf den Stufen und hob die Hand. Vier Mönche trugen die übliche Sänfte, auf der sich wie bei den Öffnungszeremonien die Truhe mit den Träumen befand.

„Wie Sie sehen", sagte der Abt zu Richter Di, „verfügen wir über ein eigenes Arsenal an Strafen, das genauso schrecklich ist wie jenes Ihrer Justiz. Dabei handelt es sich um Sanktionen für die Ewigkeit, die noch viel schmerzhafter sind als das vorübergehende, kleine Elend der niederen Welt."

Die Mönche legten die Truhe auf einem Holzhaufen ab.

„Wie Sie wissen, ist es uns auf keinen Fall erlaubt, eine Truhe vor dem Ableben ihres Besitzers zu öffnen. Dies ist aber auch das Einzige, was verboten ist. So dürfen wir beispielsweise diesen Mann aus unserer Gemeinschaft ausschließen und uns damit auch seiner Träume entledigen."

In diesem Augenblick begann Bruder Den zu schreien. Trotz seiner ergreifenden Beschwörungen brachte einer seiner Kameraden eine Fackel herbei, die er auf den Scheiterhaufen mit der lackierten Truhe warf. Die Flammen bemächtigten sich vor den verstörten Augen ihres Besitzers schon sehr bald der trockenen Holztruhe, ohne, dass sie geöffnet worden war. Niemand würde jemals erfahren, was sie beinhaltet hatte.

Der Gärtner hörte nicht auf, wie besessen zu heulen. Di hatte das Gefühl, dass er nun vor Kummer tatsächlich verrückt wurde. Er war sich sicher, dass dieser Mann lieber dem scharfen Beil des Henkers ausgeliefert worden wäre, denn dessen Folter hätte nicht länger als eine oder zwei Stunden gedauert. Die jetzige dagegen würde niemals ein Ende nehmen. Dieses Feuer war tatsächlich die schlimmste Strafe für ihn.

Vergeblich hatte er seine Verbrechen begangen und falsche Wunder erwirkt. Sein oberster Vorgesetzter hatte ihn damit für immer aus der Liste der Bewerber um die Heiligkeit gestrichen.

Bald war die Truhe nur noch ein kleiner schwelender Haufen Asche. Der Abt hob erneut die Hand, und der Wagen setzte sich in Bewegung. Die Stimme des obersten Richters, die Di im Meditationssaal vernommen hatte, erklang nun zum ersten Mal unter freiem Himmel. Sie war erfüllt von Trauer und Wut.

„Du perverser Abt", heulte der Gärtner, „ich verfluche dich, dich und dein Kloster mit seinen verdorbenen Mönchen. Ihr Unzuchttreiber! Lügner! Gauner! Ihr Unterstützer des Ehebruchs! Ihr Händler von Bastarden!"

Der Abt verharrte teilnahmslos auf seiner Veranda. „Er ist verrückt geworden, zweifellos“, sagte er mit leiser Stimme.

„Haben Sie eine Ahnung, was er damit sagen will?“, fragte der Richter.

„Nicht die geringste! Er scheint im Delirium zu sprechen. Man muss ihn schnellstmöglich fortschaffen. Sonst verdirbt er noch die Herzen unserer schönen Gemeinschaft.“

Der Wagen setzte seinen Weg fort, das düstere Gefährt passierte das monumentale Tor, um den Gefangenen zu seinem neuen Domizil im Exil zu bringen, ganz in der Nähe des Klosters, und doch so fern von all dem, wofür er gelebt hatte. Di starrte einen Augenblick in die Glut, die dabei war zu erlöschen. Es fiel ihm schwer zu begreifen, dass dies für einen Mann den einzigen Lebenszweck darstellte und zugleich das Motiv für mehrere Verbrechen war.

Als er aufsah, befand sich der Abt noch immer an der gleichen Stelle. „Hören Sie“, sagte der Richter. „Es gibt da doch noch ein Problem, denke ich. Bewiesenermaßen hat der Mörder dem Archivar gebeichtet, also beinhalteten dessen Träume in Wahrheit gar keine Voraussagen. Wenn er auch bei Lebzeiten sehr freundlich gewesen ist, so erscheint mir seine Heiligkeit doch erheblich überbewertet.“

„Wir werden das tun, was wir für angemessen halten“, entgegnete der Abt, ohne mit der Wimper zu zucken.

Di war überzeugt, dass damit alles feststand und dass nichts geschehen würde. Letztlich unterschied sich der Abt in seiner Denkweise nicht entscheidend von der des Mörders: Er zog gleichfalls eine schöne Lüge der mittelmäßigen Wirklichkeit vor.

Der Richter verabschiedete sich von dem Hausherrn und bedankte sich für die erwiesene Gastfreundschaft. Der Abt murmelte einige geheuchelte Wünsche in Bezug auf einen guten Verlauf der Reise, die den Richter nach Puyang zurückbringen sollte, und erklärte, dass er sich nun zurückziehen werde, um über die unglaublichen Zufälligkeiten dieser traurigen Welt zu meditieren.

Di und sein Sekretär stiegen in die Sättel. Eben, als sie das Tor passierten, spürten sie eine allgemeine Erschütterung, und die Pferde wurden unruhig.

„Das war nichts weiter als ein kleiner Erdstoß, edler Herr Richter", sagte Tao Gan, als die Erde wieder zur Ruhe gekommen war. Nur einen Moment später stürzte vor ihren Augen ein riesiger Baum in die Klostermauer, die daraufhin in zwei Teile zerbarst. Das an der Vorderseite des Hauptgebäudes hängende große Sonnensymbol fiel in den Hof, und auf der Seite der Küche brach ein Feuer aus, das den gesamten Komplex sogleich in schwärzlichen Rauch hüllte.

Di verspürte darin einen Hauch von Déjà-vu. Plötzlich erinnerte er sich an den Traum, den er vor ein paar Tagen gehabt hatte. Er zog aus seiner Tasche das Pergament hervor, das er von dem Archivar erhalten hatte: Ein Riese zerquetschte eine Mauer, die sich in zwei Hälften spaltete, die Sonne fiel in den Hof und das Kloster wurde in Nebel gehüllt. Was für ein merkwürdiger Zufall! Der Abt wäre entzückt gewesen.

Di sagte sich, dass er ihm auf keinen Fall davon berichten durfte: Er hätte mit Händen und Füßen versucht, den Urheber dieses Traums hinter seinen Klostermauern zu halten, in der Hoffnung, eines Tages aus ihm einen neuen Heiligen zu machen.

Im Nachhinein betrachtet war es also gar nicht so schwer, unheilvolle Träume zu haben, die Vorhersagen enthielten. Ihm war etwas gelungen, an dem vierzig Mönche Nacht für Nacht verzweifelt gescheitert waren. Nun, da sie das Kloster verließen, dachte Di darüber nach, dass er selbst in den Kreis der heiligen Träumer hätte aufgenommen werden können, wenn er eine klösterliche Bestimmung gehabt und der Konfuzianismus nicht bereits vollständig allen Platz in seinen Kopf eingenommen hätte, der für Religion und Philosophie zur Verfügung stand. Die Vorstellung, in einer vergoldeten Holzstatue nach seinem Abbild zu enden, reizte ihn indes kaum. Er seufzte und steckte das Papier wieder in seine Tasche, wobei er sich sagte, dass es sicherlich als spannende Zerstreuung für kalte Winternächte in Gesellschaft seiner Gemahlin und seiner Kinder würde dienen können.

Di ritt weiter nach Puyang, und auch seine Frau hatte das Kloster verlassen. Unterdessen war der Mörder dort eingetroffen. *Milder April* und ihr Geliebter reisten ihrem Schicksal entgegen, genauso wie zweifellos auch *Blaue Jade* es nun tat. Er hatte den Eindruck, einen in Stücke zerrissenen Holzschnitt wiederhergestellt zu haben. Dieses merkwürdige Kommen und Gehen brachte jeden wieder an seinen richtigen Platz.

Er traf seine Frau an der durch eine Stele markierten Wegkreuzung unten im Tal wieder. Die Sänfte wartete im Schatten eines Baumes. Di stieg vom Pferd, um mit seiner Gemahlin ein paar Worte zu wechseln. Er fürchtete sich ein bisschen vor dem Wiedersehen: Würde sie es ihm nicht verübeln, dass er sie in diese Genesungsanstalt für Gemütskranke geschickt hatte, ohne sie vorzuwarnen? War es um ihre Nerven inzwischen besser bestellt?

Die Erste Dame wirkte ruhig und entspannt. Freilich hatte sie ihre Ansicht über das Leben in ihrem Hausstand mit den beiden Nebenfrauen, die ihr lieber Gatte ihr aufgezwungen hatte, nicht geändert. Jedoch war sie weitaus heiterer, was wohl daran lag, dass sie eine neue Leidenschaft entdeckt hatte: nämlich zu ermitteln, so wie er. In wenigen Tagen hatte sie die Probleme von *Milder April* und *Blaue Jade* gelöst. Diese Tätigkeit hatte ihr Aussichten eröffnet, von denen sie sich nun fragte, ob sie sich in Zukunft verfolgen ließen.

Di fragte sie nach Neuigkeiten bezüglich ihrer Freundin. Sie erzählte ihm, dass die Gattin des Bankiers nach Haus zurückgekehrt sei: Der neunte Tag ihrer Haft war endlich gekommen. „Ich danke Ihnen, dass Sie mir geholfen haben, sie aus diesem Zwangsaufenthalt zu befreien", schloss die Erste Dame.

„Sie brauchen mir nicht zu danken. Was zu Hause auf sie wartet, wird nicht einfach sein; vielleicht wird sie die Ruhe des Klosters sogar vermissen. Aber wie steht es mit Ihnen? Haben Sie sich nicht gelangweilt unter all den Nonnen? Wenn ich richtig verstanden habe, hat man Ihnen ein paar lustige Tricks beigebracht, etwa Akrobatik?"

Seine Erste Dame versprach, ihm einmal eine Kostprobe vorzuführen, sollte er das wünschen. Sie erinnerte sich bei diesen Worten an eine bestimmte Puppe mit schwarzer Kappe, die mit einem einzigen Schlag umgestürzt und wie ein Ballon zerplatzt war. Diese Erinnerung würde ihr sicherlich dabei helfen, so einige Demütigungen besser zu ertragen.

狄仁傑

Karriere des Richters Di Yen-Dsiä

630 Di wird in Taiyuan, der Hauptstadt der Provinz Shanxi, geboren. Dort besteht er seine Provinzexamina.

650 Richter Dis Vater wird zum Kaiserlichen Ratgeber in der Hauptstadt ernannt; Di wird sein Assistent. Die Eltern veranlassen, dass er Lin Erma, die Tochter eines sehr hohen Beamten zur Ehefrau nimmt. Nach dem Bestehen der literarischen Prüfung wird er zum Sekretär der kaiserlichen Archive ernannt und nimmt sich eine zweite Ehefrau. Eine etwa um das Jahr 660 durchgeführte Ermittlung in den Archiven bringt ihn auf die Idee, sich für die Karriere eines Wander-Richters zu bewerben.

663 Di tritt seinen ersten unabhängigen Beamtenposten in Peng-lai, einer kleinen Küstenstadt im Nordosten – in der Nähe der Mündung des Gelben Flusses – an. Er heiratet ein drittes Mal, diesmal die Tochter eines verarmten Akademikers.

664 **Zehn kleine chinesische Dämonen**: Während eines Gespensterfestes werden einige Statuetten gefunden, welche Zauberei betreibende Gottheiten darstellen – und zwar an den gleichen Stellen,

an denen verschiedene Morde begangen worden sind. Di muss den Grund für diese Häufung an Verbrechen herausfinden und die Bevölkerung beruhigen, die überzeugt davon ist, dass die Dämonen aus der Hölle geflohen sind.
Die Nacht der Richter: Di wird an die Präfektur von Pien-fu beordert, eine angenehme Badestadt, die bei allen seinen Kollegen sehr begehrt ist. Dort bittet man ihn, das Rätsel zu lösen, das durch den Mord am örtlichen Bezirksrichter entstanden ist.

666 Di wird nach Han-yuan versetzt, eine Stadt an den Ufern eines Sees im Nordwesten der Hauptstadt.
Dame Di leitet eine Ermittlung: Bewegungsunfähig aufgrund eines gebrochenen Beines überlässt er es seiner Ersten Dame, den Ursprung einer im Wald gefundenen Mumie sowie eines Skelettes, das im Garten eines berühmten Malers ausgegraben wurde, aufzuklären.

667 **Die heikle Kunst des Duells**: Di sieht sich konfrontiert mit einer geheimnisvollen Epidemie, welche für Panik unter den Bürgern sorgt.

668 Richter Di wird nach Pu-yang versetzt, eine blühende Stadt am Großen Kaiserkanal, der das Reich von Norden nach Süden durchquert.
Das Wasserschloss von Tschou-An-See: Auf dem Weg zur Amtsübernahme zwingt ihn eine Überschwemmung, ein paar Tage in einem lu-

xuriösen Landhaus zu verbringen, wo eine im Wasser treibende Leiche offenbar eindringlich darum bittet, dass ihr Tod gesühnt wird.
Der Palast der Kurtisanen: Im Frühling soll Di den Fall einer Leiche ohne Kopf aufklären, die in einem Bordell für reiche Bürger aufgefunden worden ist.

669 **Wenn Mönche morden**: Richter Di besucht ein Taoistenkloster und schickt seine Erste Dame in ein buddhistisches Nonnenkloster, um sich an einem abgelegenen Ort zu entspannen. Eine Reihe geheimnisvoller Todesfälle beunruhigt die Mönche.

676 Di ist Bezirksrichter in Pei-tscho, im äußersten Norden des Reiches, einer Gegend, die unter bedeutendem mongolischem Einfluss steht.
Tod eines Go-Meisters: Während eines Ausflugs durch die Berge macht er in einer kleinen Grenzstadt Halt, wo dieses Spiel gerade für Furore sorgt.

677 Di wird in die Hauptstadt versetzt.
Tod eines chinesischen Kochs: Während er auf seinen neuen Einsatz wartet, wird er beauftragt, in den Küchen der Verbotenen Stadt zu ermitteln. Von seinem Ergebnis hängt das Leben von etwa hundert Köchen ab.
Medizin für Mörder: Am Ende des Jahres soll Di einen Mörder unter den Mitgliedern des Gro-

ßen Ärztlichen Dienstes entdecken, einer zentralen Einrichtung der chinesischen Medizin.

680 Di Yen-Dsiä wird zum Minister der Kaiserin Wu ernannt.

700 Nachdem ihm der Rang des Herzogs von Liang verliehen worden ist, stirbt Di in Chang-an im Alter von 70 Jahren.

Inhaltsverzeichnis